D1720755

ELIPHAS LÉVI

TRANSZENDENTALE MAGIE

ELIPHAS LÉVI
(Abbé Alphons Louis Constant)

TRANSZENDENTALE MAGIE

ZWEITER TEIL
RITUAL

SPHINX VERLAG
BASEL

2. Auflage 1977
© 1975 SPHINX VERLAG BASEL
Lizenzausgabe mit freundlicher Genehmigung
des Otto Wilhelm Barth Verlags
(im Scherz Verlag Bern und München)
Titel der Originalausgabe:
Dogma und Ritual der Hohen Magie
© by Otto Wilhelm Barth Verlag GmbH,
München-Planegg, 1927
Gestaltung: Geri Tschopp
Druck: Basler Druck- und Verlagsanstalt, Basel
Einband: Buchbinderei Grollimund AG, Reinach
Printed in Switzerland
ISBN 3-85914-105-8

EINLEITUNG

Kennt ihr die alte Beherrscherin der Welt, die alte, nie ermüdende Wanderin?

Alle heißen Leidenschaften, egoistischen Lüste, alle zügellosen Kräfte der Menschheit, all ihre tyrannischen Schwächen gehen der habgierigen Besitzerin unseres Schmerzenstales vorauf und heimsen, die Sichel in der Hand, ihre ewige Ernte.

Die Königin ist alt wie die Zeit, aber ihr Skelett hat sie unter den Trümmern weiblicher Schönheit verborgen, die sie der in sie verliebten Jugend entzieht.

Ihr Haupt schmücken kalte Haare, die ihr nicht gehören. Seit dem sternenbesäten Haupthaar der Berenike bis zu den vorzeitig erbleichten Haaren, die der Henker vom Haupte Marie-Antoinettes schnitt, schmückt sich die Plünderin gekrönter Häupter mit den Kleidern der Königinnen.

Ihren fahlen, eisigen Leib deckt verblichener Tand, ein zerschlissenes Bahrtuch.

Ihre reichberingten Hände halten Diademe und Dolche, Szepter und Knochengeripp, Steine und Asche.

Geht sie vorüber, springen die Tore von selbst auf; eintritt sie durch Mauern und findet bis zum Alkoven des Königs, die Ausbeuter der Armut überrascht sie in ihren geheimsten Orgien, setzt sich an ihren Tisch, füllt ihre Becher und zeigt, zu ihren Liedern grinsend, ihr lückenreiches Gebiß, nimmt bei der hinter ihren Vorhängen verborgenen Dirne Platz.

Gern schleicht sie um einschlafende Lüstlinge. Sie sucht ihre Liebkosungen, als hoffe

sie bei ihren Umarmungen warm zu werden;
aber alle, die sie berührt, erstarren in Kälte,
und nie findet sie Wärme. Manchmal glaubt
man, sie sei vom Schwindel gepackt; sie geht
nicht mehr langsam, sondern rast, und wenn
ihre Füße nicht schnell genug sind, preßt sie
die Flanken eines alten Pferdes und stürzt
ganz atemlos durch die Menge.

Mit ihr dahin jagt auf rotem Roß der Mord,
die Feuersbrunst versengt mit Funken ihr Haar
und fliegt, ihre roten und schwarzen Flügel
schlagend, vor ihr her, Hunger und Pest folgen ihr Schritt für Schritt auf kranken, unge-
schirrten Kleppern, zur Erfüllung der Ernte
Nachlese haltend über die spärlichen, noch ver-
gessenen Überbleibsel.

Nach diesem Trauerzug kommen zwei kleine
Kinder, strahlend vor Lachen und Leben, die
Intelligenz und die Liebe des Jahrhunderts, die
zwei Schutzgeister der Menschheit.

Vor ihnen vergehen die Schatten des Todes
wie die Nacht vor dem Morgenstern, mit ihrem
leichten Fuß erfrischen sie die Erde und säen
mit vollen Händen die Hoffnung eines anderen
Jahres.

Aber der Tod wird nicht mehr so mitleidlos
und schrecklich kommen, um die reifen Saaten
des kommenden Jahrhunderts wie gedörrtes
Gras zu mähen; seinen Platz wird er abtreten
an den Engel des Fortschritts, der die Seelen
zum Aufflug zu Gott mildhändig aus der sterblichen Kette löst.

Verstehen die Menschen erst zu leben, werden sie nicht mehr sterben; wie die Puppen
werden sie sich zum glänzenden Schmetterling
wandeln. Die Schrecken des Todes sind Aus-
geburten unseres Unwissens, und er selbst ist
nur so grausam durch die Kleiderfetzen, die
er um sich hängt, und die düstern Farben, in

denen man seine Bilder malt. In Wahrheit ist er des Lebens Arbeit.

Eine unsterbliche Kraft ist in der Natur, die unausgesetzt die Wesen wandelt, um sie zu erhalten.

Diese Kraft ist die Vernunft oder das Wort der Natur.

Im Menschen liegt eine der Natur analoge Kraft und diese ist die Vernunft oder das Wort des Menschen.

Dieses Wort des Menschen ist Ausdruck seines durch die Vernunft geleiteten Willens.

Es ist allmächtig, weil es vernünftig ist, denn dann ist es dem Wort Gottes selbst analog.

Durch das Wort seiner Vernunft erobert sich der Mensch das Leben und kann über den Tod triumphieren.

Das ganze Menschenleben ist nur eine Mißgeburt seines Wortes.

Menschen, die das Wort der Vernunft vor ihrem Tod nicht verstanden und gebildet haben, sterben ohne ewige Hoffnung.

Um erfolgreich gegen das Phantom des Todes zu kämpfen, muß man sich identifiziert haben mit den Wirklichkeiten des Lebens.

Was ist wohl Gott bei der Ewigkeit des Lebens eine Fehlgeburt, die stirbt?

Was tut der Natur eine verschwindende Unvernunft, da die immerlebende Vernunft die Schlüssel zum Leben erhält?

Die schreckliche und gerechte Macht, welche die Mißgeburten immer tötet, nannten die Hebräer Samael, die Orientalen Satan und die Römer Luzifer. Der Luzifer der Kabbala ist kein schlechter und verfluchter Engel, er ist der Engel, der erleuchtet und erneuert, indem er verbrennt. Den Engeln des Friedens ist er wie der Komet den sanften Sternen in den Gestirnungen des Frühlings.

Der Fixstern ist schön, glanzvoll und ruhig. Himmlische Düfte trinkt er und blickt liebevoll auf seine Schwestern; in glänzendem Gewand, mit diademgeschmückter Stirn lächelt er beim Gesang seines Morgen- und Abendliedes. Er freut sich einer ungestörten, ewigen Ruhe, und feierlich schreitet er in dem ihm unter den Vorposten des Lichts zugewiesenen Rang.

Der irrende Komet hingegen enteilt bluttriefend und rastlos den Tiefen des Himmels, zerteilt die friedlichen Sphären wie ein Streitwagen eine Prozession von Vestalinnen, zu trotzen wagt er dem flammenden Schwert der Wächter der Sonne, und wie eine außer sich geratene Gattin den erträumten Gatten sucht durch ihre einsamen Nächte, so dringt er bis in das Allerheiligste des Königs der Tage, bis er die ihn verbrennenden Feuer aushauchend verlöscht, einen langen Feuerschweif hinter sich herziehend. Die Sterne erblassen, wenn er naht, die Hüter der Blumen des Lichts in den weiten Gefilden des Himmels scheinen seinen schauerlichen Atem zu fliehen. In allgemeiner Bestürzung ist der Großrat der Sterne versammelt: der herrlichste Fixstern soll endlich im Namen des ganzen Himmels sprechen und mit dem herumziehenden Schwärmer über den Frieden verhandeln.

Und er hebt an: Mein Bruder, warum störst du die Harmonie unserer Sphären? Was taten wir dir an, warum nimmst du nicht wie wir deinen festen Platz ein im Lichtreich der Sonne, anstatt auf gut Glück umherzuirren? Warum erhebst du nicht wie wir, in strahlendes Weiß gekleidet, deine Stimme zur Hymne des Abends? Was lässest du beim Durch-

10

queren der Nachtdünste deine Haare wie Feuergarben flattern? Würdest du doch einen Platz unter den Söhnen des Himmels nehmen, wieviel schöner würdest du erscheinen! Nicht mehr entflammt wäre dein Antlitz durch die Ermüdungen deiner hastigen Fahrten, klar wären deine Augen und dein Antlitz lächelte weiß und rot wie das deiner glücklichen Brüder. Alle Sterne würden dich erkennen und sich über dein Kommen freuen, statt sich vor deinem Vorübergehen zu fürchten; denn eingeeint wärest du uns durch die unverletzlichen Bande der universalen Harmonie, und dein friedreiches Dasein wäre nur eine Stimme mehr im Preisgesang der unendlichen Liebe.

Und so antwortet der Komet dem Fixstern: Glaube nicht, du mein Bruder, abenteuernd könnte ich die Harmonie der Sphären stören. Wie dir hat mir Gott meinen Weg vorgezeichnet, und wenn mein Lauf dir unsicher und irrend erscheint, so nur, weil deine Strahlen nicht ausreichen, die Spannweite der Ellipse zu umfassen, die mir als Bahn bestimmt. Mein flammendes Haar ist Gottes Fanal. Der Sonnen Bote bin ich und erhärte mich in ihren Gluten, um davon jenen jungen, noch ungenügend erwärmten Welten und jenen alternden und in ihrer Einsamkeit frierenden Sternen mitzuteilen. Wenn ich auf meinen langen Fahrten ermüde, wenn meine Schönheit weniger anziehend ist als die deine und meine Erscheinung weniger unberührt, so bin ich deshalb nicht weniger als du ein edler Sohn des Himmels. Laßt mir das schreckliche Geheimnis meiner Bestimmung, die mich umgebende Ungeheuerlichkeit, verwünscht mich, wenn ihr mich nicht versteht. Nicht weniger werde ich deshalb meinen Auftrag erfüllen und werde meinen Weg ziehen unter dem kräftigenden

Atem Gottes. Glückliche Sterne, die wie junge
Könige ruhen und leuchten in der friedvollen
Gesellschaft der Welten! Ich allein bin der
Geächtete und Unstete, der die Unendlichkeit
zum Vaterland hat. Die Planeten zu verbrennen, die ich erwärme; die Sterne, die ich er-
helle, zu erschrecken, klagt man mich an; die
Weltenharmonie soll ich stören, weil ich nicht
um ihre Teilzentren kreise, und da meine
Blicke hingewendet sind zum einzigen Mittelpunkt aller Sonnen, soll ich auf die eine oder
andere aufprallen. So sei versichert, schöner
Fixstern, nichts nehmen will ich dir vom friedlichen Licht, für dich schöpfe ich im Gegenteil aus meinem Leben und meiner Wärme.
Verschwinden werde ich vom Himmel, wenn
ich mich aufgesogen habe; und schön war dann
mein Los! Mannigfache Lichter erstrahlen in
Gottes Tempel, und alle zu seinem Ruhm. Ihr
seid das Licht der Goldleuchter, ich die Opfer-
flamme: erfüllen wir unser Schicksal!

Nach diesen Worten schüttelt der Komet
seinen Schweif, bedeckt sich mit seinem silbernen Schild und stürzt sich in die unendlichen Räume, in denen er für immer zu verschwinden scheint.

So erscheint und verschwindet Satan in den
Allegorien der Bibel.

Eines Tages, sagt das Buch Hiob, waren die
Söhne Gottes zur Gegenwart des HERRN gekommen, und Satan war unter ihnen.

Gott sagte zu ihm: Woher kommst du?

Und er antwortet: Ich habe die Erde um-
und durchwandert.

So erklärt ein von einem unserer Freunde
im Orient gefundenes, gnostisches Evangelium
die Genesis des Lichts zugunsten des symbolischen Luzifer:

12

„Die Wahrheit, die sich erkennt, ist der lebendige Gedanke. Die Wahrheit ist der Gedanke in sich selbst; und der ausgedrückte Gedanke ist das Wort. Als der ewige Gedanke eine Form suchte, sagte er: „Es werde Licht."

Dieser ausgesprochene Gedanke ist das WORT und das WORT sagt: „Es werde Licht", weil das WORT selbst das Licht der Geister ist.

Das unerschaffene Licht, das göttliche WORT erstrahlt, weil es gesehen sein will; und da es sagt: „Es werde Licht!", befiehlt es den Augen sich zu öffnen und schafft Intelligenzen.

Und als Gott sagte: „Es werde Licht!", wurde die Intelligenz erschaffen und das Licht erstrahlte.

Die Intelligenz, die Gott mit dem Atem seines Mundes aushauchte wie einen Stern, der sich von der Sonne löst, nahm die Gestalt eines glänzenden Engels an, und der Himmel grüßte ihn im Namen Luzifers.

Die Intelligenz erwachte und begriff ganz den Ruf des göttlichen WORTES: „Es werde Licht!"

Sie fühlte sich frei, weil Gott ihr zu sein befohlen hatte, und antwortete, das Haupt hebend und die Flügel breitend:

— Ich werde mich nicht in Hörigkeit stellen!

— So willst du leiden? ruft die unerschaffene Stimme.

— Frei will ich sein! erwidert das Licht.

— Hochmut wird dich blenden, sagt die höchste Stimme, und du wirst den Tod zeugen.

— Mit dem Tod werde ich kämpfen, um das Leben zu gewinnen, sagt noch das erschaffene Licht.

Da löste Gott von seiner Brust den Faden der Herrlichkeit, der den stolzen Engel zurückhielt, und er liebte, dem in die Nacht Dahinstürzenden nachschauend, das Kind seines Gedankens und sagte mit unaussprechlichem Lächeln zu sich selbst: „Das Licht war schön!"

Gott hat nicht das Leid erschaffen, die Intelligenz hat es auf sich genommen, um frei zu sein.

Und der Schmerz wurde dem freien Wesen als Bedingung auferlegt, weil der Unendliche allein sich nicht täuschen konnte.

Denn das Wesen der Intelligenz ist das Urteil; und das Wesen des Urteils ist die Freiheit.

Das Auge besitzt das Licht wirklich nur durch die Möglichkeit sich öffnen und schließen zu können.

Wäre es gezwungen, immer offen zu sein, es wäre Sklave und Opfer des Lichts, und um diese Qual zu beenden, müßte es aufhören zu sehen.

So ist der erschaffene Verstand nur durch die Freiheit, Gott zu verneinen, im Bejahen Gottes glücklich.

Verneinende Intelligenz bejaht immer, da sie ihre Freiheit bejaht.

Deshalb verherrlicht der Lästerer Gott, und deshalb war die Hölle zum Glück des Himmels notwendig.

Würde das Licht nicht durch den Schatten verdrängt, es gäbe keine sichtbaren Formen.

Hätte nicht der erste der Engel den Tiefen der Nacht getrotzt, die Gotteskindschaft wäre nicht vollkommen, und das erschaffene Licht hätte sich nie von seinem Urlicht getrennt.

Nie hätte die Intelligenz Gottes ganze Güte erfahren, hätte sie ihn nicht verloren.

Nie hätte die unendliche Liebe Gottes sich in den Wonnen seiner Barmherzigkeit offenbart, wäre der verlorene Sohn des Himmels immer in seinem Vaterhaus geblieben.

14

Da alles Licht war, war es nirgends, es erfüllte das Herz Gottes, der es hervorbringen wollte.

Und als er sagte: „Es werde Licht!", erlaubte er der Nacht, das Licht zu verdrängen, und das Universum hob sich aus dem Chaos.

Die Weigerung des Engels, mit seiner Geburt auch zu dienen, stellte das Gleichgewicht der Welt her, und die Bewegung der Sphären begann.

Und die unendlichen Räume bewunderten diese Liebe zur Freiheit, die groß genug war der ewigen Nacht Leere auszufüllen, und stark genug, Gottes Haß hinzunehmen.

Aber Gott konnte nicht das beste seiner Kinder hassen und prüfte es nur in seinem Zorn, um es in seiner Macht zu befestigen.

Das Wort Gottes selbst wollte, gleichsam eifersüchtig auf Luzifer, vom Himmel herabsteigen und die Schatten der Hölle siegreich durchdringen.

Es wollte geächtet und verdammt sein und schaute im voraus die schreckliche Stunde, da es am Ende seiner Qual schreien würde: „Mein Gott, mein Gott, warum hast du mich verlassen?"

Wie der Morgenstern die Sonne, so verkündet Luzifer der werdenden Natur die nahe Fleischwerdung Gottes.

Vielleicht zog Luzifer bei seinem Sturz in die Nacht einen Sonnen- und Sternenregen durch die Anziehungskraft seiner Glorie nach.

Vielleicht ist unsere Sonne ein Daimon unter den Sternen wie Luzifer ein Stern unter den Engeln.

Deshalb bleibt sie ruhig beim Anblick der schrecklichen Ängste der Menschheit und des langsamen Todeskampfes der Erde, weil sie frei ist in ihrer Ruhe und das Licht besitzt.

Solche Lehren vertraten die Ketzer in den ersten Jahrhunderten. Die einen verehrten wie die Ophiten den Dämon in Gestalt der Schlange, die andern rechtfertigten wie die Kainiten die Auflehnung des ersten der Engel wie die des ersten Mörders. All die Irrtümer, Schatten und scheußlichen Idole, die Indien in seinen Symbolen der magischen Trimurti entgegensetzt, fanden im Christentum bei Priestern und Gläubigen wieder Anhänger.

Nirgends ist in der *Genesis* vom Teufel die Rede. Eine allegorische Schlange versucht unsere Ureltern. So übersetzt die Mehrzahl den heiligen Text: „Die Schlange war schlauer als irgendein Tier des Feldes, das Gott der Herr erschaffen hatte."

Und Moses sagt:

והנחש היה עזום מכל הית אשו עשו יהיה אלהים

Wha-Nahàsh haîah hâroum mi-chol hâîath ha-shadeh asher hâshah Jhôah Elohîm.

Das heißt nach Fabre d'Olivet:

„Die ursprüngliche Anziehung (Habsucht) war die das ganze, elementare Leben (die innerste Beziehung) der Natur mitreißende Leidenschaft, das Werk Jehovahs, das Wesen der Wesen."

Aber hier verfehlt Fabre d'Olivet die wirkliche Übersetzung, da er die großen Schlüssel der Kabbala nicht kannte. Das durch die symbolischen Buchstaben des Tarot ausgelegte Wort Nahasch bedeutet strenggenommen:

14 נ Nun. — Die Kraft, die Mischungen erzeugt.

5 ה He. — Der Behälter und passive Erwerber der Formen.

21 ש Schin. — Das natürliche Feuer und das durch die zweifache Polarisation gleichgerichtete Zentrum.

16

Dieses von Moses gebrauchte Wort gibt uns, kabbalistisch gelesen, die Beschreibung und Erklärung des magischen, universellen und in allen Theogonien durch die Schlange versinnbildlichten Agens, dem die Juden auch den Namen Od in der Auswirkung seiner aktiven, Ob in der seiner passiven Kraft und Aur gaben, wenn es sich vollständig in seiner ausgeglichenen Macht als Erzeuger des himmlischen Lichtes und als Gold unter den Metallen offenbarte.

Bild der Einweihung ist also diese alte Schlange, die, um die Erde gewunden, ihren Kopf unter den Fuß einer Jungfrau beugt, die ein neugeborenes Kind den magischen Königen zur Anbetung reicht und von ihnen für diese Gnade Gold, Myrrhe und Weihrauch empfängt.

Dies Dogma dient so in allen hieratischen Religionen der Verschleierung für das Geheimnis der Naturkräfte, über die der Eingeweihte verfügen kann. Die religiösen Formen sind die Zusammenfassung dieser Worte voll Geheimnis und Macht, die die Götter vom Himmel zwingen und sie menschlichem Willen unterwerfen. Judäa entlehnte die Geheimnisse von Ägypten, Griechenland schickte seine Hierophanten und später seine Theosophen in die Schule der großen Propheten; das Rom der Cäsaren stürzte, von der christlichen Einweihung der Katakomben unterminiert, eines Tages zusammen, und man errichtete einen Symbolismus aus den Trümmern aller Kulte, welche die Königin der Welt besiegt hatte.

Nach dem Evangelium war die Aufschrift, welche das geistige Königtum Christi erklärte, hebräisch, griechisch und lateinisch geschrieben, ein Ausdruck der universalen Synthese.

Der Hellenismus, diese große und herrliche Religion der Form, verkündete die Ankunft des Erlösers nicht weniger als die Propheten des Judentums. Die Fabel von Psyche ist mehr als eine christliche Abstraktion, und der Bilderkult, den Sokrates wieder herstellte, bereitete die Altäre für jene Gottvereinigung vor, deren geheimnisvoller Behälter Israel war.

Aber die Synagoge verleugnete ihren Messias, und die hebräischen Buchstaben wurden wenigstens für die blinden Augen der Juden ausgelöscht.

Die römischen Nachfolger entehrten den Hellenismus, den der falsche Nachlaß des vielleicht mit Unrecht „Apostata" genannten Julian, des Philosophen, nicht wiederbeleben konnte, weil sein Christentum nie echt war. Die Unwissenheit des Mittelalters stellt dann seine Heiligen und Jungfrauen Göttern, Göttinnen und Nymphen gegenüber. Der tiefe Sinn der hellenistischen Symbole war unverstandener denn je. Griechenland selbst verlor nicht nur die Überlieferungen seines alten Kultes, sondern trennte sich von der römischen Kirche. Und so wurden für die Augen der Römer die griechischen wie für die Augen der Griechen die lateinischen Buchstaben vernichtet.

So verschwand die Aufschrift auf dem Kreuz des Erlösers ganz, und es blieben nur jene geheimnisvollen Initialen.

Aber wenn einst die mit dem Glauben versöhnte Wissenschaft und Philosophie all die verschiedenen Symbole zu einem vereinen wird, dann wird all die Pracht der alten Kulte im Erinnern der Menschheit aufblühen und den Fortschritt des menschlichen Geistes in der Erkenntnis des göttlichen Lichtes verkünden.

Aber der größte Fortschritt wird jener sein, der die Schlüssel der Natur zurücklegt in die Hände der Wissenschaft und für immer das greuliche Phantom Satans zerstört, und durch

Erklärung aller außergewöhnlichen Natur-
erscheinungen die Herrschaft des Aberglaubens und der dummen Leichtgläubigkeit aus-
tilgt.

Dem Zustandekommen dieses Fortschritts
haben wir unser Leben geweiht und unsere
Jahre mühsamsten und schwierigsten For-
schens geopfert. Von Idolen wollen wir die
Altäre säubern, wollen den intelligenten Menschen wieder als Priester und König der Natur
sehen und ihm durch Offenbarung alle Bilder
des universalen Heiligtums erhalten.

Die Propheten haben in Parabeln und Bildern gesprochen, weil ihnen die abstrakte
Sprache fehlte, und weil die prophetische Empfängnis als Gefühl der Harmonie und der universellen Analogien sich naturgemäß durch
Bilder überträgt.

Diese vom Laien als wirklich genommenen
Bilder sind so zu Idolen oder undurchdring-
lichen Geheimnissen geworden.

Die Gesamtheit und Aufeinanderfolge dieser
Bilder und Mysterien ist der Symbolismus.

Der Symbolismus ist, wie immer ihn die
Menschen auch gestaltet haben, von Gott.

Die Offenbarung ging durch alle Zeiten mit
der Menschheit und hat sich mit dem menschlichen Geist gewandelt; aber immer hat sie
dieselbe Wahrheit verkündet.

Es gibt eine wahre Religion, und ihre Dogmen sind einfach und für alle erträglich.

Die Vielheit der Symbole war immer nur
ein zur Erziehung des menschlichen Genius
notwendiges, poetisches Buch.

Die Harmonie der äußeren Schönheit und
die Poesie der Form machte Gott der jungen
Menschheit offenbar; aber bald hatte Venus
Psyche als Rivalin und Psyche folgte Amor.

19

So mußte der Kult der Form jenen ehrgeizigen Träumen von der Seele weichen, die schon die weise Beredsamkeit eines Platon begleiteten.

Die Ankunft Christi war vorbereitet und wurde deshalb erwartet; er kam, weil die Welt ihn ersehnte, und die Philosophie wandelte sich in Glauben, um volkstümlich zu sein.

Aber befreit durch diesen selben Glauben, erhob sich die menschliche Seele bald gegen die Schule, welche die Zeichen verstofflichen wollte, und das Werk des römischen Katholizismus bereitete unbewußt die Emanzipation der Gewissen vor und stürzte die Grundsäulen der universellen Verbindung.

All dies diente nur zur regelmäßigen und normalen Entwickelung des göttlichen Lebens in der Menschheit; denn Gott ist der Urgrund der Seelen, er ist der unwandelbare Mittelpunkt, um den alle Intelligenzen wie der Staub der Sterne kreisen.

Der menschliche Verstand hatte seinen Morgen, sein Mittag wird kommen und dann sein Verfall; nur Gott bleibt sich immer gleich.

Den Erdbewohnern scheint die Sonne sich jung und schüchtern zu erheben, scheint im Mittag mit ihrer ganzen Kraft zu strahlen und müde am Abend zur Ruhe zu gehen.

Und doch dreht sich die Erde, und die Sonne ist unbeweglich.

In seinem Glauben an den menschlichen Fortschritt und die Alldauer Gottes wird der freie Mensch die Religion in ihren vergangenen Formen achten und Jupiter nicht mehr als Jehova lästern, liebend grüßt er noch das strahlende Bild des Pythischen Apoll und findet eine brüderliche Ähnlichkeit mit dem verklärten Antlitz des auferstandenen Erlösers. Er glaubt an die große Sendung der katholischen Hierarchie und sieht freudig die Päpste des Mittelalters die Religion als Schutzwall der absoluten Macht der Könige entgegensetzen. Aber mit den revolutionären Jahrhunderten protestiert er gegen die Unterjochung des Gewissens, welches die päpstlichen Schlüssel gefangen setzen wollten. Er ist protestantischer als Luther, denn er glaubt nicht nur an die Unfehlbarkeit der Augsburger Confession, und katholischer als der Papst, denn er fürchtet die Störung der religiösen Einheit durch den Haß der Richtungen nicht.

Er vertraut für das Heil der Einheitsidee Gott mehr als der Politik Roms.

Er achtet das Alter der Kirche, doch fürchtet er nicht ihren Tod. Er weiß, daß ihr scheinbarer Tod nur eine Verwandlung und glorreiche Himmelfahrt ist.

Von neuem fordert der Autor dieses Buches die Magier des Ostens auf, wiederzukommen und den göttlichen Meister, den sie in der Krippe grüßten, noch einmal anzuerkennen, den großen Initiator aller Zeiten.

All seine Feinde sind gefallen, die ihn lästerten, sind tot, die ihn verfolgten, schlafen für immer, und er — er ist ewig erhöht.

Die Neider haben sich gegen ihn geschart und sind auf einem einzigen Punkt vereint, in sich Zerrissene schlossen sich zusammen, um ihn zu vernichten, und ächteten ihn, da sie sich zu Königen gemacht hatten. In ihrer Scheinheiligkeit klagten sie ihn an, als Richter lasen sie ihm sein Todesurteil, waren seine Henker, ließen ihn den Schierlingsbecher trinken, kreuzigten, steinigten und verbrannten ihn und gaben seine Asche dem Wind, dann brüllten sie vor Schrecken; er aber erhob sich vor ihnen, seine Wunden klagten sie an, und seine Narben wurden ihnen zur Folter.

Man glaubt, ihn in der Krippe zu Bethlehem

zu erdrosseln, und er lebt in Ägypten. Man zerrt ihn auf den Fels, um ihn hinabzustürzen, schon triumphiert die mörderische Menge über seinen gewissen Untergang; da, ein Schrei — war er's, der an den Felsen zerschellte? Sie erblassen und sehen sich an, aber er steht ruhig und gütig lächelnd unter ihnen und geht weg.

Ein anderer Berg, von ihnen getränkt mit seinem Blut — ein Kreuz — ein Grab. Soldaten bewachen sein Grab. Unsinnige! das Grab ist leer, und euer Totgeglaubter wandelt friedlich zwischen zwei Wanderern auf der Straße gen Emmaus.

Wo ist, wohin geht er? Sagt es den Herren der Welt! den Cäsaren, daß ihre Macht bedroht ist! Durch wen? Durch einen Armen, der nicht einmal einen Stein hat, sein Haupt darauf zu betten, durch einen zum Sklaventod verurteilten Mann aus dem Volke. Welche Schmach oder welche Torheit! Es tut nichts, die Cäsaren verlieren ihre ganze Macht: blutige Edikte ächten den Fliehenden, überall ist das Schaffot errichtet, die Zirkusplätze sind voll Löwen und Gladiatoren, Scheiterhaufen brennen, Ströme Blutes sind geflossen, und die Cäsaren wagen denen einen Namen zu geben, deren Triumphe sie nur erhöhten, dann starben sie, und ihre Apotheose entehrt die Götter, die sie zu schützen wähnten. Der Haß der Welt trifft mit der gleichen Verachtung Jupiter und Nero. Die Tempel, deren Schmeichelei Gräber schuf, sind über geächteter Asche, über den Trümmern der Idole, den Ruinen des Kaiserreichs zusammengestürzt. — *Er allein,* den die Cäsaren ächteten, den so viele Bewaffnete verfolgten, so viele Henker folterten, *er allein* steht aufrecht, *er allein* herrscht und triumphiert!

Da selbst seine Jünger bald seinen Namen mißbrauchten, zog der Hochmut ins Heiligtum; die seine Auferstehung verkünden sollten, wollten seinen Tod verewigen, um sich wie die Raben an seinem immer wieder aufblühenden Fleisch zu nähren. Anstatt ihn in seinem Opfer nachzuahmen und ihr Blut für ihre Kinder im Glauben hinzugeben, fesselten sie ihn im Vatikan wie an einen neuen Kaukasus und machten sich zu den Geiern des göttlichen Prometheus. Aber was nützt ihm ihr böser Traum? Nur sein Bild haben sie gekettet; er steht immer aufrecht und geht von Exil zu Exil, von Eroberung zu Eroberung.

Einen Menschen kann man binden, doch nicht das Wort Gottes. Die Sprache ist frei, und nichts kann sie hemmen. Dieses lebendige Wort ist das Verdammungsurteil der Gottlosen, und deshalb wollten sie ihn töten; aber schließlich starben nur sie, und das Wort der Wahrheit dauert, um ihr Andenken zu richten.

Orpheus konnte von den Bacchanten zerrissen werden, Sokrates hat den Giftbecher getrunken, Jesus und seine Apostel haben den Tod erlitten, Johannes Hus, Hieronymus von Prag und so viele andere wurden verbrannt, die Sankt-Bartholomäus-Nacht und die Septembergreuel schufen Märtyrer; der Kaiser von Rußland hat noch Kosaken, Knuten und die Verbrecher Sibiriens zu seiner Verfügung; aber der Geist von Orpheus, Sokrates, Jesus und allen Märtyrern wird immer lebendig bleiben mitten unter den Verfolgern; er dauert inmitten fallender Institutionen und stürzender Reiche.

Das ist der göttliche Geist, der Geist des einzigen Sohnes Gottes, den der hl. Johannes in seiner *Apokalypse* zu höchst inmitten der Goldleuchter darstellt, weil er als Mittelpunkt allen Lichtes die sieben Sterne in seiner Hand hält und sein Wort in Gestalt eines zweischneidigen Schwertes auf die Erde herabsteigen läßt.

Wann die entmutigten Weisen in der Nacht des Zweifels einschlafen, ist Christi Geist da und wacht.

Wann die Völker, ermüdet von befreiender Arbeit, einschlummern auf ihren Schwertern, ist Christi Geist da und streitet.

Wann die blinden Sektierer alt gewordener Religionen sich in den Staub alter Tempel werfen und knechtisch in abergläubischer Furcht kriechen, bleibt Christi Geist und betet.

Wann die Starken schwach werden, die Tugendhaften verderben, wann alles sich beugt und nach schlechter Nahrung giert, dauert Christi Geist, schaut zum Himmel und harrt der Stunde seines Vaters.

Christ heißt höchster Priester und König sein.

Christus ist als Initiator der neuen Zeit gekommen, um durch Wissen und vor allem Barmherzigkeit neue Könige und neue Priester zu bilden.

Die alten Magier waren Könige und Priester.

Die Ankunft des Erlösers wurde den alten Magiern durch einen Stern verkündet.

Dieser Stern war das magische Pentagramm, das an jeder seiner Ecken einen heiligen Buchstaben trägt.

Dieser Stern ist das Sinnbild der Intelligenz, die durch die Einheit der Kraft die vier Elementarmächte beherrscht.

Er ist das Pentagramm der Magier.

Er ist der flammende Stern der Kinder Hirams.

24

Er ist das Urbild des gleichgerichteten Lichtes, gegen jede seiner Ecken steigt ein Lichtstrahl empor.

Von jeder seiner Ecken geht ein Lichtstrahl aus.

Dieser Stern stellt den großen und erhabenen Athanor der Natur dar, den Leib des Menschen.

Der magnetische Einfluß verteilt sich auf zwei Strahlen vom Kopf, von jeder Hand und jedem Fuß.

Der positive Strahl ist durch einen negativen gleichgerichtet.

Der Kopf korrespondiert mit den beiden Füßen, jede Hand mit der andern und einem Fuß, und jeder Fuß mit dem Kopf und einer Hand.

Das regelmäßige Zeichen des gleichgerichteten Lichts stellt den Geist der Ordnung und Harmonie dar.

Es ist das Zeichen der Allmacht des Magiers.

Dasselbe Zeichen, gebrochen und unregelmäßig angewendet, steht für die astrale Verwirrung, die anormalen und regellosen Projektionen des großen magischen Agens, und weiter für Zauber, Perversität und Wahnsinn und wird von den Magiern Zeichen Luzifers genannt.

Ein anderes Zeichen versinnbildlicht auch die Mysterien des Lichts.

Es ist das Zeichen Salomos.

Salomos Talismane trugen auf der einen Seite den Eindruck seines Siegels, dessen Figur in unserem Dogma steht.

Die andere Seite trug umstehende Zeichnung.

Diese Figur ist die hieroglyphische Lehre von der Zusammensetzung der Anziehungskräfte und das Kreisgesetz des Blitzes.

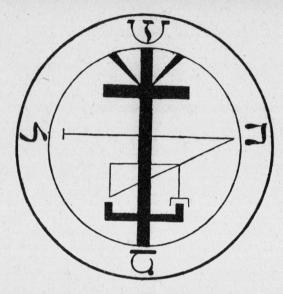

Man bannt die zügellosen Geister, indem man ihnen entweder den flammenden Stern des Pentagramms oder das Zeichen Salomos zeigt, weil man sie so den Beweis ihrer Torheit sehen läßt und ihnen gleichzeitig mit einer überlegenen Macht droht, die fähig ist, sie zu quälen, indem sie sie zur Ordnung zurückführt.

Nichts quält die Gottlosen als das Gute.

Nichts ist dem Wahnwitz so verhaßt wie die Vernunft.

Bedient sich aber ein unwissender Experimentator dieser Zeichen, ohne sie zu kennen, so ist er ein Blinder, der zu Blinden vom Licht spricht;

ist ein Dummkopf, der Kinder lesen lehren will.

Führt der Blinde den Blinden, hat der große und göttliche Hierophant gesagt, so fallen beide in den Abgrund.

Noch ein letztes Wort zur Zusammenfassung dieser ganzen Einleitung.

Seid ihr blind wie Samson und rüttelt an den Säulen des Tempels, so werden euch die Trümmer zerschmettern.

Um die Natur zu beherrschen, muß man sich durch den Widerstand und ihre Anziehungskräfte über sie stellen.

Ist euer Geist von jedem Vorurteil, von jedem Aberglauben und Unglauben vollkommen frei, so beherrscht ihr die Geister.

Gehorcht ihr nicht den Schicksalsmächten, so werden sie euch gehorchen.

Seid ihr wie Salomo weise, könnt ihr seine Taten vollbringen.

Seid ihr wie Christus heilig, wie er könnt ihr handeln.

Um die Strömungen des beweglichen Lichtes zu leiten, muß man in einem unbeweglichen Licht stehen.

Um die Elemente zu beherrschen, muß man ihre Orkane, Blitze, Verderben und Unwetter gebändigt haben.

Man muß *wissen*, um zu *wagen*,
wagen um zu *wollen*,
wollen, um das *Reich* zu erhalten,
und um zu herrschen, muß man *schweigen*.

I. KAPITEL

DIE VORBEREITUNGEN.

Jede nicht in Tat umgesetzte Absicht ist eine eitle Absicht, und jedes Wort, das sie ausspricht, ist müßig. Die Tat beweist das Leben, beweist und bestätigt den Willen. Die heiligen und symbolischen Bücher lehren auch, daß die Menschen nicht nur nach ihren Gedanken und Ideen, sondern auch nach ihren Werken beurteilt werden. Um zu sein, muß man handeln.

Hier handelt es sich für uns nun um die große und schreckliche Frage nach den magischen Werken. Hier geht es nicht mehr um Theorien und Abstraktionen, sondern um Wirklichkeiten, und wir legen dem Adepten den Wunderstab mit der Aufforderung in die Hand: Kümmere dich nicht nur um unsere Worte, handle selbst.

Hier geht es um Werke einer relativen Allmacht, um das Mittel, sich der größten Geheimnisse der Natur zu bemächtigen und sie einem erleuchteten und unwandelbaren Willen dienstbar zu machen.

Die Mehrzahl der bekannten magischen Rituale sind entweder Mystifikationen oder Rätsel, und wir zerreißen nach so vielen Jahrhunderten zum erstenmal den Schleier des verborgenen Heiligtums. Die Heiligkeit der Mysterien offenbaren, heißt ihrer Profanierung steuern. Dieser Gedanke trägt unseren Mut und läßt uns allen Gefahren dieses vielleicht kühnsten Werkes, das menschlichem Geist zu empfangen und erfüllen zuteil wurde, trotzen.

Die magischen Operationen sind die Ausübung einer natürlichen, den gewöhnlichen Kräften der Natur aber überlegenen Macht. Sie sind das Resultat eines Wissens und einer Gewohnheit, die den menschlichen Geist über seine natürlichen Grenzen hinaushebt.

Das Übernatürliche ist nur das außergewöhnlich oder exaltiert Natürliche: ein Wunder ist eine Erscheinung, welche die Menge täuscht, weil sie unachtsam ist. Das Außergewöhnliche setzt in Erstaunen, die Wirkungen überraschen die der Ursachen Unkundigen oder jene, die für die sichtbaren Resultate keine verhältnisgleichen Ursachen angeben. Nur für die Unwissenden gibt es Wunder; aber wie es unter den Menschen ein absolutes Wissen kaum gibt, so kann das Wunder noch existieren und ist für alle Welt vorhanden.

Sagen wir zunächst, daß wir an alle Wunder glauben, weil wir durch unsere eigene Erfahrung von ihrer ganzen Möglichkeit völlig überzeugt sind.

Wir wollen sie nicht erklären, sehen sie deshalb aber nicht weniger als erklärlich an. Vom Mehr zum Weniger und vom Weniger zum Mehr sind die Folgen identisch relativ und die Verhältnisse fortschreitend unerbittlich.

Um aber Wunder zu vollbringen, muß man außerhalb der gemeinen Bedingungen der Menschheit stehen, muß entweder durch Weisheit vertieft oder durch Wahnsinn exaltiert über allen Leidenschaften oder außerhalb der Leidenschaften durch Ekstase oder Tollheit sein. Das ist die erste und unumgänglichste Voraussetzung für den Ausübenden.

Nach einem schicksalhaften Gesetz kann der Magier die Allmacht nur in einer von seinem wirklichen Interesse abgekehrten Vernunft üben. Der Alchymist macht um so mehr Gold, als er selbst jedem Eigengebrauch entsagt und die Armut, die Beschützerin der Geheimnisse des großen Werkes, schätzt.

Der im Herzen leidenschaftslose Adept verfügt allein über Liebe und Haß jener, die er zu Werkzeugen seines Wissens machen will. Die Mythe der *Genesis* ist ewig wahr, und Gott läßt nur genügend enthaltsame und starke Menschen dem Baum des Wissens nahen, die nach seinen Früchten nicht lüstern sind.

Die ihr in der Magie das Mittel zur Befriedigung eurer Leidenschaften sucht, haltet ein auf diesem verderblichen Weg: Ihr werdet dabei nur den Wahnsinn oder den Tod finden. Mit jener alten Überlieferung wollte man sagen, daß der Teufel früher oder später doch ein Ende macht, da er den Zauberern den Hals bricht.

Der Magier muß also unempfänglich, mäßig, rein, wunschlos, unergründlich und jeder Art Vorurteil oder Irrtum unzugänglich sein. Ohne körperliche Fehler muß er alle Mühen und Beschwerden ertragen. Das Erste und Wichtigste der magischen Werke ist das Erreichen dieser seltenen Überlegenheit.

Wir sagten, daß die leidenschaftliche Ekstase dieselben Ergebnisse wie die absolute Macht hervorbringen kann, und das ist in Bezug auf den Erfolg aber nicht auf die Leitung der magischen Operationen wahr.

Die Leidenschaft schleudert machtvoll das lebendige Licht und prägt unvorhergesehene Züge in das universale Agens ein, aber sie kann das Ausgeschleuderte auch leicht zurückbekommen, und ihr Schicksal gleicht dann dem des von seinen eigenen Pferden zerrissenen Hippolyt oder dem des Phalaris, der an sich selbst das Instrument der Marter erfuhr, das er für andere ausgedacht hatte.

Der durch die Tat verwirklichte menschliche Wille gleicht der Kanonenkugel, die vor keinem Hindernis zurückweicht. Sie durchbohrt es oder dringt ein und verliert sich darin, wenn sie mit Macht abgeschossen wurde. Fliegt sie aber behäbig und vorsichtig, so trifft sie nicht und ist wie eine Welle, die immer zurückschlägt und endet, indem sie das Eisen zerfrißt.

Der Mensch kann durch Gewohnheit verändert werden, die ihm nach dem Sprichwort zur zweiten Natur wird. Mittels einer anhaltenden und allmählich gesteigerten Gymnastik entwickeln sich die körperlichen Kräfte und die Behendigkeit erstaunlich. Ebenso verhält es sich mit den seelischen Kräften. Wollt ihr über euch selbst und andere herrschen? Lernt wollen! Wie kann man das Wollen lernen? Hier liegt das erste Geheimnis der magischen Einweihung, den Grund dieses Geheimnisses selbst erkennt man daran, daß die alten Hüter der Priesterkunst mit ihm die Zugänge zum Heiligtum vor soviel Irrtümern und Blendwerk verschlossen. Sie glaubten nur einem Willen, der seine Prüfungen bestanden hatte, und sie waren vernünftig. Die Kraft bestätigt sich nur durch Siege.

Faulheit und Vergessen sind Feinde des Willens, und deshalb vermehrten alle Religionen die Gebräuche und gestalteten ihren Kult kleinlich und schwierig. Je mehr Umstände man um eine Idee macht, desto größere Kraft erlangt man im Sinne dieser Idee. Ziehen die Mütter nicht jene Kinder vor, die ihnen mehr Schmerzen und Sorgen verursacht haben? Auch die Kraft der Religionen ist nur ganz im unbeugsamen Willen derjenigen, die sie üben.

31

Solange noch ein treuer Gläubiger beim heiligen Meßopfer sein wird, wird ein Priester es ihm lesen, und solange ein Priester täglich sein Brevier betet, wird ein Papst in der Welt sein. Die ihrem Ansehen nach unscheinbarsten und für das Ziel, das man sich gesteckt, an sich fremdesten Übungen führen durch Erziehung und Übung des Willens nichtsdestoweniger zu diesem Ziel. Ein Bauer, der jeden Morgen um zwei oder drei Uhr aufstünde und jeden Tag einen Halm desselben Grases vor Sonnenaufgang sammelte, könnte, wenn er von diesem Gras bei sich trüge, eine große Anzahl Wunder tun. Dieses Gras würde zum Zeichen seines Willens und würde durch eben diesen Willen das hervorbringen, was er im Interesse seiner Wünsche wollte.

Um zu können, muß man glauben, daß man kann, und dieser Glaube muß sich ununterbrochen durch Handlungen übertragen. Sagt ein Kind: Ich kann nicht, so antwortet ihm seine Mutter: Versuche. Der Glaube selbst versucht nicht. Er beginnt mit der Gewißheit zu erreichen und arbeitet still, als ob er die Allmacht zu seinen Befehlen und die Ewigkeit vor sich hätte.

Ihr, die ihr vor der Weisheit der Magier steht, was fragt ihr sie? Wagt euern Wunsch festzulegen, was er auch sei, dann begebt euch unentwegt an das Werk und hört in demselben Sinn und für das gleiche Ziel nicht mehr auf zu handeln: was ihr wollt, wird sein, und ist schon für und durch euch begonnen.

Sixtus V. hatte beim Hüten seiner Rinder ausgerufen: Ich will Papst sein.

Ihr seid Bettler und wollt Gold machen: Fangt an und hört nicht mehr auf. Im Namen der Wissenschaft verspreche ich euch alle Schätze Flamels und des Raimundus Lullus.

Was muß man zuerst tun? — Glauben, daß man kann, dann handeln! — Aber wie? — Täglich zur gleichen Zeit und früh aufstehen, sich in jeder Jahreszeit vor Tag am Brunnen waschen, nie schmutzige Kleidung tragen und sie selbst reinigen, wenn es nötig ist, freiwillige Entbehrungen auf sich nehmen, um die unfreiwilligen leichter zu ertragen, dann jedem Wunsch, der nicht der Vollendung des großen Werkes dient, Schweigen auferlegen. — Was! wenn ich mich täglich am Brunnen wasche, werde ich Gold machen? — Ihr arbeitet, um es zu machen. — Das ist ein Scherz. — Nein, ein Geheimnis! — Wie kann ich mich eines Geheimnisses bedienen, das ich nicht verstehe? — Glaube und handle, schließlich wirst du verstehen.

Eines Tages sagte mir jemand: Ich wäre ein eifriger Katholik, aber ich bin Voltairianer. Was würde ich nicht um den Glauben geben! — Ich antwortete: So sag nicht mehr, ich wäre, sondern ich will, und handle dann nach dem Glauben, und ich versichere dich, daß du glaubst. Du bist Voltairianer, sagst du, und unter den verschiedenen Arten den Glauben zu erfassen ist dir diejenige der Jesuiten die unsympathischste und scheint dir doch die wünschenswerteste und stärkste. . . . Mache die Exerzitien des hl. Ignatius und wiederhole sie, ohne dich zu entmutigen, und du wirst gläubig wie ein Jesuit. Das Resultat ist unausbleiblich, und wenn du dann glaubst, es sei ein Wunder, so täuschest du dich schon, wenn du dich für einen Voltairianer hältst.

Ein schlapper Mensch wird nie Magier. Die Magie ist stündliche, nein ununterbrochene Übung. Wer große Werke vollbringen will, muß sich absolut selbst beherrschen, die Lokkung des Vergnügens, Begierde und Schlaf besiegen, unempfindlich sein gegen Erfolg wie Schande. Sein Leben muß ein durch einen Gedanken geleiteter und durch die ganze Natur bedienter Wille sein, die er in all ihren eigenen Organen und durch Sympathie in allen mit ihr korrespondierenden Kräften unterwerfen muß.

Alle Fähigkeiten und Sinne müssen an dem Werk teilnehmen und nichts in dem Priester des Hermes darf untätig bleiben. Er muß die Intelligenz durch Zeichen gestalten und durch Charaktere und Pantakel zusammenfassen. Den Willen muß er durch Worte festlegen und die Worte durch Taten erfüllen. Er muß die magische Idee in Licht übertragen durch die Augen, in Harmonie durch die Ohren, in Duft durch den Geruchsinn, in Geschmack durch den Mund und in Formen durch den Tastsinn, mit einem Wort: der Experimentator muß in seinem ganzen Leben das verwirklichen, was er in der Welt außer sich verwirklichen will. Er muß zum *Magnet* werden, um das Gewünschte anzuziehen, und wenn er genügend magnetisiert ist, wird die Sache kommen, ohne daß er selbst daran denkt.

Der Magier muß die Geheimnisse der Wissenschaft kennen, aber er kann sie durch Intuition und ohne sie gelernt zu haben kennen. Die Einsiedler, die in gewohnheitsmäßiger Betrachtung der Natur leben, kennen oft ihre Harmonien und sind in ihrem einfachen Sinn erfahrener als die Gelehrten, deren natürlicher Sinn durch die Sophismen der Schulen verfälscht ist. Die wahren praktischen Magier finden sich fast immer auf dem Lande und sind oft ungebildete Leute und einfache Hirten.

Es gibt auch gewisse physische Konstitutionen, die für die Offenbarungen der okkulten

Welt besser als andere geeignet sind. Es gibt sensitive und sympathische Naturen, denen die Einweihung in das Astrallicht gleichsam eingeboren ist. Gewisse Kümmernisse und bestimmte Krankheiten können das Nervensystem verändern und ohne Zutun des Willens eine Art mehr oder minder vollkommene Wahrsagung hervorbringen. Aber diese Phänomene sind außergewöhnlich und im allgemeinen muß und kann die magische Macht durch Beharrlichkeit und Arbeit erworben werden.

Es gibt auch Substanzen, die Ekstase hervorrufen und zum magnetischen Schlaf geneigt machen, welche im Dienst der Imagination die lebhaftesten und farbigsten Spiegelungen des Elementarlichts geben; aber der Gebrauch dieser Substanzen ist gefährlich, weil sie Betäubung und Rausch erzeugen. Man gebraucht sie trotzdem, aber in genau gewogenen Dosen und bei ungewöhnlichen Umständen.

Wer sich ernsthaft nach Festigung seines Geistes gegen jede Gefahr durch Halluzination und Schrecken der praktischen Magie widmen will, muß sich während vierzig Tagen äußerlich und innerlich reinigen. Die Zahl Vierzig ist heilig, und ihre Figur selbst ist magisch. In der arabischen Ziffer wird sie vom Kreis, dem Bilde des Unendlichen, und von der Vier, die den Ternar durch die Einheit verbindet, gebildet. Auf folgende Weise in römische Ziffern zerlegt, stellt sie das Zeichen des Fundamentaldogmas des Hermes und den Charakter des Salomonischen Schlüssels dar:

Die Reinigung des Magiers muß in der Entsagung aller brutalen Begierden, in einer pflanzlichen und wenig gewürzten Lebensweise, in der Enthaltung aller starken Getränke und einem stundenweise geregelten Schlaf bestehen. Diese Vorbereitung wurde in allen Kulten durch eine Zeit der Buße und Prüfungen, die den symbolischen Festen der Lebenserneuerung voranging, angezeigt und durchgeführt.

Wie wir schon gesagt haben, muß man äußerlich die peinlichste Reinlichkeit beobachten: Auch der Ärmste kann Wasser in dem Brunnen finden. Auch muß man sorgfältig Kleider, Möbel und Gefäße, die benötigt werden, reinigen oder reinigen lassen. Jede Unsauberkeit bezeugt Nachlässigkeit, und diese ist in der Magie tödlich.

Die Luft muß beim Aufstehen und Schlafengehen mit einem aus Lorbeer, Salz, Kampfer, Schellharz und Schwefel zusammengesetzten Parfum gereinigt werden, gleichzeitig sagt man die vier heiligen Worte und wendet sich dabei in die vier Himmelsrichtungen.

Man darf zu niemand über die Werke sprechen, die man unternimmt, und wie wir schon im Dogma genügend betont haben, ist das Geheimnis die unbedingte und unerläßliche Bedingung für alle Operationen der Wissenschaft. Die Vorwitzigen muß man irreführen, indem man andere Vorhaben und Untersuchungen, wie chemische Experimente zu industriellen Zwecken, hygienischen Verordnungen, die Erforschung irgendwelcher natürlicher Geheimnisse usw. vorgibt, aber das verschrieene Wort Magie darf niemals genannt werden.

Der Magier muß sich im Anfang abschließen und in Verbindungen sehr vorsichtig zeigen, um seine Kraft auf sich zu konzentrieren und

36

die Berührungspunkte zu wählen. Aber so scheu und unzugänglich er in der ersten Zeit sein wird, so umgänglich und leutselig wird man ihn später sehen, wenn er seine Kette magnetisiert und seinen Platz im Strom der Ideen und des Lichts gewählt haben wird.

Ein arbeitsreiches und armes Leben ist der Einweihung durch die Praxis so günstig, daß es die größten Meister selbst dann gesucht haben, wenn sie über die Reichtümer der Welt verfügen konnten. Satan, das heißt die Unwissenheit, grinzt, bezweifelt und haßt die Weisheit, weil er sie fürchtet, versucht den künftigen Meister der Welt mit den Worten: Wenn du der Sohn Gottes bist, dann sage, daß diese Steine zu Brot werden. Die Geldmenschen suchen dann den Fürsten der Wissenschaft durch Hemmungen, Herabwürdigen oder schändliche Ausbeutung seiner Arbeit zu demütigen. Man bricht ihn in zehn Stücke, damit er zehnmal die Hand ausstreckt nach dem Brot, das er nötig zu haben scheint. Der Magier geruht nicht einmal zu lächeln über diese Albernheit und setzt ruhig sein Werk fort.

So sehr man nur kann, muß man den Anblick scheußlicher Dinge und häßlicher Personen meiden, nicht essen bei Personen, die man nicht schätzt, alle Ausschweifungen meiden und nach der einförmigsten und geregeltsten Art leben.

Die größte Achtung haben vor sich selbst und sich wie ein verkannter Herrscher beobachten, der dem Dasein nachgibt, um seine Krone wiederzuerlangen. Mild und würdig sein gegen jedermann, aber in allen sozialen Verhältnissen sich niemals einsaugen lassen und sich von Kreisen zurückziehen, wo man nicht irgendeine Anregung hat. Man kann endlich und muß selbst die Verpflichtungen erfüllen und die Riten des Kultes ausführen, denen man angehört. Von allen Kulten ist der der magischste, der die meisten Wunder tut, der durch die weisesten Vernunftgründe die unbegreiflichsten Mysterien stützt, der seinen Schatten entsprechende Lichter hat, der die Wunder gemeinverständlich macht und Gott durch den Glauben in den Menschen verkörpert. Diese Religion gab es immer und ist in der Welt unter verschiedenen Namen immer die einzige und herrschende Religion gewesen. Sie hat jetzt bei den Völkern der Erde drei, dem Ansehen nach einander feindliche Formen, die sich bald in eine einzige vereinigen werden, um eine universelle Kirche zu bilden. Ich spreche von der russischen Orthodoxie, dem römischen Katholizismus und einer letzten Verklärung der Religion Buddhas.

Durch das Vorhergehende glauben wir genugsam gezeigt zu haben, daß unsere Magie derjenigen der Zauberer und Schwarzmagier entgegengesetzt ist. Unsere Magie ist eine Wissenschaft und eine absolute Religion, welche nicht alle Meinungen und Kulte zerstören und aufsaugen, aber erneuern und leiten muß, indem sie den Kreis der Eingeweihten wieder einsetzt und den blinden Massen weise und hellsehende Führer gibt.

Wir leben in einem Jahrhundert, in dem es nichts mehr zu zerstören gibt, in dem aber alles wieder gutzumachen ist, weil alles zerstört ist — Wiederherstellen? das Vergangene? — Man stellt die Vergangenheit nicht wieder her — Rekonstruieren? einen Tempel und einen Thron? — wozu, da ja doch die Alten untergegangen sind? — Das ist, als würdest du sagen, mein Haus stürzt vor Alter zusammen, wozu ein neues bauen? — Aber das Haus, welches du baust, wird es dem zusammenge-

fallenen gleichen? — Nein: das zusammenge-
stürzte war alt, und jenes wird neu sein. —
Aber wird es denn immer ein Haus sein? —
Was willst du denn, daß es sei?

II. KAPITEL

DAS MAGISCHE GLEICHGEWICHT.

Das Gleichgewicht ist die Resultante zweier Kräfte.

Wenn die beiden Kräfte durchaus und immer gleich sind, wird das Gleichgewicht zur Unbeweglichkeit und damit zur Verneinung des Lebens. Die Bewegung ist das Resultat eines regelmäßig wechselnden Übergewichts.

Die Belastung einer Wagschale bestimmt notwendig die Bewegung der andern. Das Entgegengesetzte wirkt so in der ganzen Natur durch Übereinstimmung und analoge Verknüpfung auf das Entgegengesetzte.

Das ganze Leben besteht im Ein- und Ausatmen. Die Schöpfung ist die Voraussetzung eines Schattens zur Begrenzung des Lichts, einer Leere als Raum für die Überfülle des Seins, eines passiven, befruchteten Prinzips zur Stütze und Verwirklichung des aktiven, schöpferischen Prinzips.

Die ganze Natur ist bisexuell, und die Bewegung, welche die Erscheinungen von Tod und Leben hervorruft, ist eine ununterbrochene Zeugung.

Gott liebt die zu ihrer Erfüllung geschaffene Leere, die Weisheit liebt die Unwissenheit, die sie erleuchtet, die Kraft die Schwäche, der sie beisteht, das Gute das Schlechte, das es verherrlicht, der Tag liebt die Nacht und folgt ihr unausgesetzt um die Erde. Liebe ist Durst und Fülle, die sich verströmen muß. Wer gibt, empfängt, und wer empfängt, gibt; die Bewegung ist ein ewiger Wechsel.

Das Gesetz dieses Wechsels, das wechselseitige oder gleichzeitige Verhältnis dieser Kräfte kennen, heißt die Grundprinzipien des großen magischen Arkanums besitzen, das die wahre menschliche Göttlichkeit bildet. Wissenschaftlich kann man die verschiedenen Manifestationen der universellen Bewegung durch die elektrischen oder magnetischen Erscheinungen beurteilen. Vor allem die Elektrisiermaschinen offenbaren wirklich und positiv die Verwandtschaften und Antipathien gewisser Substanzen. Die Verbindung von Kupfer und Zink, die Wirkung aller Metalle in der galvanischen Säule sind die fortwährenden und einwandfreien Offenbarungen. Was die Physiker finden und entdecken, die Kabbalisten werden die Entdeckungen der Wissenschaft erklären.

Der menschliche Körper ist wie die Erde einem zweifachen Gesetz unterworfen: er zieht an und stößt ab. Er ist durch einen androgynen Magnetismus magnetisiert und reagiert auf die beiden Seelenkräfte Intellekt und Gefühl in umgekehrtem, aber proportionalem Verhältnis des entgegengesetzten Übergewichts der beiden Geschlechter in seinem physischen Organismus.

Die Kunst des Magnetiseurs beruht ganz auf dem Gebrauch und der Kenntnis dieses Gesetzes. Die Wirkung polarisieren und dem Agens eine zweigeschlechtige und wechselseitige Kraft geben, ist das noch unbekannte und vergeblich gesuchte Mittel, die Phänomene des Magnetismus beliebig zu lenken. Es bedarf eines sehr geübten Gefühls und einer großen Genauigkeit in den Bewegungen, um die Zeichen des magnetischen Atmens nicht mit denen des Atems zu verwechseln, auch muß man die okkulte Anatomie vollkommen beherrschen und

das besondere Temperament der zu behandelnden Personen kennen.

Das größte Hindernis bei der Leitung des
Magnetismus ist der ungenügende Glaube oder
Wille der Subjekte. Die Frauen vor allem, die
ihrem Wesen nach und immer Schauspielerin-
nen sind, die Eindrücke haben wollen, da sie
andere erregen, und sich als erste täuschen,
wenn sie ihre nervösen Schaustücke spielen,
sind die wahre schwarze Magie des Magnetismus. Auch wird es den nicht in die höchsten
Geheimnisse eingeweihten und nicht vom Licht
der Kabbala unterstützten Magnetiseuren unmöglich sein, je dieses widerspenstige und
flüchtige Element zu beherrschen. Um Herr
der Frau zu sein, muß man sie zerstreuen und
geschickt täuschen, indem man sie glauben
läßt, sie selbst sei die Täuschende. Dieser hier
besonders den Heilmagnetiseuren gegebene Rat
könnte vielleicht auch seinen Platz und seine
Verwendung in der ehelichen Politik finden.

Der Mensch kann nach seinem Gutdünken
zwei Atem hervorbringen, einen warmen und
einen kalten, ebenso kann er das aktive oder
passive Licht ausstrahlen, aber er muß die
Kenntnis dieser Kraft durch die Gewohnheit
über sie nachzudenken erlangen. Die gleiche
Geste der Hand kann das sogenannte Fluidum
aus- und einatmen, und der Magnetiseur kann
sich selbst vom Ergebnis seines Vorhabens
durch ein wechselnd kaltes und warmes Gefühl in der Hand oder beiden Händen, wenn
er mit beiden arbeitet, überzeugen, welches
das Subjekt gleichzeitig, aber im entgegengesetzten Sinn, d. h. in ganz und gar entgegengesetztem Wechsel empfinden wird.

Das Pentagramm oder das Zeichen des Mikrokosmos stellt unter anderen magischen Mysterien die zwiefache Sympathie der mensch-

lichen Gliedmaßen unter sich und den Kreislauf des Astrallichts im menschlichen Körper dar. Betrachtet man einen Menschen im Stern des Pentagramm, wie man ihn in der okkulten Philosophie Agrippas sehen kann, so muß man beobachten, daß der Kopf in maskuliner Sympathie mit dem rechten und in femininer mit dem linken Fuß, daß die rechte Hand ebenso mit der linken Hand und dem linken Fuß und die linke Hand umgekehrt in Verbindung stehen. Diese Beobachtung in den magnetischen Strichen ist notwendig, wenn man den ganzen Organismus beherrschen und alle Glieder durch ihre eigene Kette der Analogie und natürlichen Sympathie verbinden will.

Diese Kenntnis ist zum Gebrauch des Pentagramms in allen, gemeinhin Nekromantie genannten Beschwörungen von Geistern oder im Astrallicht irrenden Formen notwendig, wie wir im fünften Kapitel des Ritual erklären werden. Aber es ist hier wohl zu beachten, daß jede Wirkung eine Gegenwirkung hervorbringt, und daß wir in der Magnetisierung oder magischen Beeinflussung anderer einen entgegengesetzten, aber entsprechenden Einflußstrom von jenen zu uns herstellen, der uns ihnen unterwerfen kann anstatt umgekehrt, wie es oft genug bei den Operationen, die als Gegenstand die Sympathie der Liebe haben, vorkommt. Deshalb ist es wesentlich, sich beim Angriff gleichzeitig zu verteidigen, so daß man also links nicht einatmet, wenn man rechts ausatmet. Der magische Androgyn (Frontalfigur des Ritual) trägt auf dem rechten Arm das Wort SOLVE und auf dem linken COAGULA, übereinstimmend mit der symbolischen Figur der Arbeiter am zweiten Tempel, die in der einen Hand das Schwert, in der andern die Kelle tragen. Zugleich mit dem Kämpfen muß man durch Zersprengen der Feinde sein Werk verteidigen: die Natur handelt nicht anders, wenn sie zur selben Zeit zerstört, da sie aufbaut. Nach der Allegorie des magischen Kalenders von Duchenteau ist der Mensch, d. h. der Eingeweihte, der Affe der Natur, die ihn an der Kette hält und ihn ununterbrochen Verfahren und Werke seiner göttlichen Meisterin und seines unvergänglichen Vorbildes nachahmen läßt.

Die wechselseitige Anwendung der entgegengesetzten Kräfte, Wärme nach Kälte, Milde nach Strenge, Liebe nach Haß usw., ist das Geheimnis der ewigen Bewegung und Machtverlängerung. Die Dirnen fühlen das instinktiv, wenn sie ihre Anbeter von Hoffnung in Furcht, von Freude in Traurigkeit fallen lassen. Immer im selben Sinn und in der gleichen Art handeln heißt die eine der Wagschalen überbürden, und das Resultat wird bald die Zerstörung des Gleichgewichtes sein. Unaufhörliche Liebkosungen erzeugen rasch Überdruß, Ekel und Antipathie, ebenso wie Kälte und fortdauernde Strenge auf die Dauer die Zuneigung unterbindet und entmutigt. In der Alchimie dörrt ein immer gleiches und fortgesetzt heißes Feuer die prima Materia aus und zersplittert das hermetische Gefäß. Man muß in regelmäßigen Abständen die Feuerwärme durch die der Kalkasche oder mineralischen Schuttes ersetzen. So muß man in der Magie die Werke der Hitze oder Kälte durch Handlungen der Wohltätigkeit und Liebe mildern, und wenn der Ausübende seinen Willen immer gleichartig und in gleichem Sinne angespannt hält, wird er sich bald eine große Müdigkeit und eine Art moralischer Ohnmacht zuziehen.

Der Magier soll nun nicht ausschließlich in seinem Laboratorium, zwischen seinem Athanor, seinen Elexieren und Pantakeln leben. Wer nach dem Blick jener Circe, welche man die okkulte Kraft nennt, dürstet, muß ihr zur rechten Zeit das Schwert des Odysseus zu bieten und seine Lippen von dem Kelch beizeiten zu nehmen wissen, den sie uns darbietet. Eine magische Operation muß immer abgelöst werden von einer in ihrer Dauer gleichen Ruhe und einer entsprechenden, ihrem Objekt aber entgegengesetzten Zerstreuung. Unausgesetzt gegen die Natur kämpfen, um sie zu besiegen und zu beherrschen, heißt seine Vernunft und sein Leben aufs Spiel setzen. Paracelsus hat dies zu tun gewagt und verwendete in diesem Kampf selbst gleichgerichtete Kräfte und setzte den Weinrausch jenem des Verstandes entgegen, dann bändigte er den Rausch durch körperliche Müdigkeit und die körperliche Müdigkeit durch eine neue geistige Arbeit. Auch Paracelsus war ein Mensch von Inspiration und Wundern, aber er hat sein Leben in dieser verdürstenden Tätigkeit verbraucht oder ist vielmehr rasch ermüdet und hat das Gewand zerrissen; denn dem Paracelsus ähnliche Menschen können brauchen und mißbrauchen, ohne etwas zu fürchten: sie wissen wohl, daß sie nicht mehr sterben können, als sie hier unten altern müßten.

Nichts stimmt besser zur Freude als der Schmerz, und nichts liegt näher beim Schmerz als die Freude. So ist auch der unwissend Handelnde erstaunt, immer wieder zu Ergebnissen zu kommen, die seinem Vorhaben entgegengesetzt sind, weil er seine Wirkung weder zu wechseln noch zu durchkreuzen weiß. Er will seinen Feind behexen, und er selbst wird unglücklich und krank, er will sich lieben lassen und wird in unglückliche Leidenschaft gestürzt durch die Frauen, die sich über

ihn lustig machen, er will Gold machen und
erschöpft seine letzten Hilfsmittel: Seine Strafe
ist ewig wie die des Tantalus, das Wasser
flieht immer, wenn er trinken will. In ihren
Symbolen und magischen Operationen vervielfachten die Alten die Zeichen für die Zweiheit, um das Gesetz des Gleichgewichts nicht
zu vergessen. Bei ihren Anrufungen errichteten
sie immer zwei verschiedene Altäre und opfer-
ten ein weißes und ein schwarzes Opfer. Der
oder die Opfernde mußte, in der einen Hand
das Schwert und in der andern den Stab, den
einen Fuß bekleidet und den andern nackt
haben. Nichtsdestoweniger konnte man, wie
die Zweiheit ohne die ausgleichende Kraft die
Unbeweglichkeit und der Tod wäre, bei den
Werken der Magie nur allein oder zu dreien
sein, und wenn ein Mann und eine Frau an der
Zeremonie teilnahmen, mußte der Ausübende
eine Jungfrau, ein Androgyn oder ein Kind
sein. Man wird mich fragen, ob die Wunder-
lichkeit dieser Riten willkürlich ist und ob sie
einzig die Übung des Willens zum Ziel hat,
indem sie die Schwierigkeiten des magischen
Werkes beliebig vervielfacht. Ich werde antworten, daß es in der Magie nichts Willkürliches gibt, weil alles im voraus durch das
einzige und universale Dogma des Hermes, das
der Analogie in den drei Welten geregelt und
bestimmt ist. Jedes Zeichen entspricht einer
Idee und der bestimmten Form einer Idee, jede
Handlung drückt einem Gedanken entsprechenden Willen aus und formt die Analogien dieses Gedankens und dieses Willens. Die Riten
sind also im voraus durch die Wissenschaft
selbst festgelegt. Der Unwissende, der die
dreifache Macht nicht kennt, unterliegt der
geheimnisvollen Faszination. Der Weise kennt
sie und macht sie zum Werkzeug seines Wil-

lens. Aber wenn sie erfüllt sind mit Gewissenhaftigkeit und Glauben, sind sie nie wirkungslos.

Alle magischen Instrumente müssen doppelt sein. Man muß zwei Schwerter, zwei Stäbe, zwei Schalen, zwei Kohlenbecken, zwei Pantakel und zwei Lampen haben, muß zwei übereinandergelegte Kleider und von zwei entgegengesetzten Farben tragen, wie sie heute noch die katholischen Priester gebrauchen, man kann nicht ein Metall, sondern mindestens zwei an sich haben. Die Kronen von Lorbeer, Raute, Beifuß oder Eisenkraut müssen ebenso doppelt sein. Bei den Anrufungen behalte man die eine der Kronen zurück und verbrenne die andere, indem man wie ein Augur das Knistern beobachtet, welches sie verursacht, und die Rauchwolken, die sie hervorbringt.

Diese Beobachtung ist nicht umsonst, denn beim magischen Werk sind alle Werkzeuge der Kunst durch den Handelnden magnetisiert, die Luft ist von seinen Gerüchen geschwängert, das durch ihn geweihte Feuer unterliegt seinem Willen, die Naturkräfte scheinen auf ihn zu hören und ihm zu antworten. Er liest in allen Formen die näheren Bestimmungen seines Gedankens. Dann sieht man das Wasser sich trüben und wie von selbst aufbrausen, das Feuer ein großes Licht werfen oder erlöschen, die Blätter der Ranken, den magischen Stab sich von selbst bewegen und hört in der Luft fremde und unbekannte Stimmen. In ähnlichen Anrufungen sah Julian die Phantome seiner allzu geliebten Götter erscheinen und erschrak ob ihrer Altersschwäche und Blässe.

Ich weiß, daß das Christentum die zeremonielle Magie verboten und die Anrufungen und Opfer der alten Welt streng geächtet hat.

Auch wir haben nicht die Absicht, ihnen eine neue Daseinsberechtigung zu geben, wenn wir nach so vielen Jahrhunderten die alten Mysterien enthüllen. Unsere Erfahrungen in dieser Tatsachenwelt selbst sind nichts als gelehrte Forschungen gewesen. Wir haben Tatsachen festgestellt, um die Gründe zu beurteilen, und haben nie die Absicht gehabt, schon längst zerstörte Riten zu erneuern.

Die israelitische Strenggläubigkeit, diese so vernünftige, göttliche und wenig bekannte Religion beweist ebenso wie das Christentum die Mysterien der zeremoniellen Magie. Für den Stamm Levi mußte die Ausübung der hohen Magie selbst wie eine unrechte Anmaßung des Priesteramtes angesehen werden, und die gleiche Vernunft wird durch alle öffentlichen Kulte die praktische, wahrsagende und wundertuende Magie ächten. Das Natürliche im Wunderbaren zeigen und es beliebig veröffentlichen, heißt für das Volk den schlagenden Beweis der Wunder vernichten, die jede Religion als ihr ausschließliches Eigentum und ihren endgültigen Beweis für sich in Anspruch nimmt.

Den bestehenden Religionen Achtung, Platz aber auch der Wissenschaft. Gott sei Dank leben wir nicht mehr in den Zeiten der Inquisitoren und der Scheiterhaufen. Man mordet nicht mehr unglückliche Gelehrte auf Aussagen einiger irrsinniger Fanatiker oder irgend welcher hysterischer Jungfern hin. Im übrigen treiben wir, wohl gemerkt, absonderliche Studien und nicht eine unmögliche und unsinnige Propaganda. Die uns Magier zu nennen wagen, haben kein solches Exempel zu fürchten, und es ist mehr als wahrscheinlich, daß sie niemals Zauberer werden.

III. KAPITEL

DAS TRIANGEL DER PANTAKEL.

Der Abt Tritheim, der Lehrer des Cornelius Agrippa in der Magie, erklärt in seiner *Stenographia* das Geheimnis der Beschwörungen und Anrufungen auf eine sehr philosophische und sehr natürliche, aber vielleicht zu einfache und zu leichte Art.

Einen Geist anrufen, sagt er, heißt in den härtenden Gedanken dieses Geistes eindringen, und wenn wir uns moralisch in derselben Richtung höher entwickeln, werden wir diesen Geist mit uns ziehen, und er wird uns dienen. Andernfalls wird er uns mit in seinen Kreis schleppen, und wir werden ihm dienen.

Beschwören heißt einem einzelnen Geist den Widerstand eines Stromes und einer Kette entgegensetzen: Cum jurare, zusammen schwören, heißt einen gemeinsamen Glaubensakt begehen. Je mehr Begeisterung und Macht dieser Glaube hat, um so wirksamer ist die Beschwörung. Deshalb ließ das werdende Christentum die Orakel verstummen. Ihm allein gehörte Inspiration und Macht. Später, als der hl. Petrus gealtert war, das heißt als die Welt dem Papsttum rechtmäßige Vorwürfe glaubte machen zu müssen, folgte der Geist der Prophetie den Orakeln, und die Savonarola, Joachim von Flor, Johannes Huß und so viele andere reizten abwechselnd die Geister auf und leiteten mit Bitten und Drohen die Unruhen und geheimen Revolten aller Herzen.

Um einen Geist anzurufen, kann man allein

sein, aber um ihn zu beschwören, muß man im Namen eines Kreises oder einer Vereinigung sprechen. Deshalb ist der hieroglyphische Kreis während der Operation um den Magier gezogen, und deshalb darf er ihn nicht verlassen, will er nicht im gleichen Augenblick seine ganze Macht verlieren.

Beantworten wir hier klar die grundsätzliche und wichtige Frage: Ist die wirkliche Anrufung und Beschwörung eines Geistes möglich, und kann diese Möglichkeit wissenschaftlich bewiesen werden?

Zum ersten Teil dieser Frage kann man zunächst antworten, daß jede Sache, deren Möglichkeit nicht augenscheinlich ist, vorläufig als möglich anerkannt werden kann und muß. Zum zweiten Teil haben wir zu sagen, daß kraft des großen magischen Dogmas der Hierarchie und der universellen Analogie kabbalistisch die Möglichkeit wirklicher Anrufungen bewiesen werden kann. Die phänomenale Wirklichkeit des Ergebnisses gewissenhaft ausgeführter magischer Operationen ist eine Frage der Erfahrung, und wir haben, wie schon gesagt, für uns diese Wirklichkeit konstatiert und werden durch das *Ritual* unseren Lesern ermöglichen, unsere Experimente für sich zu erneuern und zu bestätigen.

Nichts geht in der Natur zugrunde, und alles, was gelebt hat, wird unter neuen Formen weiterleben. Und selbst die früheren Formen sind nicht zerstört, da wir sie ja in unserem Erinnern wiederfinden. Sehen wir in der Vorstellung nicht das Kind, das wir gekannt haben, und das jetzt doch zum Greise geworden ist? Selbst die Eindrücke, die wir in unserem Gedächtnis verwischt glauben, sind es wirklich nicht, da ja ein Zufall sie weckt und uns zurückruft. Aber wie sehen wir sie? Wie schon gesagt, im Astrallicht, das sie in unser Gehirn durch den Mechanismus des Nervenapparates überträgt.

Weiter, alle Formen sind proportional und analog der Idee, welche sie bestimmt hat. Sie sind der natürliche Charakter, die Signatur dieser Idee, wie die Magier sagen, und dadurch, daß man die Idee tatsächlich weckt, wird die Form verwirklicht und hervorgebracht.

Schröpffer, der berühmte Leipziger Eingeweihte, hatte durch seine Beschwörungen den Schrecken über ganz Deutschland gebreitet, und seine Kühnheit in den magischen Operationen war so groß, daß ihm sein Ruf zur unausstehlichen Last wurde. Dann ließ er sich durch den ungeheueren Strom von Halluzinationen fortreißen, den er sich hatte entwickeln lassen, die Gesichte von der andern Welt widerten ihn an, und er tötete sich.

Diese Geschichte muß die auf die zeremonielle Magie Neugierigen zur Vorsicht gemahnen. Man vergewaltigt nicht ungestraft die Natur und spielt nicht ohne Gefahr mit unbekannten und unberechenbaren Kräften. Nach dieser Erwägung haben wir uns immer widersetzt und werden uns der nichtigen Neugier derjenigen, die sehen wollen, um zu glauben, immer widersetzen, und werden ihnen wie einer bedeutenden englischen Persönlichkeit, die uns einmal mit ihrem Unglauben bedrohte, antworten:

„Sie haben vollkommen das Recht, nicht zu glauben, wir unsererseits werden deshalb weder entmutigt noch besiegt."

Jenen, die uns sagen, sie hätten alle Riten genau und mutig erfüllt und es hätte sich nichts gezeigt, werden wir antworten, daß sie gut daran tun aufzuhören und daß dies vielleicht ein Zeichen der Natur ist, die sich ihnen bei diesen außergewöhnlichen Handlungen verweigert, und daß sie nur wieder von vorn beginnen müssen, wenn sie auf ihrem Vorwitz beharren.

Der Ternar muß als Grundlage des magischen Dogmas bei den Anrufungen genau beobachtet werden, auch ist er die symbolische Zahl für die Verwirklichung und das Ergebnis Der Buchstabe ש bezieht sich gewöhnlich au. die kabbalistischen Pantakel, welche die Erfüllung eines Wunsches zum Gegenstand haben. Dieser Buchstabe ist auch das Zeichen des Sühnebockes in der mystischen Kabbala, und Saint-Martin beobachtet, daß dieser Buchstabe, eingeschaltet in das unaussprechliche Tetragramm, den Namen des Erlösers der Menschen bildet יהשוה. Das versinnbildlichten die Anhänger der Geheimbündler des Mittelalters, wenn sie in ihren nächtlichen Zusammenkünften einen Bock zeigten, der auf dem Kopf zwischen den Hörnern eine flammende Fackel trug. Dieses entsetzliche Tier, dessen allegorische Formen und merkwürdigen Kult wir im XV. Kapitel des Ritual beschreiben werden, stellte die dem Fluch geweihte, aber durch das Zeichen des Lichts erlöste Natur dar. Die gnostischen Liebesmahle und die heidnischen Priapusfeste, die in seiner Ehrung aufeinanderfolgten, offenbarten die moralische Bedeutung, die die Adepten aus dieser Schaustellung ziehen wollten, zur Genüge. All dies wird mit den verbotenen und heute als Fabeln geltenden Riten des großen Sabbat der schwarzen Magie erklärt.

In den großen Kreis der Beschwörungen zieht man gewöhnlich ein Dreieck, wobei man aber genau beobachten muß, nach welcher

52

Seite die Spitze zu richten ist. Soll der Geist
vom Himmel kommen, so muß sich der Ausübende an die Spitze und den Altar der Räucherungen an die Basis stellen, soll er aus der
Hölle steigen, so wird sich der Ausübende an
der Basis aufhalten und die Räucherpfanne
wird an der Spitze stehen. Er muß außerdem
auf der Stirn, der Brust und der rechten Hand
das heilige Symbol zweier vereinigter Dreiecke
tragen, die den sechsstrahligen Stern bilden,

dessen Figur wir schon wiedergegeben haben,
und der in der Magie unter dem Namen das
Pantakel oder der Schlüssel Salomos bekannt ist.

Unabhängig von diesen Zeichen gebrauchten
die Alten bei ihren Beschwörungen mystische
Verbindungen der göttlichen Namen, die wir
nach den jüdischen Kabbalisten im Dogma gegeben haben. Das magische Dreieck der heidnischen Theosophen ist das berühmte ABBA-
CDABRA, dem sie außergewöhnliche Kräfte
zuschrieben und das sie folgendermaßen dar-
stellten:

ABRACADABRA
ABRACADABR
ABRACADAB
ABRACADA
ABRACAD
ABRACA
ABRAC
ABRA
ABR
AB
A

Diese Buchstabenverbindung ist ein Schlüssel des Pentagramms. Das Anfangs-A ist fünfmal wiederholt und dreißigmal wiedergegeben, was die Elemente und Zahlen dieser beiden Figuren gibt:

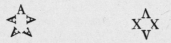

Das einzelne A stellt die Einheit des Urbeginns oder des intellektuellen oder aktiven Agens dar. Das mit dem B vereinte A versinnbildlicht die Befruchtung der Zweiheit durch die Einheit. Das R ist das Zeichen der Dreiheit, weil es hieroglyphisch den Ausfluß aus der Vereinigung der beiden Prinzipien darstellt. Die Zahl 11 der Buchstaben des Wortes fügt die Einheit des Eingeweihten dem Zehner des Pythagoras hinzu, und die Zahl 66, die Summe aller zusammengezählten Buchstaben, bildet kabbalistisch die Zahl 12, die das Quadrat der Dreiheit und infolgedessen die mystische Quadratur des Kreises ist. Bemerken wir nebenbei, daß der Verfasser der *Apokalypse,* dieses Schlüssels der christlichen Kabbala, die Zahl des Tieres, d. h. der Abgötterei, bildete, indem er eine 6 dem doppelten Sechser des ABRACADABRA hinzufügte: das gibt kabba-

listisch 18, die im Tarock mit dem hieroglyphischen Zeichen der Nacht und der Profanen bezeichnete Zahl, der Mond mit den Kreis-
läufen, der Hund, der Wolf und der Krebs,
die geheimnisvolle und dunkle Zahl, deren
kabbalistischer Schlüssel 9, die Zahl der Einweihung, ist.

Hierzu bemerkt der heilige Kabbalist ausdrücklich: Wer Verstand hat (d. h. den Schlüssel der kabbalistischen Zahlen), berechnet die
Zahl des Tieres, denn das ist die Zahl des
Menschen, und diese Zahl ist 666. Das ist in
der Tat die mit sich selbst vervielfachte und
der Summe des dreieckigen Pantakels des
Abracadabra hinzugefügte Dekade des Pythagoras, ist endlich die Zusammenfassung der
ganzen Magie der alten Welt, das ganze Pro-
gramm des menschlichen Genius, den der göttliche Geist des Evangeliums aufsaugen oder
verdrängen wollte. Diese hieroglyphischen
Buchstaben- und Zahlenverbindungen gehören
dem praktischen Teil der Kabbala an, die, so
betrachtet, sich in Gematrie und in Temurah
teilt. — Diese Berechnungen, die uns jetzt willkürlich und ohne Interesse erscheinen, waren
so dem philosophischen Symbolismus des
Orients eigen und hatten die größte Bedeutung
in der Lehre der den okkulten Wissenschaften
entstammten heiligen Dinge. Das absolute kabbalistische Alphabet, das die ersten Ideen den
Allegorien, die Allegorien den Buchstaben und
die Buchstaben den Zahlen verbindet, war das,
was man dann die Schlüssel Salomos nannte.
Wir haben schon gesehen, daß diese bis heute
erhaltenen, aber völlig verkannten Schlüssel
nichts anderes als der Tarock sind, dessen alte
Allegorien in unseren Tagen zum erstenmal
durch den gelehrten Archäologen Court de Ge-
belin beobachtet und anerkannt worden sind.

Das doppelte Dreieck des Salomo ist in einer bemerkenswerten Art durch den hl. Johannes erklärt worden. Es gibt, sagt er, drei Zeichen im Himmel: Vater, Logos und Hl. Geist, und drei Zeichen auf der Erde: Atem, Wasser und Blut. Der hl. Johannes ist so eins mit den Meistern der hermethischen Philosophie, die ihrem Schwefel den Namen Äther, ihrem Merkur den Namen philosophisches Wasser und ihrem Salz die Bezeichnung Blut des Drachen oder der Regel der Erde geben. Das Blut oder Salz steht in gegensätzlicher Verbindung mit dem Vater, das azotische Wasser oder der Merkur mit dem Wort oder dem Logos, und der Atem mit dem Hl. Geist. Aber die Dinge des hohen Symbolismus können nur von den wahren Kindern der Wissenschaft wohl verstanden werden.

Man verband in den magischen Zeremonien die dreimalige Wiederholung der Namen bei verschiedenen Tonangaben den dreieckigen Verbindungen.

Der magische Stab war oft von einer kleinen magnetisierten Gabel überragt, die Paracelsus durch einen Dreizack ersetzte, dessen Bild wir hier geben:

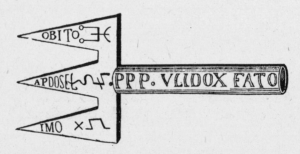

Der Dreizack des Paracelsus drückt als Pantakel die Zusammenfassung der Dreiheit in der

Einheit aus, die so die heilige Vierheit vervollkommnet. Er schrieb dieser Figur alle Kräfte, welche die jüdischen Kabbalisten dem Namen Jehovah zuteilten, und alle thaumaturgischen Eigenschaften des Abracadabra der alexandrinischen Hierophanten zu. Stellen wir hier fest, daß er ein Pantakel und infolgedessen ein Zeichen, konkretes und absolutes Zeichen einer ganzen Lehre ist, die ebenso für die alten Philosophen wie für die Adepten des Mittelalters diejenige eines ungeheuren magnetischen Zirkels war. Und gäbe man ihm heute seinen ursprünglichen Wert durch die Intelligenz seiner Mysterien, könnte man ihm nicht seine wunderbare Kraft und seine ganze Macht gegen die menschlichen Krankheiten zurückgeben?

Wenn die alten Zauberer nächtens an einer Kreuzung von drei Wegen vorübergingen, brüllten sie dreimal zu Ehren der dreifachen Hekate.

Alle diese Figuren, die den Figuren entsprechenden Handlungen, alle diese Zahlen- und Charakteranordnungen sind, wie schon gesagt, nur Werkzeuge zur Willenserziehung, deren Gewohnheiten sie festlegen und bestimmen. Außerdem dienen sie dazu, alle Kräfte der menschlichen Seele in der Tat zu verbinden und die schöpferische Kraft der Einbildung zu verstärken. Die Gymnastik des Gedankens übt sich in der Verwirklichung. Auch das Ergebnis dieser Praktiken ist untrüglich wie die Natur, wenn sie mit absolutem Vertrauen und unerschütterlicher Ausdauer vollzogen werden.

Mit dem Glauben, sagte der große Meister, kann man Bäume ins Meer verpflanzen und Berge versetzen. Selbst ein abergläubisches, ja unsinniges Verfahren ist wirksam, weil es eine Verwirklichung des Willens ist. Deshalb ist ein Gebet in der Kirche mächtiger als zu Hause, und es wird Wunder wirken, wenn man, um es an einem beglaubigten, d. h. an einem mit großem Strom durch den Einfluß der Besucher magnetisierten Heiligtum zu verrichten, barfuß und Almosen erbittend hundert oder zweihundert Kilometer geht.

Man lacht über die gute Frau, die sich des Morgens für einige Pfennige Milch abspart, um sich dafür eine Kerze zu kaufen, die sie vor den magischen Dreiecken der Kapelle verbrennen läßt. Es sind die Unwissenden, die lachen, und die gute Frau zahlt nicht zu teuer, was sie so aus Entsagung und Mut kaufte. Die großen Geister gehen mit erhobenen Schultern, sie empören sich gegen die Abergläubischen mit einem Geschrei, das die Erde erzittern läßt. Was ist das Resultat? Die Häuser der großen Geister verfallen, und die Trümmer werden den Lieferanten und Käufern der kleinen Kerzen verkauft, die gern überall schreien lassen, daß ihre Herrschaft beendet sei, wenn sie nur trotzdem immer herrschen.

Die großen Religionen haben von je nur eine ernsthafte Rivalin zu fürchten, und das ist die Magie.

Die Magie zeitigte die geheimen Vereinigungen, welche die Revolution genannte Erneuerung herbeigeführt haben. Aber sie ist zu dem durch wahnwitzige Leidenschaften erblindeten menschlichen Geist gekommen, um in jedem Punkt die Geschichte des hebräischen Herkules zu verwirklichen: da er die Tempelsäulen ins Wanken brachte, begrub er sich selbst unter den Ruinen.

Die Freimaurergesellschaften kennen heute ebensowenig die hohe Vernunft ihrer Symbole wie die Rabbiner den Sepher Jezirah und den Sohar auf der aufsteigenden Leiter der drei Grade mit dem übergreifenden Fortschreiten der kabbalistischen Siebenheit von rechts nach links und von links nach rechts.

Der Zirkel des G∴ A∴ und der Winkel Salomos sind zum groben und materiellen Niveau des unverständigen Jakobinismus geworden, verwirklicht durch ein stählernes Dreieck: für den Himmel und für die Erde.

Die schänderischen Adepten, denen der Eingeweihte Cazotte einen blutigen Tod vorausgesagt hatte, haben in unseren Tagen die Sünde Adams übertroffen: nachdem sie furchtsam die Früchte vom Baume des Wissens gepflückt hatten, die sie nicht zu essen verstanden, haben sie sie den Tieren und Reptilien der Erde vorgeworfen. So begann auch die Herrschaft des Aberglaubens und muß bis zu jener Zeit dauern, da die wahre Religion sich auf den ewigen Grundlagen der dreigradigen Hierarchie und der dreifachen Macht, die nach Schicksal oder Vorsehung die Dreiheit in den drei Welten übt, wiederaufrichten wird.

IV. KAPITEL

DIE BESCHWÖRUNG DER VIER.

Die vier Elementarformen trennen und spezifizieren durch eine Art Entwurf die geschaffenen Geister, welche die universelle Bewegung aus dem zentralen Feuer loslöst. Überall arbeitet der Geist und befruchtet die Materie durch das Leben. Aller Stoff ist beseelt. Gedanke und Seele sind überall.

Indem man sich des Gedankens bemächtigt, der die verschiedenen Formen hervorbringt, wird man Herr der Formen und kann sie sich dienstbar machen.

Das Astrallicht ist gesättigt mit Seelen, die es in der unaufhörlichen Zeugung der Wesen loslöst. Die Seelen haben unvollkommene Willen, die durch mächtigere Willen beherrscht und ausgefüllt werden können. Sie bilden dann große Ketten, unsichtbare, und veranlassen große, elementare Bewegungen.

Die in den Prozessen der Magie und alle jüngst noch durch Eudes de Mirville festgestellten Phänomene haben keine anderen Ursachen.

Die Elementargeister sind wie die Kinder: sie quälen überdies jene, die sich mit ihnen abgeben, es sei denn, daß man sie durch eine hohe Vernunft und große Strenge beherrscht.

Es sind jene Geister, die wir mit dem Namen okkulte Naturkräfte bezeichnen.

Oft veranlassen sie unsere unruhigen und verworrenen Träume, bringen die Bewegungen der Wünschelrute und die Schläge gegen Mauern und Möbel hervor; aber sie können nie einen andern als unseren Gedanken kundtun, und wenn wir nicht denken, sprechen sie zu uns mit der ganzen Zusammenhanglosigkeit der Träume. Indifferent bringen sie Gutes und Böses hervor, weil sie ohne freies Ermessen sind und infolgedessen keinerlei Verantwortung haben. Sie zeigen sich den Ekstatikern und Somnambulen unter unvollständigen und flüchtigen Formen. Das ist es, was die Schreckträume des hl. Antonius und sehr wahrscheinlich auch die Visionen Swedenborgs hervorgerufen hat. Sie sind weder verdammt noch schuldig, sie sind neugierig und schuldlos. Man kann sie brauchen oder mißbrauchen wie Tiere oder Kinder. Auch der Magier, der sich ihrer Hilfe bedient, lädt eine furchtbare Verantwortung auf sich; denn er wird jede Untat, die er sie ausführen ließ, büßen, und die Größe seiner Martern wird der Größe der Macht verhältnisgleich sein, die er durch ihre Vermittelung ausübte.

Um die Elementargeister zu beherrschen und so König der verborgenen Naturkräfte zu werden, muß man zuerst die vier Prüfungen der alten Einweihungen bestanden haben, und da diese Einweihungen nicht mehr sind, sie durch entsprechende Handlungen ersetzt haben, wie: sich ohne Angst einer Feuersbrunst aussetzen, einen Abgrund auf einem Baumstamm oder einem Balken überschreiten, den Gipfel eines Berges während eines Gewitters besteigen, aus einem Wasserfall oder einem gefährlichen Strudel schwimmen. Wer das Wasser fürchtet, wird nie über die Nixen herrschen; wer vor dem Feuer Angst hat, wird nie den Salamandern befehlen; solange jemand schwindelig ist, muß er Sylphen und Gnomen ungestört lassen; denn diese unteren Geister gehorchen nur einer

Macht, die sich bis in ihr eigenes Element als Meister zeigte.

Wenn man durch Mut und Übung diese unumstößliche Macht erreicht hat, muß man durch besondere Weihen von Luft, Feuer, Wasser und Erde den Elementen das Wort seines Willens auferlegen. Und hier liegt der unumgängliche Anfang aller magischen Operationen.

Man beschwört die Luft, indem man nach den vier Haupthimmelsrichtungen ausatmet und sagt:

Spiritus dei ferebatur super aquas, et inspiravit in faciem hominis spiraculum vitae. Sit Michael dux meus, et Sabtabiel servus meus, in luce et per lucem.

Fiat verbum halitus meus; et imperabo spiritus aeris hujus, et refraenabo equos solis voluntate cordis mei, et cogitatione mentis meae et nutu oculi dextri.

Exorciso igitur te, creatura aeris, per Pentagrammaton et in nomine Tetragrammaton, in quibus sund voluntas firma et fides recta. Amen. So geschehe es, so sei es.

Dann spricht man das Gebet der Sylphen, nachdem man in der Luft mit einer Adlerfeder ihr Zeichen gezogen hat.

GEBET DER SYLPHEN.

Geist des Lichtes, Geist der Weisheit, dessen Atem die Form aller Dinge gibt und hinwegnimmt, Du, vor dem das Leben der Wesen ist wie ein Schatten, der sich ändert, und ein Rauch, der vergeht. Du, der Du die Wolken aufführst und dahinfährst auf dem Flügel der Winde, ausstößest Du Deinen Odem, und bevölkert sind die Räume, die endlosen; atmest

Du ein: alles, was von Dir kommt, kehrt zu Dir zurück. Unendliche Bewegung in ewiger Ruhe, sei ewig gebenedeit. Wir loben Dich und wir preisen Dich im wechselnden Reich des geschaffenen Lichtes, der Schatten, Spiegelungen und Bilder, und ohn Unterlaß verlangt uns nach Deinem unwandelbaren und unveränderlichen Licht. Laß auf uns fallen den Strahl Deiner Weisheit und die Wärme Deiner Liebe; dann wird fest, was so flüchtig, Körper wird der Schatten, Seele der Luftgeist und Gedanke wird der Traum. Nicht mehr werden wir fortgerissen vom Sturm, aber halten werden wir die Zügel der geflügelten Rosse des Morgens und werden lenken den Lauf der Winde, der abendlichen, um zu Dir zu fliegen. O Geist der Geister! O ewige Seele der Seelen! O unvergänglicher Atem des Lebens! O Du Schöpferodem! O Mund, der Du ein- und ausatmest im Wechsel Deines ewigen Wortes das Sein aller Wesen, welches ist das göttliche Meer der Bewegung und der Wahrheit. Amen.

Man beschwört das Wasser durch Auflegung der Hände, durch den Atem und das Gebet, indem man dabei das geweihte Salz mit ein wenig der in der Räucherschale zurückbleibenden Asche vermengt. Der Weihwedel wird aus Zweigen von Eisenkraut, Immergrün, Salbei, Minze, Baldrian, Esche und Basilienkraut gemacht und mit einem aus dem Spinnrocken einer Jungfrau verlorenen Faden umbunden, und erhält als Stiel den Stock eines Haselstrauchs, der noch keine Früchte getragen hat. Auf diesen werden mit dem magischen Stichel die Charaktere der sieben Geister eingeritzt. Ihr segnet und weiht getrennt das Salz und die Räucherasche, indem ihr sprecht:

ÜBER DAS SALZ.

In isto sale sit sapientia, et ab omni corruptione servet mentes nostras et corpora nostra, per Hochmaël et in virtute Ruach-Hochmaël, recedant ab isto fantasmata hylae ut sit sal coelestis, sal terrae et terra salis, ut nutrietur bos triturans et addat spei nostrae cornua tauri volantis. Amen.

ÜBER DIE ASCHE.

Revertatur cinis ad fontem aquarum viventium, et fiat terra fructificans, et germinet arborem vitae per tria nomina, quae sund Netsah, Hod et Jesod, in principio et in fine, per Alpha et Omega, qui sund in spiritu AZOTH. Amen.

BEI DER MISCHUNG VON WASSER, SALZ UND ASCHE.

In sale sapientiae aeternae, et in aqua regenerationis, et in cinere germinante terram novam, omnia fiant per Eloim Gabriel, Raphael et Uriel in saecula et aeonas. Amen.

BESCHWÖRUNG DES WASSERS.

Fiat firmamentum in medio aquarum et separet aquas ab aquis, quae superius, sicut quae inferius, et quae inferius sicut quae superius, ad perpetranda miracula rei unius. Sol ejus pater est, luna mater et ventus hanc gestavit in utero suo, ascendit a terra ad coelum et rursus a coelo in terram descendit. Exorciso te, creatura aquae, ut sis mihi speculum dei vivi in operibus ejus, et fons vitae, et ablutio peccatorum. Amen.

GEBET DER NIXEN.

Gewaltiger König des Meeres, der Du hältst die Schlüssel der Wasserstürze des Himmels und verschließest die unterirdischen Wasser in den Höhlen der Erde, Du König der Sintflut und der Regen des Frühlings, der Du öffnest die Quellen der Flüsse und Brunnen, der Du der Feuchtigkeit, welche ist das Blut der Erde, befiehlst zum Saft der Pflanzen zu werden, wir beten Dich an, wir rufen zu Dir. Wir, Deine beweglichen und wandelbaren Geschöpfe, sprich zu uns im gewaltigen Wallen des Meeres, und wir zittern vor Dir; sprich auch zu uns im Murmeln der klaren Gewässer, und wir lechzen nach Deiner Liebe. O Unermeßlichkeit, in der alle Ströme des Seins sich verlieren, die immer wiedergeboren werden in Dir! O Meer der unendlichen Vollendungen! Erhabener, der Du Dich spiegelst in der Tiefe, Abgründiger, der Du Dich verströmst in den Höhen, o, bring uns das wahrhafte Leben durch den Geist und die Liebe! Zur Unsterblichkeit führe uns durch das Opfer, auf daß wir einst würdig befunden werden, Dir Wasser, Blut und Tränen zur Vergebung der Sünden anzubieten. Amen.

Man beschwört das Feuer, indem man Salz, Weihrauch, Schellharz, Kampfer und Schwefel hineinwirft und die drei Namen der Genien des Feuers dreimal ausruft: MICHAEL, König der Sonne und des Blitzes, SAMAEL, König der Vulkane, und ANAEL, Fürst des Astrallichts. Dann spricht man das Gebet der Salamander.

GEBET DER SALAMANDER.

Unsterblicher, Ewiger, Unaussprechlicher und Unerschaffener, Vater aller Dinge, der Du ohn

Unterlaß auf rollendem Wagen der immer kreisenden Welten getragen wirst, Herr der unermeßlichen Himmelsräume, in denen der Thron errichtet ist Deiner Macht, alles ist offenbar von der Höhe herab Deinen gefürchteten Augen, und Deine schönen und heiligen Ohren hören alles, erhöre Deine Kinder, die Du vom Beginn der Zeiten her geliebt; denn Deine goldene und große und ewige Majestät erstrahlt über der Welt und dem Himmel der Sterne; denn Du entzündest und erhältst Dich selbst durch Deinen eigenen Glanz, und er ergießt sich aus Deinem Wesen der unerschöpflichen Lichtströme, die immer ernähren Deinen Geist. Dieser unendliche Geist, er nährt alle Dinge und hält diesen unerschöpflichen Schatz an Substanz zur Zeugung bereit, die arbeitet und die Formen erschafft, die Du von Anbeginn gesättigt. Von diesem Geist auch leiten die hochheiligen Könige um Deinen Thron und Deines Hofes ihren Ursprung ab, o unendlicher Vater! o Einziger! O Vater der glückseligen Sterblichen und Unsterblichen.

Geschaffen hast Du gesondert Mächte, die wunderbar ähneln Deinem ewigen Gedanken und Deinem anbetungswürdigen Wesen; erhöht hast Du die Oberen zu Engeln, die der Welt Deinen Willen verkünden; endlich hast du erschaffen uns unser elementares Bereich im dritten Rang. Unser fortwährender Dienst ist Dich zu lobpreisen und Deine Wünsche anzubeten; ohn Unterlaß verzehren wir uns im Sehnen, Dich zu besitzen. O Vater! O Mutter! O Du beste der Mütter! O Du anbetungswürdiges Urbild der Mütterlichkeit und der Liebe! O Sohn, Du Blume der Söhne! O Form aller Formen, Seele, Geist, Harmonie und Zahl aller Dinge! Amen!

Man beschwört die Erde durch das Besprengen mit Wasser, durch den Atem und das Feuer, mit für jeden Tag geeigneten Räucherungen und spricht das Gebet der Gnomen.

GEBET DER GNOMEN.

Unsichtbarer König, der Du nimmst die Erde als Stütze, und der Du die Abgründe ausgehöhlt, um sie zu erfüllen mit Deiner Macht; Du, um dessen Namen der Welt Gewölbe erzittern, Du, der Du fließen lässest die sieben Metalle in den Adern des Steines, Herrscher der sieben Lichter, Belohner, Du, der unterirdischen Arbeiter, führe uns zur ersehnten Luft und zum Reich des Lichtes. Wir wachen und arbeiten ohn Ermatten, wir suchen und hoffen durch die zwölf Steine der heiligen Stadt, durch die verborgenen Talismane, durch die Magnetnadel, die das Herz der Erde durchdringt. Herr, Herr, Herr, hab Erbarmen mit den Leidenden, dehne unsere Brust, mache uns frei und erhebe unser Haupt, erhöhe uns! O Ruhe und Bewegung, o Tag von Nacht verhüllt, o Dunkel vom Licht gedämpft, o Meister, der Du nie in Deinem Besitz behältst den Lohn Deiner Arbeiter, o silberne Weiße, o goldener Glanz! O Krone von lebenden und melodischen Diamanten! Der Du den Himmel trägst auf Deinem Finger wie einen Saphirring, der Du unter der Erde verbirgst im Reich der Edelsteine den wunderbaren Samen der Sterne, lebe, herrsche und sei der ewige Spender der Kostbarkeiten, als deren Hüter Du uns bestellt. Amen.

Man muß beachten, daß das Reich der Gnomen im Norden, das der Salamander im Süden, das der Sylphen im Osten und das der Nixen im Westen liegt. Sie haben Einfluß auf die vier Temperamente des Menschen, die Gnomen auf die Melancholiker, die Salamander auf die Sanguiniker, die Nixen auf die Phlegmatiker und die Sylphen auf die Choleriker. Ihre Zeichen sind: Die Hieroglyphen des Stiers für die Gnomen, die man mit dem Schwert beherrscht; die des Löwen für die Salamander, denen man mit dem gegabelten Stab oder dem magischen Dreizack befiehlt; die des Adlers für die Sylphen, die man mit den heiligen Pentakeln beherrscht; die des Wassermann endlich für die Nixen, die man mit der Opferschale beschwört. Ihre jeweiligen Herrscher sind Gob für die Gnomen, Djin für die Salamander, Paralda für die Sylphen und Nicksa für die Nixen.

Wenn ein Elementargeist die Erdbewohner quält oder doch beunruhigt, muß man ihn durch die Luft, das Wasser, die Erde und das Feuer beschwören, indem man atmet, besprengt, Räucherwerk verbrennt und auf die Erde den Stern Salomos und das heilige Pentagramm zeichnet. Diese Figuren müssen vollständig regelmäßig und entweder mit den Kohlen des geweihten Feuers oder mit einem in verschiedene Farben, die man mit pulverisiertem Magneteisen vermischen muß, getauchten Rohr ausgeführt sein. Indem man dann in der einen Hand das Pantakel Salomos hält und nach und nach das Schwert, den Stab und die Schale nimmt, muß man diese Worte und mit erhobener Stimme die Beschwörung der Vier sprechen:

Caput mortuum, imperet tibi Dominus per vivum et devotum serpentem.

Cherub, imperet tibi Dominus per Adam Jotchavah! Aquila errans, imperet tibi Dominus per alas Tauri. Serpens, imperet tibi Dominus tetragrammaton per angelum et leonem!

68

Michael, Gabriel, Raphael, Anael!
FLUAT UDOR per spiritum ELOIM.
MANEAT TERRA per Adam JOT-CHAVAH.
FIAT FIRMAMENTUM per JAHUVEHU-
ZEBAOTH.
FIAT JUDICIUM per ignem in virtute MI-
CHAEL.

Engel, den toten Augen gehorche oder zer-
fließe mit diesem heiligen Wasser.
Geflügelter Stier, arbeite oder kehre wieder
zur Erde, wenn du nicht willst, daß ich dich
treibe mit diesem Schwert.
Gefesselter Adler, gehorche diesem Zeichen
oder weiche zurück vor diesem Atem.
Bewegliche Schlange, krieche zu meinen Fü-
ßen oder sei gequält durch das heilige Feuer
und verdunste mit den Räucherungen, die ich
hier verbrenne.
Zum Wasser kehre das Wasser, es brenne
das Feuer, es wehe die Luft, zur Erde falle
die Erde durch die Kraft des Pentagramms,
des Morgensternes und im Namen des Tetra-
gramms, das geschrieben ist in der Mitte des
Lichtkreuzes. Amen.

Das von den Christen angenommene Zeichen
des Kreuzes gehört ihnen nicht ausschließlich.
Es ist ebenso kabbalistisch und stellt die Gegensätze und das Gleichgewicht des Quaternar der Elemente dar. Wir sehen durch das
okkulte Zeichen des *Pater,* wie schon im *Dog-*
ma angezeigt ist, daß es ursprünglich zwei
Arten gab, es zu machen, oder doch wenigstens zwei zu seiner Charakterisierung wohl
unterschiedene Formeln: die eine den Priestern
und Eingeweihten vorbehalten, die andere für
die Neophyten und die Laien bestimmt. So
führte z. B. der Eingeweihte die Hand an seine

Stirn und sagte: Dir, dann fügte er hinzu: gehören, und führte nun die Hand an seine Brust: das Reich, dann zur linken Schulter: die Gerechtigkeit, zur rechten Schulter: und die Barmherzigkeit. Dann fügte man die beiden Hände zusammen und sprach: in den schöpferischen Zyklen. Tibi sund Malchut et Geburah et Chesed per aeonas — das absolut und vornehmlich kabbalistische Kreuzzeichen, das die Schändungen der Gnostik vollständig an die streitende und offizielle Kirche verloren.

Das auf diese Weise gemachte Zeichen muß der Beschwörung der Vier vorausgehen und sie beschließen.

Um die Elementargeister zu bändigen und zu unterjochen, darf man niemals den Fehlern frönen, die sie characterisieren. So wird ein leichtsinniger und launenhafter Geist niemals die Sylphen beherrschen, nie eine lässige, kalte und wandelbare Natur Herrin der Nixen werden, Zorn reizt die Salamander, und begehrliche Roheit macht die ihr Unterworfenen zum Spielzeug der Gnomen.

Dagegen muß er rasch und aktiv wie die Sylphen, beweglich und aufmerksam auf die Bilder wie die Nixen, tatkräftig und stark wie die Salamander, arbeitsam und geduldig wie die Gnomen sein, mit einem Wort, er muß über ihre Kraft siegen, ohne je ihren Schwächen zu verfallen. Wenn man in dieser Anlage sehr fest ist, so wird die ganze Welt dem weisen Ausübenden dienstbar sein. Er geht durch ein Unwetter, und kein Regentropfen wird an ihn kommen, der Wind wird nicht einmal eine Kleiderfalte in Unordnung bringen, er geht durch Feuer, ohne daß ihn die Flammen belecken, geht auf dem Wasser und sieht quer durch die Dichte der Erde die Diamanten. Diese Versprechungen scheinen nur dem gemeinen Verstand übertrieben; denn wenn der Weise die hier ausgesprochenen Dinge nicht ebenso und wirklich tut, so wird er größere und bewunderungswürdigere vollbringen. Indessen ist es unzweifelhaft, daß man die Elemente bis zu einem gewissen Grad leiten und verändern und die Wirkungen wirklich aufhalten kann.

Warum sollte man z. B. nicht auf dem Wasser gehen oder gleiten können, da ja bewiesen ist, daß gewisse Personen im Zustand der Ekstase augenblicksweise ihre Schwerkraft verlieren? Die Verzückten von Saint-Médard fühlten weder Feuer noch Eisen und baten statt um Hilfe um die furchtbarsten Schläge und unglaublichsten Martern. Sind nicht die seltsamen Erhebungen und das erstaunliche Gleichgewicht gewisser Somnambulen eine Offenbarung dieser verborgenen Naturkräfte? Doch wir leben in einem Jahrhundert, da man nicht den Mut hat, Wunder zu bestätigen, deren Zeuge man war, und käme irgend jemand und sagte: Ich habe diese Dinge, die ich hier erzähle, gesehen oder selbst ausgeführt, man würde ihm antworten: Du willst dich auf unsere Kosten unterhalten, oder du bist krank. Er tut besser daran zu schweigen und zu handeln.

Die den vier Elementarformen entsprechenden Metalle sind: Gold und Silber für die Luft, Quecksilber für das Wasser, Eisen und Kupfer für das Feuer und Blei für die Erde. Man bildet die diesbezüglichen Talismane nach den Kräften, die sie darstellen, und den Wirkungen, die sie vollbringen sollen.

Die Wahrsagung durch die vier Elementarformen, die man Aeromantik, Hydromantik, Pyromantik und Geomantik nennt, wird auf verschiedene Arten gemacht, die alle vom Willen und Hellsehen oder der Vorstellungskraft des Ausübenden abhängen.

Tatsächlich sind die vier Elemente nur Hilfswerkzeuge für das zweite Gesicht.

Das zweite Gesicht ist die Fähigkeit, im Astrallicht zu sehen.

Dieses zweite Gesicht ist natürlich wie das erste oder sinnliche und gewöhnliche Sehen; aber es kann nur durch Abstraktion der Sinne eintreten.

Die Somnambulen und Ekstatiker besitzen natürlich das zweite Gesicht; aber es ist um so klarer, je vollständiger die Abstraktion ist.

Die Abstraktion wird erzeugt durch die astrale Trunkenheit, d. h. durch eine Überfülle von Licht, die das Nervenwerkzeug völlig sättigt und infolgedessen untätig macht.

Die Sanguiniker neigen mehr zur Aeromantik, die Choleriker zur Pyromantik, die Phlegmatiker zur Hydromantik und die Melancholiker zur Geomantik.

Die Aeromantik wird durch die Oneiromantik oder die Wahrsagung durch die Träume bestätigt. Die Pyromantik ersetzt man durch den Magnetismus, die Hydromantik durch die Cristallomantik und die Geomantik durch die Kartomantik. Das sind die Umstellungen und Vervollkommnungen der Methode.

Aber die Wahrsagung, welcher Art sie auch immer sei, ist gefährlich oder im großen und ganzen wenigstens unnütz; denn sie entmutigt den Willen, hemmt infolgedessen die Freiheit und ermüdet das Nervensystem.

V. KAPITEL

DAS FLAMMENDE PENTAGRAMM.

Nun kommen wir zur Erklärung und Weihe des heiligen und geheimnisvollen Pentagramms.

Hier soll der Unwissende und der Fanatiker das Buch schließen: Sie werden nur in Finsternis tappen und entrüstet sein.

Das Pentagramm, das man in den gnostischen Schulen den flammenden Stern nennt, ist das Zeichen der Allmacht und der geistigen Selbstherrschaft.

Es ist der Stern der Magier, das Zeichen des fleischgewordenen Wortes, und je nach der Richtung seiner Strahlen stellt dieses Symbol in der Magie das Gute oder das Böse, die Ordnung oder die Unordnung, das heilige Lamm des Ormuts und des hl. Johannes oder den teuflischen Bock von Mendes dar.

Es ist Einweihung oder Gotteslästerung, ist Luzifer oder Vesper, Morgen- oder Abendstern.

Ist Maria oder Lilith, ist Sieg oder Untergang, Licht oder Nacht.

Zeigt das Pentagramm mit zwei seiner Strahlen nach oben, so stellt es Satan oder den Bock des Sabbat dar, ist nur einer seiner Strahlen nach oben gerichtet, so bezeichnet es den Erlöser.

Das Pentagramm ist die Figur des menschlichen Körpers mit vier Gliedern und einer einzigen Spitze, die den Kopf versinnbildlichen muß.

Eine menschliche Figur mit dem Kopf nach

73

unten stellt natürlich einen Dämon, d. h. den geistigen Umsturz, die Unordnung oder den Wahnsinn dar.

Wenn also die Magie eine Wirklichkeit ist, wenn diese verborgene Wissenschaft das wahre Gesetz der drei Welten ist, dann muß dieses absolute, wie die Geschichte alte, nein ältere Zeichen auf die ihrer stofflichen Hülle losen Geister einen unberechenbaren Einfluß ausüben und übt ihn aus.

Das Zeichen des Pentagramms wird auch Zeichen des Mikrokosmos genannt und stellt so den Mikroprosop des Kabbalisten des Buches Sohar dar.

Die vollkommene Intelligenz des Pentagramms ist der Schlüssel zu den zwei Welten, ist die Philosophie und das natürliche absolute Wissen.

Das Zeichen des Pentagramms muß aus den sieben Metallen gebildet oder mindestens in reinem Gold auf weißem Marmor gezogen werden.

Man kann es auch mit Zinnober auf ein fehler- und fleckenloses Lammpergament zeichnen als Symbol der Unbescholtenheit und des Lichtes.

Der Marmor muß jungfräulich sein, d. h. darf nie anderen Zwecken gedient haben. Das Lammfell muß unter den Auspizien der Sonne präpariert sein.

Das Lamm muß um Ostern mit einem neuen Messer geschlachtet worden sein, und das Fell muß mit Salz, das durch magische Operationen geweiht wurde, gesalzen werden.

Die Vernachlässigung einer einzigen dieser schwierigen und scheinbar willkürlichen Zeremonien läßt jeden Erfolg der großen Werke dieser Wissenschaft scheitern.

Man weiht das Pentagramm mit den vier

Elementen, bläst fünfmal über die magische Figur, besprengt sie mit geweihtem Wasser, trocknet sie im Rauch von fünf Räucherungen, welche sind: Weihrauch, Myrrhe, Aloe, Schwefel und Kampfer, denen man ein wenig Schellharz und graue Ampra hinzufügen kann. Man atmet fünfmal, indem man die Namen der fünf Genien: Gabriel, Raphael, Anael, Samael und Oriphiel ausruft. Dann legt man das Pantakel nacheinander nach Norden, Süden, Osten, Westen und in die Mitte des astronomischen Kreuzes auf die Erde und ruft darüber einen nach dem andern der Buchstaben des heiligen Tetragramms. Dann sagt man ganz tief die im kabbalistischen Namen AZOTH vereinigten gebenedeiten Namen des geheimnisvollen Aleph und Thau.

Das Pentagramm muß auf den Räucheraltar und unter den magischen Dreifuß gelegt werden. Der Ausübende muß die Figur mit jener des Makrokosmos, d. h. des aus zwei gekreuzten und übereinandergelegten Dreiecken gebildeten, sechsstrahligen Sternes zusammen auf sich tragen.

Wenn man einen Geist des Lichtes beschwört, muß man den Kopf des Sternes, d. h. einen seiner Winkel, gegen den magischen Dreifuß und die beiden unteren Spitzen nach dem Räucheraltar drehen, umgekehrt, handelt es sich um einen Geist der Finsternis. Aber der Ausübende muß dann darauf bedacht sein, die Spitze des Stabes oder des Schwertes auf dem Kopf des Pentagramms zu halten.

Wir haben schon gesagt, daß die Zeichen das aktive Wort des Willens sind. Der Wille muß also vollkommen ein Wort geben, um es in Tat umzusetzen, und eine einzige Nachlässigkeit, in einem unnützen Wort oder in einem Zweifel bestehend, schlägt die ganze Operation

zu Lüge und Ohnmacht und kehrt alle vergeblich angewandten Kräfte gegen den Ausübenden.

Man muß sich also absolut der magischen
Zeremonien enthalten oder sie in allem peinlich und genau erfüllen.

Das mittels der Elektrisiermaschine in leuchtenden Linien auf Glas gezogene Pentagramm
übt auch einen großen Einfluß auf die Geister
aus und schreckt die Phantome.

Die alten Magier zogen das Zeichen des
Pentagramms auf ihre Türschwelle, um die
bösen Geister am Eintreten, die guten am Verlassen zu verhindern. Diesen Zwang bewirkte
die Richtung der Strahlen des Sternes. Zwei
Strahlen nach außen wiesen die bösen Geister
zurück, zwei Spitzen nach innen hielten sie
als Gefangene zurück, ein Winkel nach innen
nahm die guten Geister gefangen.

All die auf dem alleinigen Dogma des Hermes und den analogen Folgerungen der Wissenschaft beruhenden magischen Theorien sind
immer durch die Visionen der Ekstatiker und
durch die Krämpfe der Kataleptiker, die sich
von Geistern Besessene nannten, bestätigt
worden.

Das G, das die Freimaurer im Mittelpunkt
des flammenden Sterns anbringen, bezeichnet
Gnosis und Generatio, die zwei heiligen Worte
der alten Kabbala. Es heißt auch der GROSSE
ARCHITEKT; denn das Pentagramm, von welcher Seite man es auch betrachtet, stellt ein
A dar.

Wenn man es derart legt, daß zwei seiner
Spitzen in der Höhe und eine Spitze unten ist,
kann man es auch als die Hörner, die Ohren
und den Bart des hieratischen Bockes von
Mendes ansehen, und so wird es zum Zeichen
der höllischen Beschwörungen.

Der allegorische Stern der Magier ist nichts anderes als das geheimnisvolle Pentagramm, und diese drei von dem flammenden Stern zur Wiege des mikrokosmischen Gottes geführten Könige, Kinder des Zoroaster, genügten, um den ganzen kabbalistischen und wahrhaft magischen Ursprung des christlichen Dogmas zu bezeugen. Einer dieser Könige ist weiß, der andere schwarz und der dritte braun. Der weiße opfert Gold, das Symbol von Leben und Licht, der schwarze Myrrhe, das Sinnbild von Tod und Nacht, der braune bringt Weihrauch, das Zeichen der Göttlichkeit, das versöhnende Dogma der zwei Prinzipien. Dann kehren sie auf einem anderen Weg in ihre Länder zurück, um zu zeigen, daß ein neuer Kult, ein neuer Weg entstanden ist, um die Menschheit zur einzigen Religion, jener der heiligen Dreiheit und des strahlenden Tetragramms, dem einzigen, ewigen Katholizismus zu führen.

In der *Apokalypse* sieht der hl. Johannes denselben Stern vom Himmel zur Erde fallen. Er wird dann Absynth oder Bitterkeit genannt, und alle Gewässer werden bitter. Das ist ein ergreifendes Bild für die Materialisation des Dogmas, die den Fanatismus und die Bitternisse des Glaubensstreites hervorbringt. Auch an das Christentum kann man jene Worte des Isaias richten: Wie bist du vom Himmel gefallen, glänzender Stern, der du so leuchtend warst an deinem Morgen?

Aber das von den Menschen entweihte Pentagramm strahlt immer schattenlos in der rechten Hand des Wortes der Wahrheit, und die einweihende Stimme verspricht dem Sieger, es wieder an die Stelle des Morgensternes zu setzen: die dem Stern des Luzifer feierlich versprochene Wiedereinsetzung. Wie man sieht, werden alle Mysterien der Magie, alle Symbole der Gnosis, alle Figuren des Okkultismus, alle kabbalistischen Schlüssel der Weissagung in dem Zeichen des Pentagramms zusammengefaßt, das Paracelsus das größte und mächtigste aller Zeichen nennt.

Muß man sich danach noch über das Vertrauen der Magier und den durch dieses Zeichen auf die Geister aller Hierarchien geübten, wirklichen Einfluß wundern? Die das Zeichen des Kreuzes nicht kennen, erzittern beim Anblick des Sternes des Mikrokosmos. Fühlt der Magier dagegen seinen Willen erlahmen, so wendet er seine Augen zu diesem Symbol, nimmt es in seine rechte Hand und fühlt sich mit geistiger Allmacht erfüllt, vorausgesetzt, daß er wahrhaft ein König ist, würdig zur Wiege der göttlichen Verwirklichung durch den Stern geführt zu werden, vorausgesetzt, daß er weiß, wagt, will und schweigt, vorausgesetzt, daß er die Anwendungen des Pan-

78

takels, der Schale, des Stabes und des Schwertes kennt, vorausgesetzt endlich, daß die beharrlichen Blicke seiner Seele mit jenen zwei Augen in Verbindung stehen, welche die obere Spitze unseres Pentagramms ihm immer geöffnet darbietet.

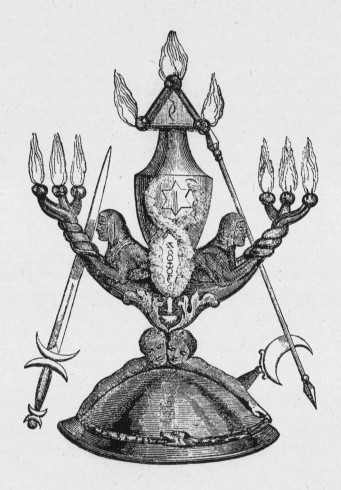

MAGISCHE WERKZEUGE
Lampe, Stab, Schwert und Messer

VI. KAPITEL

DAS MEDIUM UND DER VERMITTLER.

Wir haben schon gesagt, daß man zwei Dinge braucht, um die magische Macht zu erlangen: Die Loslösung des Willens von aller Knechtschaft und seine Übung zur Herrschaft.

Der überragende Wille ist in unseren Symbolen dargestellt durch die Frau, die der Schlange den Kopf zertritt, und durch den strahlenden Engel, der den Drachen unter seinen Fuß und seine Lanze zwingt.

Erklären wir hier unumwunden, daß das große magische Agens, der doppelte Strom des Lichtes, das lebendige und südliche Feuer der Erde in den alten Theogonien durch die Schlange am Kopf des Stiers, des Bocks oder Hundes versinnbildlicht wurde. Es ist die doppelte Schlange am geflügelten Stab, ist die alte Schlange der Genesis, aber es ist auch die um das Thau, d. h. den schöpferischen Lingam, gewundene kupferne Schlange des Moses, ist auch der Bock des Sabbat, der Baphomet der Templer, die Hyle der Gnostiker, ist der doppelte Stachel der Schlange, der die Beine des Sonnenhahnes der Abraxas bildet, ist endlich der Teufel des Eudes de Mirville und ist wirklich die blinde Kraft, welche die Seelen zum Siege haben, um sich von den Ketten der Erde zu befreien. Denn wenn ihr Wille sie nicht aus dieser schicksalhaften Magnetisierung löst, werden sie durch die Kraft, die sie hervorgebracht hat, in dem Strome aufgesogen und kehren in das zentrale und ewige Feuer zurück.

Jedes magische Werk besteht also darin, sich aus den Umschlingungen der alten Schlange zu befreien, dann ihr den Fuß auf den Kopf zu setzen und sie dahin zu führen, wo man will. Ich werde dir, sagte sie in der evangelistischen Mythe, alle Königreiche der Erde geben, wenn du niederfällst und mich anbetest. Der Eingeweihte wird ihr antworten: Ich werde nicht niederfallen, und du wirst zu meinen Füßen kriechen, du wirst mir nichts geben, aber ich werde mich deiner bedienen und mir das nehmen, was ich will; denn ich bin dein Herr und Meister! Die Antwort, die in jener, die ihr der Erlöser gegeben, verschleiert enthalten ist.

Wir haben schon gesagt, daß der Teufel keine Person ist. Er ist eine vom rechten Weg gebrachte Kraft, wie dies auch sein Name anzeigt. Ein odischer oder magnetischer, durch eine Kette von irregeleiteten Willen gebildeter Strom setzt den bösen Geist ein, den das Evangelium Legionen nennt und der die Schweine ins Meer treibt: Eine neue Allegorie der tieftriebhaften Verstrickung der Wesen durch die blinden Kräfte, die den bösen Willen und die Irrung in Bewegung setzen können.

Man kann dieses Symbol jenem der durch die Magierin Circe in Schweine verwandelten Gefährten des Odysseus vergleichen.

So schützte sich Odysseus selbst und befreite seine Gefährten: Er wies die Schale zurück und bedrohte sie mit dem Schwert. Circe ist die Natur mit allen Lüsten und Lockungen; um mit ihr zu spielen, muß man sie besiegen. Das ist der Sinn der Homerischen Fabel; denn die Gesänge Homers, wahrhaft heilige Bücher des alten Hellas, enthalten alle Mysterien der erhabenen Einweihung des Ostens.

Das natürliche *Medium* ist also die immer aktive und verführerische Schlange der untätigen Willen, der man immer widerstehen muß, indem man sie bändigt.

Ein verliebter, naschhafter, zorniger, lässiger Magier sind unmögliche Mißstaltungen. Der Magier denkt und will, nichts liebt er sehnlich, nichts stößt er mit Leidenschaft zurück; das *Wort* Leidenschaft stellt einen passiven Zustand dar, und der Magier ist immer aktiv und siegreich. Das Schwierigste in den erhabenen Wissenschaften ist, zu dieser Verwirklichung zu gelangen. Wenn der Magier sich selbst erschaffen hat, ist das große Werk vollbracht, wenigstens in seinem Werkzeug und in seiner Veranlassung.

Das große magische Agens oder der Vermittler der menschlichen Allmacht kann nur durch einen außer-natürlichen Vermittler, also einen befreiten Willen, gebraucht und gelenkt werden. Archimedes verlangte einen Punkt außerhalb der Welt, um die Welt darauf zu stützen. Der Stützpunkt des Magiers ist der kubische, geistige Stein, der philosophische Stein Azoth, d. h. das Dogma der absoluten Vernunft und der universellen Harmonien durch die Sympathien der Gegensätze.

Einer unserer fruchtbarsten und in seinen Ideen wenigst festgelegtesten Schriftsteller, Eugène Sue, hat eine ganze Romandichtung auf einer Individualität aufgebaut, die er sich hassenswert zu gestalten bemüht, und die trotzdem interessant wird, soviel Macht, Geduld, Mut, Geist und Genie er auch vereinigt. Es handelt sich um eine Art Sixtus V., arm, mäßig, ohne Zorn, der die ganze Welt in einem Netz seiner gelehrten Verbindungen gefesselt hält.

Dieser Mensch reizt mit seinem Willen die Leidenschaften seiner Widersacher, vernichtet die einen durch die andern, kommt immer da-

hin, wohin er will, und das ohne Lärm, ohne
Aufsehen, ohne Charlatanismus. Sein Ziel ist,
die Welt von einer Gesellschaft zu befreien,
die der Verfasser des Buches für gefährlich
und verderbend hält, und über die er sich
leicht hinwegsetzt. Er wohnt schlecht, ist
schlecht gekleidet, nährt sich wie der Ärmste
der Armen, ist aber immer aufmerksam bei
seinem Werk. Um bei seinem Vorhaben zu
bleiben, stellt ihn der Verfasser dar als arm,
schmutzig, häßlich, ekelhaft und schrecklich
von Ansehen. Aber wenn dieses Äußere selbst
ein Mittel ist, die Handlung zu bemänteln und
am sichersten zum Ziel zu bringen, ist sie
nicht auch der Beweis eines erhabenen Mutes?

Wenn Rodin Papst ist, glaubt ihr, er wäre
noch schlecht gekleidet und schmierig? Eugène
Sue hat sein Ziel verfehlt. Er will den Fanatismus und den Aberglauben entstellen und er
wagt sich an den Geist, die Kraft, das Genie,
an alle großen, menschlichen Tugenden! Gäbe
es viele Rodins bei den Jesuiten, ja gäbe es
nur einen einzigen, ich würde trotz der glänzenden und ungeschickten Verteidigungsreden
ihrer berühmten Advokaten nicht viel für die
Gegenpartei geben.

Recht wollen, lange wollen, immer wollen,
aber nie lüstern sein, das ist das Geheimnis
der Kraft und ist das magische Arkanum, das
Tasso in Gestalt der beiden Ritter in die Handlung einführt, die Rinaldo befreien und den
Zauber Armidens vernichten wollen. Sie widerstehen auch den reizendsten Nymphen und den
wildesten Tieren, bleiben wunsch- und furchtlos und gelangen ans Ziel.

Hieraus ergibt sich, daß ein wahrer Magier
eher furchtbar als liebenswert ist. Ich stelle
nicht in Abrede und weiß wohl, wie süß die
Lockungen des Lebens sind, und da ich dem

liebenswürdigen Genie Anakreons und jedem jugendlichen Aufblühen liebender Poesie voll gerecht werde, fordere ich die guten Freunde des Vergnügens ernsthaft auf, die erhabenen Wissenschaften nicht anders als einen Gegenstand der Seltsamkeit anzusehen und sich nie dem magischen Dreifuß zu nahen: die großen Werke der Wissenschaft töten die Lust.

Der Mensch, der sich von der Kette der Triebe freigemacht hat, erfährt seine Allmacht zuerst an der Unterwerfung der Tiere. Die Geschichte von Daniel in der Löwengrube ist keine Fabel, und während der Verfolgungen des jungen Christentums wiederholte sich dieses Phänomen mehr als einmal in Gegenwart des ganzen römischen Volkes. Selten hat ein Mensch etwas von einem Tier zu fürchten, das er nicht fürchtet. Die Bälle Gérards, des Löwentöters, sind magisch und geistig. Ein einziges Mal lief er ernsthaft Gefahr: er hatte einen Freund mitgenommen, der Furcht hatte, und da er diesen Unvorsichtigen im voraus schon verloren glaubte, packte ihn die Angst, aber für seinen Freund.

Viele werden nun sagen, daß es schwierig, ja unmöglich ist, zu einem ähnlichen Entschluß zu gelangen, da ja Willenskraft und Characterstärke Geschenke der Natur seien usw. Ich stelle dies nicht in Abrede, weiß aber auch, daß die Gewohnheit die Natur verbessern kann. Der Wille kann durch Erziehung vervollkommnet werden, und, wie schon gesagt, jedes magische Zeremonial, hierin dem religiösen Zeremonial ähnlich, hat kein anderes Ziel, als den Willen, die Geduld und die Kraft zu prüfen, zu üben und zu gewöhnen. Je schwieriger und mühsamer die Ausführungen, um so größer ist ihre Wirkung. Jetzt muß man das verstehen.

Wenn es bis heute unmöglich war, die Phänomene des Magnetismus zu lenken, so nur, weil noch kein eingeweihter und wahrhaft freier Magnetiseur gefunden wurde. Wer kann sich denn tatsächlich einbilden es zu sein? Haben wir uns nicht immer selbst zu überwinden? Es ist jedenfalls sicher, daß die Natur dem Zeichen und Wort dessen gehorcht, der sich stark genug fühlt, nicht zu zweifeln. Ich sage, daß die Natur gehorchen wird, und nicht, daß sie sich widerspricht oder die Ordnung ihrer Möglichkeiten zerstört. Die Heilungen der nervösen Krankheiten durch ein Wort, einen Atemhauch oder eine Berührung, die Wiedererweckungen in gewissen Fällen, der Widerstand, der fähig ist, die bösen Willenseinflüsse zu entwaffnen und seine Mörder zu vernichten, die Fähigkeit endlich, sich unsichtbar zu machen, indem man die Blicke derer verwirrt, denen zu entschlüpfen unmöglich ist: all das ist eine natürliche Wirkung der Ausstrahlung oder des Rückhalts des Astrallichtes. So wurde Valens beim Betreten des Tempels von Cäsaräa mit Angst und Schrecken geschlagen, wie der im Tempel von Jerusalem von einem plötzlichen Wahnsinn befallene Heliodor sich durch Engel geschlagen und niedergetreten glaubte. So flößte der Admiral de Coligny seinen Mördern Achtung ein, daß er nur durch einen Wahnsinnigen ermordet werden konnte, der sich auf ihn warf und ihm den Schädel zertrümmerte. Was die Jeanne d'Arc immer siegreich sein ließ, war der Zauber ihres Glaubens und das Wunderbare ihrer Kühnheit: sie lähmte die Arme, die sie schlagen wollten, und die Engländer konnten sie ernstlich für eine Magierin oder Zauberin halten. Sie war tatsächlich eine Magierin; denn sie glaubte selbst, übernatürlich zu handeln, und das so sehr, daß sie über eine verborgene, universelle und immer denselben Gesetzen unterworfene Kraft verfügte.

Der magnetisierende Magier muß dem natürlichen Medium und infolgedessen dem Astralkörper, der die Verbindung zwischen unserer Seele und unseren Organen herstellt, befehlen; er kann zum stofflichen Körper sagen: Schlafe! und zum Sideralleib: Denke! Die sichtbaren Dinge ändern dann das Aussehen wie in den Haschisch - Visionen. Cagliostro besaß diese Macht, sagt man, und unterstützte die Wirkung durch Räucherungen und starke Essenzen. Aber die wahre magnetische Macht muß sich dieser für die Vernunft mehr oder minder zerstörenden und der Gesundheit schädlichen Hilfsmittel begeben. Ragon gibt in seinem gelehrten Werk über die okkulte Freimaurerei das Rezept einer Reihe zur Steigerung des Somnambulismus geeigneter Medikamente. Diese Kenntnis ist sicher nicht einfach zu verwerfen, aber Einsichtige sollten sich vor ihrem Gebrauch wohl hüten. Das astrale Licht wird durch den Blick, die Stimme, die Daumen und die Handfläche ausgestrahlt. Die Musik ist eine mächtige Hilfskraft der Stimme und von ihr kommt das Wort *Zaubergesang*. Kein Musikinstrument ist zauberhafter als die menschliche Stimme, aber die fernen Töne der Violine oder der Harmonika können die Macht noch erhöhen. So bearbeitet man das Subjekt, das man unterwerfen will. Ist es dann halb betäubt und wie gefesselt von diesem Reiz, erhebt man die Hand gegen es und befiehlt ihm zu *schlafen* oder zu *sehen,* und es gehorcht. Leistet es aber Widerstand, so muß man ihm mit festem Blick einen Daumen auf die Stirn zwischen die Augen und den andern auf seine Brust legen, indem man es mit einer einzigen

87

und raschen Bewegung leicht bestreicht, dann langsam einatmen, einen warmen Atem sanft aushauchen und ihm mit tiefer Stimme befehlen: *Schlafe* oder *Sehe!*

VII. KAPITEL

DIE SIEBENHEIT DER TALISMANE.

Die Zeremonien, Kleidungsstücke, Räucherungen, Charaktere und Figuren sind, wie schon gesagt, notwendig, um die Einbildung zur Erziehung des Willens zu erfüllen, und der Erfolg der magischen Werke hängt von der peinlichen Beobachtung aller Riten ab. Diese Riten haben, wie schon bemerkt, nichts Phantastisches noch Willkürliches. Sie sind uns vom Altertum überliefert worden und bestehen immer kraft der wesentlichen Gesetze der analogen Verwirklichung und Übereinstimmung, die notwendig zwischen Idee und Form vorhanden ist. Nach mehreren Jahren der Vergleichung und Prüfung aller Zauberbücher und aller echtesten magischen Rituale kamen wir nicht ohne Arbeit dazu, das Zeremonial der universellen und ursprünglichen Magie wiederherzustellen. Die einzigen ernsthaften Bücher, die wir über diesen Gegenstand gesehen haben, sind Manuskripte und in Geheim-Characteren geschrieben, die wir mit Hilfe der Polygraphia des Tritheim entziffert haben. Andere sind ganz mit Hieroglyphen und Symbolen geschmückt und verwerfen die Wahrheit ihrer Bilder unter den abergläubischsten Darlegungen eines irreführenden Textes. So verhält es sich z. B. mit dem Enchiridion Leos III., das niemals mit seinen wahren Figuren gedruckt wurde, und das wir zu unserem besonderen Gebrauch nach einem alten Manuskript wiederhergestellt haben.

Die unter dem Namen der *Claviculae Salo-*

monis bekannten Rituale sind in großer Zahl
vorhanden. Mehrere sind gedruckt worden, andere sind Manuskripte geblieben und mit einer
großen Sorgfalt abgeschrieben worden. Es gibt
davon ein schönes, kalligraphisch äußerst fei-
nes Exemplar in der kaiserlichen Bibliothek.
Es ist mit Pantakeln und Charakteren geschmückt, die zum größten Teil in den magischen Kalendern von Tycho de Braho und
Duchenteau enthalten sind. Es gibt endlich ge-
druckte Schlüssel und Zauberbücher, Mystifikationen und schändliche Spekulationen dun-
kelster Literatur. Der unseren Vätern so bekannte und verschriene *„Kleine Albert"* gehört
im Großteil seiner Fassung der letzten Art an.
Er enthält nur einige von Paracelsus geborgte
Berechnungen und Talismanfiguren, die ernst
zu nehmen sind.

Was Verwirklichung und Ritual angeht, so
ist Paracelsus ein gewichtiger Gewährsmann
in der Magie. Niemand hat größere Werke als
er vollbracht, und deshalb verbirgt er selbst
die Macht der Zeremonien und beschreibt in
der okkulten Philosophie allein das Vorhan-
densein des magnetischen Agens und die Allmacht des Willens. Er faßt die ganze Wissenschaft der Charactere in zwei Zeichen, die
Sterne des Mikro und Makrokosmos zusammen. Für die Adepten war dies genug, und
die große Masse wollte er nicht einweihen.
Paracelsus lehrte also nicht das Ritual, aber
er übte es aus, und seine Praxis war eine Folge
von Wundern.

Wir haben die Bedeutung des Ternar und
Quaternar in der Magie besprochen. Aus ihrer
Vereinigung wird die große kabbalistische und
religiöse Zahl gebildet, welche die universelle
Synthese darstellt und den heiligen Septernar
bildet.

90

Die Welt ist, so glaubten die Alten, von den sieben von Tritheim mit *„secundaei"* bezeichneten zweiten Ursachen beherrscht, die Moses als universelle Kräfte mit dem mehrfachen Namen Elohim, Götter, bezeichnet. Diese analogen und einander entgegengesetzten Kräfte bringen durch ihre Gegensätze das Gleichgewicht hervor und regeln die Bewegung der Sphären. Die Juden nennen sie die sieben großen Erzengel und geben ihnen die Namen: Michael, Gabriel, Raphael, Anael, Samael, Zadkiel und Oriphiel. Die christlichen Gnostiker nennen die vier letzteren Uriel, Barachiel, Sealtiel und Jehudiel. Die andern Völker haben diesen Geistern die Herrschaft über die sieben Hauptplaneten zugeteilt und die Namen ihrer großen Gottheiten gegeben. Alle haben an ihren relativen Einfluß geglaubt, die Astronomie hat den Himmel unter sie geteilt und hat ihnen aufeinanderfolgend die Herrschaft über die sieben Tage der Woche zugewiesen.

Das ist der Grund der verschiedenen Zeremonien der magischen Woche und des siebenfachen Kultes der Planeten.

Wir haben schon darauf aufmerksam gemacht, daß die Planeten hier Zeichen und nichts anderes sind. Sie haben den Einfluß, den ihnen der universelle Glaube zuteilt, weil sie wirklich noch mehr Sterne des menschlichen Geistes als solche des Himmels sind.

Die Sonne, welche die alte Magie immer als fest betrachtet hat, konnte nur für die breite Masse ein Planet sein. Auch stellt sie in der Woche den Tag der Ruhe dar, den wir wie die Alten Sonntag nennen.

Die sieben magischen Planeten entsprechen den sieben Farben des Prismas und den sieben Tönen der musikalischen Oktave. Sie stellen auch die sieben Tugenden und als Gegensätze die sieben Laster der christlichen Moral dar.

Die sieben Sakramente werden gleicherweise auf den großen universellen Deternar bezogen. Die Taufe, die das Element des Wassers heiligt, entspricht dem Mond; die strenge Buße steht unter dem Zeichen Samaels, dem Engel des Mars; die Firmung, die den Geist des Verstandes gibt und dem wahrhaft Gläubigen das Geschenk der Sprache mitteilt, steht unter Raphael, dem Engel des Merkur; die Eucharistie setzt die sakramentale Verwirklichung des Gottmenschen ein und gehört dem Jupiter; die Ehe ist durch den Engel Anael geweiht, den reinigenden Genius der Venus; die letzte Ölung ist der Geleitbrief für die der Sichel des Saturn verfallenen Kranken, und die Ordnung, die das Priestertum des Lichtes weiht, ist besonders bezeichnet durch die Charaktere der Sonne. Fast all diese Analogien wurden durch den Gelehrten Dupuis bemerkt, der daraus auf die Unwahrheit aller Religionen schloß, anstatt die Heiligkeit und Ewigkeit des einzigen, im universalen Symbolismus der aufeinander folgenden religiösen Formen hervorgebrachten Dogmas zu erkennen. Er hat die ununterbrochene, dem Geist des Menschen durch die Harmonien der Natur überlieferte Offenbarung nicht erkannt und hat nur eine Reihe von Irrtümern in dieser Kette sinnreicher Bilder und ewiger Wahrheiten gesehen.

Auch die magischen Werke sind an Zahl sieben; 1. Werke des Lichts und des Reichtums unter den Auspizien der Sonne, 2. Werke der Wahrsagung und Mysterien unter der Anrufung des Mondes, 3. Werke der Gewandtheit des Wissens und der Bewegsamkeit unter der Leitung des Merkur, 4. Werke des Zorns und der Züchtigung, dem Mars geweiht,

92

5. Werke der Liebe, von Venus begünstigt, 6. Werke des Eifers und der Politik unter den Auspizien Jupiters, 7. Werke der Verwünschung und des Todes unter dem Patronat des Saturn. Im theologischen Symbolismus stellt die Sonne das Wort der Wahrheit, der Mond die Religion an sich, Merkur die Lehre und das Wissen von den Mysterien, Mars die Gerechtigkeit, Venus die Barmherzigkeit und die Liebe, Jupiter den Wiederauferstandenen und glorreichen Erlöser, Saturn Gott den Vater oder den Jehova des Moses dar. Im menschlichen Körper entspricht die Sonne dem Herzen, der Mond dem Gehirn, Jupiter der rechten und Saturn der linken Hand, Mars dem linken und Venus dem rechten Fuß, Merkur den Sexualteilen, was den Genius diesen Planeten manchesmal unter einem Androgyn darstellen läßt.

Im menschlichen Gesicht herrscht Sonne über die Stirn, Jupiter über das rechte und Saturn über das linke Auge, der Mond über die Gegend zwischen den beiden Augen an der Nasenwurzel, Venus und Mars über die beiden Nasenflügel, Merkur endlich übt seinen Einfluß auf Mund und Kinn aus. Diese Kenntnisse bildeten bei den Alten die inzwischen durch Lavater unvollständig wiedergefundene okkulte Wissenschaft der Physionomie.

Will der Magier zu den Werken des Lichts schreiten, so muß er am Sonntag von Mitternacht bis acht Uhr morgens oder von drei Uhr nachmittags bis zehn Uhr abends arbeiten. Er muß ein purpurfarbenes Gewand, eine Priesterbinde und goldene Armbänder tragen. Der Räucheraltar und der im Feuer heilige Dreifuß werden mit Lorbeer-, Heliotrop- und Lackmuskraut-Kränzen umwunden. Die Räucherungen sind echter Zimt, männlicher Weihrauch, Safran und rotes Sandelholz. Der Ring muß von

Gold mit einem Chrysolit oder einem Rubin, die Teppiche müssen Löwenfelle, die Fächer aus Sperberfedern sein.

Am Montag muß man ein silberdurchwirktes weißes Gewand mit einer dreifachen Kette von Perlen, Kristallen und Seleniten tragen. Die Priesterbinde wird mit gelber Seide bedeckt sein und in Charakteren von Silber hebräisch das Monogramm von Gabriel enthalten, wie man es in der okkulten Philosophie des Agrippa findet. Die Räucherungen müssen aus weißem Sandelholz, Kampfer, Ambra, Aloe und gestoßenem Gurkensamen, die Kränze müssen aus Beifuß, Selenotrop und gelbem Hahnenfuß sein. Man muß Tapeten, Kleider oder Gegenstände von schwarzer Farbe meiden und darf kein anderes Metall als Silber auf sich tragen.

Der Dienstag, der Tag der Zornesoperationen, hat die Farbe des Feuers, Blutes oder des Rostes als Farbe des Gewandes mit einem Gürtel und Armreifen aus Stahl. Die Priesterbinde ist ein Eisenreif, und man bedient sich nicht des Stabes, sondern nur des magischen Dolches oder des Schwertes. Die Kränze sind aus Absynth und Raute, und am Finger trägt man einen Eisenring mit einem Amethyst als Edelstein.

Am Mittwoch, dem der hohen Wissenschaft günstigen Tag, wird das Gewand grün sein oder von einem schillernden und verschiedenfarbigen Stoff. Die Kette besteht aus hohlen Glasperlen, die Quecksilber enthalten. Zu den Räucherungen dienen: Benzoe, Muskat und Storax; die Blumen sind: Narzisse, Lilie, Bingelkraut, Erdrauch und Majoran. Als Edelstein gilt der Achat.

Am Donnerstag, dem Tag der großen religiösen und politischen Werke, ist das Gewand scharlachrot, und man trägt auf der Stirn einen

Zinnstreifen mit dem Charakter des Geistes des Jupiter und den drei Worten: GIARAR, BETHOR, SAMGABIEL. Räucherkräuter sind: Weihrauch, graue Ambra, Balsamkraut, Paradiessamen, Muskatblüte und Safran. Der Ring ist mit einem Smaragd oder einem Saphir geschmückt, Gewinde und Kränze sind aus Eiche, Pappel, Feige und Granatzweigen.

Am Freitag, dem Tag der Liebesoperationen, ist das Gewand azurblau, die Behänge grün und rosafarben, der Schmuck aus blankem Kupfer, die Kränze aus Veilchen, die Gewinde aus Rosen, Myrte und Oliven. Der Ring ist mit einem Türkis geschmückt. Lapislazuli und Beryll schmücken Priesterbinde und Spangen, die Fächer bestehen aus Schwanenfedern, und der Ausübende hat auf seiner Brust einen kupfernen Talisman mit dem Charakter des Anael und den Worten: AVEEVA VADELILITH.

Am Samstag, dem Tag der düsteren Werke, ist das Gewand schwarz oder braun mit in orangefarbener Seide gestickten Charakteren. Man trägt am Hals eine Bleimedaille mit dem Charakter des Saturn und den Worten ALMALEC, APHIEL, ZARAHIEL. Das Räucherwerk besteht aus Diagridium, Skammonienwinde, Alaun, Schwefel und Teufelsdreck. Der Ring trägt einen Onyx. Die Gewinde bestehen aus Eiche, Zypresse und Nieswurz. In den Onyx des Ringes gräbt man mit einem geweihten Stift und in den Stunden des Saturn einen Doppelkopf des Janus.

Dies sind die alten Herrlichkeiten des Kultes der Magier. Auf ähnliche Weise nahmen die großen Magier des Mittelalters die tägliche Weihe der den Genien entsprechenden Pantakel und Talismane vor. Wie schon gesagt, ist ein Pantakel ein synthetischer Character, der das ganze magische Dogma in einer dieser besonderen Fassungen zusammenfaßt. Es ist also der wahrhafte Ausdruck eines Gedankens und eines vollkommenen Willens, die Signatur eines Geistes. Die feierliche Weihe dieses Zeichens befestigt dabei noch stärker das Vorhaben des Ausübenden und errichtet zwischen ihm und dem Pantakel eine wahre, magnetische Kette. Die Pantakel können unterschiedlich auf Jungfernpergament, Papier oder Metalle gezogen sein. Talisman nennt man ein Metallstück, das entweder Pantakel oder Charactere trägt und eine für ein bestimmtes Vorhaben besondere Weihe erhalten hat. Gaffarel hat in einem gelehrten Werk wissenschaftlich die Macht der Talismane dargelegt, und das Vertrauen in ihre Kraft liegt außerdem so in der Natur, daß wir gern Andenken geliebter Menschen mit der Überzeugung bei uns tragen, daß diese Reliquien uns vor Gefahr beschützen und uns glücklicher machen. Die Talismane fertigt man aus den sieben kabbalistischen Metallen und gräbt in günstigen Tagen und Stunden die gewollten und bestimmten Zeichen hinein. Die Figuren der sieben Planeten mit ihren magischen Quadraten finden sich im „Kleinen Albert" nach Paracelsus, eine der wenigen wahren Seiten dieses Buches der gewöhnlichen Magie. Es ist zu bemerken, daß Paracelsus die Figur des Jupiter durch die eines Priesters ersetzt, eine Vertauschung, die nicht ohne eine geheimnisvolle, wohl bestimmte Absicht ist. Aber die allegorischen und mythologischen Figuren sind heute zu klassisch und allgemein geworden, als daß man sie noch mit Erfolg auf Talismane ziehen könnte; man muß zu weiseren und ausdrucksvolleren Zeichen seine Zuflucht nehmen. Das Pentagramm muß immer auf die eine Seite eines Talismans mit einem Kreis für die Sonne, einem Halbmond

96

für den Mond, einem geflügelten Stab für Merkur, einem Schwert für Mars, einem G für Venus, einer Krone für Jupiter und einer Sichel für Saturn gezogen werden. Die andere Seite des Talismans muß das Zeichen Salomons, d. h. den sechsstrahligen, aus zwei übereinandergelegten Dreiecken gebildeten Stern tragen, und in die Mitte stellt man für die Talismane der Sonne eine menschliche Figur, für die des Mondes eine Schale, einen Hundekopf für die des Merkur, einen Adlerkopf für die des Jupiter, einen Löwenkopf für die des Mars, eine Taube für die der Venus, einen Stier- oder Bockskopf für die des Saturn. Man verbindet dabei die Namen der sieben Engel entweder in hebräischen, arabischen oder magischen Zügen, die denen der Alphabete Tritheims gleichen. Die beiden Dreiecke Salomons können durch das Doppelkreuz der Räder des Ezechiel ersetzt werden, das man auf einer großen Anzahl alter Pantakel findet, und das, wie wir im Dogma bemerkten, der Schlüssel zu den Trigrammen des Fohi ist.

Man kann auch Edelsteine zu Amuletten und Talismanen verwenden. Aber alle Gegenstände dieser Art, Metalle oder Edelsteine, müssen sorgfältig in Seidensäckchen von der dem Geist des Planeten entsprechenden Farbe gehüllt, mit dem Räucherwerk des entsprechenden Tages geräuchert und vor jedem Blick und jeder unreinen Berührung bewahrt sein. So dürfen die Pantakel und Talismane der Sonne von unförmigen oder mißgestalteten Menschen oder von sittenlosen Frauen weder gesehen noch berührt werden, die des Mondes sind durch die Blicke oder Hände wollüstiger Männer oder Frauen während ihrer Regel entweiht, die des Merkur verlieren ihre Kraft, wenn sie von bezahlten Priestern gesehen oder berührt wurden, die des Mars müssen Feiglingen verborgen bleiben, die der Venus Verderbten oder solchen, die das Gelübde des Zölibats abgelegt haben, die des Jupiter den Unfrommen, die des Saturn Jungfrauen und Kindern; nicht daß Blicke oder Berührungen dieser letzteren jemals unrein sein könnten, aber weil der Talisman ihnen Unglück bringen und so seine ganze Kraft verlieren würde.

Ehrenkreuze und Auszeichnungen dieser Art sind wahre Talismane, die den persönlichen Wert und das persönliche Verdienst erhöhen. Ihre feierlichen Verleihungen sind ihre Weihen. Die öffentliche Meinung kann ihnen eine außerordentliche Macht verleihen. Man hat den wechselweisen Einfluß der Zeichen auf die Ideen und der Ideen auf die Zeichen nicht genug beobachtet. Er ist nicht weniger wahr als das ganze revolutionäre Werk der modernen Zeiten, das z. B. durch die napoleonische Vertauschung des Sterns der Ehre mit dem St. Ludwigskreuz symbolisch gänzlich zusammengefaßt wurde. Das Pentagramm wurde mit dem Labarum vertauscht, die Wiedereinsetzung des Symbols des Lichtes, die freimaurerische Auferstehung des Adonhiram. Man sagt, daß Napoleon an seinen Stern glaubte, und könnte man ihn sagen lassen, was er durch seinen Stern hörte, man würde finden, daß er sein Genius war. Er mußte ihn sich also als Pentagramm zu eigen machen, diesem Symbol der menschlichen Herrschaft durch die geistige Initiative. Der große Soldat der Revolution wußte wenig, sagte aber fast alles vorher, auch war er der größte instinktmäßige und praktische Magier der modernen Zeiten. Die Welt ist noch voll seiner Wunder, und das Landvolk wird niemals glauben, daß er tot ist.

Die durch heilige Bilder oder verehrungs-

würdige Personen berührten gebenedeiten und
gnadenreichen Gegenstände, die aus Palästina
gekommenen Rosenkränze, die aus dem Wachs
der Osterkerze gebildeten *agnus Dei,* die jähr-
lichen Überreste des heiligen Chrisam, die Ska-
puliere und Medaillen sind wahrhafte Talismane. Eine dieser Medaillen ist heute volkstümlich geworden, und selbst diejenigen, die
keine Religion haben, legen sie ihren Kindern
um den Hals. Auch sind ihre Figuren so vollkommen kabbalistisch, daß diese Medaille
wahrhaft ein doppeltes und wunderbares Pantakel ist. Auf der einen Seite sieht man die
große Einweiherin, die himmlische Mutter des
Sohar, die Isis Ägyptens, die Venus-Urania der
Platoniker, die Maria des Christentums, auf
dem Mond stehend und einen Fuß auf den
Kopf der magischen Schlange setzend. Sie hält
die beiden Hände derart, daß sie ein Dreieck
bilden, dessen Spitze der Kopf der Frau ist.
Ihre Hände sind offen und strahlend, woraus
ein doppeltes Pentagramm entsteht, dessen
Strahlen alle gegen die Erde gerichtet werden,
was offenbar die Befreiung der Intelligenz
durch die Arbeit darstellt. Auf der anderen
Seite sieht man das doppelte Tau der Hierophanten, den im doppelten Kteis oder im dreifachen Phallus mit Verschlingung und doppel-
ter Einfügung durch das kabbalistische und
freimaurerische M, das den Winkel zwischen
den beiden Säulen JAKIN und BOHAS darstellt, getragenen Lingam. Außerdem sind auf
gleicher Höhe zwei liebende und leidende Herzen und darüber zwölf Pentagramme angebracht. Jedermann wird euch aber sagen, daß
die Träger dieser Medaille ihr diesen Sinn
nicht beilegen, und doch ist sie deshalb nicht
weniger magisch, zumal sie einen doppelten
Sinn und infolgedessen eine doppelte Bedeu-

tung hat. Die Ekstatikerin, auf deren Offenbarungen hin der Talisman geprägt wurde, hatte ihn im Astrallicht schon vollkommen vorhanden gesehen, was einmal den tiefen Zusammenhang zwischen Ideen und Zeichen beweist und dem Symbolismus der universellen Magie eine neue Heiligung gibt.

Je mehr Bedeutung und Weihe man der Herstellung und Weihe der Talismane und Pantakel beimißt, um so mehr Kraft werden sie erlangen, wie man dies nach der Klarstellung der von uns festgestellten Prinzipien auch verstehen wird. Diese Einweihung muß an den von uns bezeichneten besonderen Tagen vorgenommen werden, und zwar mit der von uns angegebenen Vorbereitung. Nachdem man die Geister der Hölle durch die Beschwörung der Vier angerufen hat, weiht man sie durch die vier beschworenen Elemente; dann nimmt man das Pantakel in die Hand und sagt, indem man einige Tropfen magischen Wassers darauf sprengt:

In nomine Elohim et per spiritum aquarum viventium, sis mihi in signum lucis et sacramentum voluntatis.

Indem man es den Räucherungen aussetzt, sagt man:

Per serpentem aeneum sub quo cadunt serpentes ignei, sis mihi (etc.).

Indem man siebenmal über das Pantakel oder den Talisman haucht, sagt man:

Per firmamentum et spiritum vocis, sis mihi (etc.).

Endlich streut man im Dreieck einige Körner gereinigte Erde oder Salz darauf und spricht:

In sale terrae et per virtutem vitae eternae, sis mihi (etc.).

Dann beginnt man die Beschwörung der sieben auf folgende Weise:

100

Man wirft in das heilige Feuer nacheinander eines der sieben Räucherkügelchen und spricht dabei:

Im Namen Michaels, auf daß Jehovah dir befehle und du dich von hier entfernest, Chavajoth!

Im Namen Gabriels, auf daß Adonai dir befehle und du dich von hier entfernest, Belial!

Im Namen Raphaels, verschwinde vor Elchim, Sachabiel!

Durch Samael Zebaoth und im Namen des Elohim Gibor, entferne dich, Adrameleck!

Durch Zachariel und Sachiel-Meleck, sei untertan dem Elvah, Samgabiel!

Im göttlichen und menschlichen Namen des Schaddaï und durch das Zeichen des Pentagramms, das ich in meiner rechten Hand halte, im Namen des Engels Anael, durch die Macht Adams und Evas, die sind Jotchavah, weiche Lilith! laß uns in Frieden, Nahemah!

Durch die heiligen Elohim und die Namen der Geister Cashiel, Sehaltiel, Aphiel und Zarahiel, auf Befehl Orifiels, gehe weg von uns, Moloch! wir werden dir unsere Kinder nicht zu fressen geben!

Die hauptsächlichsten magischen Instrumente sind: Stab, Schwert, Lampe, Schale, Altar und Dreifuß. In den Operationen der hohen und göttlichen Magie bedient man sich der Lampe, des Stabes und der Schale. In den Werken der schwarzen Magie ersetzt man den Stab durch das Schwert und die Lampe durch die Cardanische Kerze. Wir werden diesen Unterschied in dem besonderen Kapitel über die schwarze Magie erklären.

Wir kommen nun zur Beschreibung und zur Weihe der Instrumente.

Der magische Stab darf weder mit dem einfachen Wahrsagerstab noch mit der Gabel der Nekromanten oder dem Dreizack des Paracelsus verwechselt werden. Der wahre und absolute magische Stab muß ein einziger, ganz gerader Mandel- oder Haselnußschößling sein und vor Sonnenaufgang oder im Augenblick des Erblühens des Baumes mit einem einzigen Schnitt mit dem magischen Messer oder der goldenen Sichel geschnitten werden. Man muß ihn in seiner ganzen Länge durchbohren, ohne ihn zu spalten oder zu brechen, und dann eine lange magnetische Eisennadel hindurchführen, die den ganzen Hohlraum ausfüllt. Dann paßt man an das eine seiner Enden ein dreieckig geschliffenes, vielflächiges Prisma und an das andere eine gleiche Figur aus schwarzem Harz. In der Mitte des Stabes bringt man zwei Ringe an, der eine aus Kupfer, der andere aus Zink; dann wird der Stab auf der Seite des Harzes vergoldet und auf der des Prismas versilbert bis zu den Ringen in der Mitte und bis ausschließlich der Enden mit Seide überzogen. Auf den Kupferring ritzt man die Charactere: ירושליסהקושח und auf den Zinkring: חסלרשמח

Die Weihe des Stabes muß sieben Tage dauern, bei Neumond begonnen, und von einem Eingeweihten vorgenommen werden, der die großen Arkana besitzt und selbst einen geweihten Stab hat. Das ist die Übertragung des magischen Priestertums, das seit den dunkelsten Anfängen der hohen Wissenschaft nicht aufhörte. Der Stab und die andern Instrumente, aber vor allem der Stab, müssen sorgfältig verborgen werden, und unter keinem Vorwand darf sie der Magier von Profanen berühren oder sie sehen lassen, andernfalls sie ihre ganze Kraft verlieren.

Die Art der Übertragung des Stabes ist eines

der Arkana der Wissenschaft, das niemals enthüllt werden darf.

Die Länge des magischen Stabes soll die des Armes des Ausübenden nicht überschreiten. Der Magier darf sich seiner nur bedienen, wenn er allein ist, und darf ihn ohne Notwendigkeit nie berühren. Mehrere alte Magier machten ihn nur so lang als den Unterarm und verbargen ihn in den langen Manschetten, indem sie öffentlich nur den einfachen Wahrsagerstab oder irgendein aus Elfenbein oder schwarzem Ebenholz, je nach der Natur der Werke, gefertigtes allegorisches Zepter zeigten.

Der Kardinal Richelieu, der sehnlichst all die Mächte erstrebte, suchte sein ganzes Leben nach der Übertragung des Stabes, ohne sie finden zu können. Sein Kabbalist Gaffarel konnte ihm nur das Schwert und die Talismane geben: das war vielleicht der geheime Grund seines Hasses auf Urbain Grandier, der etwas von den Schwächen des Kardinals wußte. Die geheimen und ausgedehnten Unterhaltungen Laubardemonts mit dem unglücklichen Priester noch wenige Stunden vor seinem Tod und die Worte eines Freundes und Vertrauten des letzteren bei seinem Todesgang: „Herr, ihr seid ein geschickter Mensch, verlieret nicht!", geben hierbei viel zu denken.

Der magische Stab ist das *Verendum* des Magiers, er darf darüber selbst nicht in einer klaren und eindeutigen Weise sprechen, niemand darf sich rühmen, ihn zu besitzen, und man darf die Weihe nur unter den Bedingungen absoluten Schweigens und Vertrauens übergeben.

Das Schwert ist weniger okkult und wird folgendermaßen hergestellt:

Es muß aus reinem Kupfer sein und einen kreuzförmigen Kupfergriff mit drei Degen-

knöpfen wie im *Enchiridion* Leos III. oder wie
in unserer Figur zwei Halbmonde als Stich-
blatt haben. Auf den Mittelknopf des Grif-
fes, der mit einer Goldplatte verkleidet sein
muß, muß man auf der einen Seite das Zeichen des Makrokosmos, auf der andern das
des Mikrokosmos einritzen. Auf den Knauf
muß man das hebräische Monogramm, wie
man es bei Agrippa sieht, auf die eine Seite
der Klinge folgende Charaktere: יהוה מו במבה
כאיליט und auf die andere das Labarum Constantins mit den Worten: *Vince in hoc, Deo
duce, ferro comite* einritzen. (Für die Echtheit
und Genauigkeit dieser Figuren die besseren
alten Ausgaben des Enchiridion nachsehen.)

Die Weihe des Schwertes muß am Dienstag
in den Sonnenstunden unter der Anrufung Michaels vorgenommen werden. Man legt die
Klinge des Schwertes in ein Feuer von Lorbeer und Zypressen. Darauf trocknet man die
Klinge und glättet sie mit der mit Maulwurfs-
oder Schlangenblut benetzten Asche des heiligen Feuers und sagt: *Sis mihi gladius Mi-
chaelis, in virtute Eloim Sabaoth fugiant a
te Spiritus tenebrarum et reptilia terrae,* dann
räuchert man es mit den Räucherungen der
Sonne und hüllt es mit Eisenkrautzweigen, die
am siebenten Tage verbrannt werden müssen,
in Seide.

Die magische Lampe muß aus vier Metallen
hergestellt sein: Gold, Silber, Bronze und
Eisen. Der Fuß ist aus Eisen, der Knoten aus
Bronze, die Schale aus Silber, das Dreieck in
der Mitte aus Gold. Sie hat zwei Arme, die
aus drei Metallen legiert und so gebildet
sind, daß sie für das Öl eine dreifache Röhre
freilassen. Sie hat neun Flammen, drei in
der Mitte und drei auf jedem Arm (siehe
Figur). In den Fuß gräbt man das Siegel des

Hermes und darüber den Androgyn mit den zwei Köpfen nach Khunrath. Die untere Umrahmung des Fußes stellt eine Schlange dar, die sich in den Schwanz beißt.

Auf die Schale oder den Ölbehälter ritzt man das Zeichen Salomons. Zu dieser Lampe passen zwei Kugeln: die eine mit durchscheinenden Bildern der sieben Genien geschmückt, die andere, größere und doppelte kann in vier Feldern zwischen zwei Gläsern in verschiedenen Farben gefärbtes Wasser enthalten. Das Ganze wird von einer Holzsäule umschlossen, die sich um sich selbst dreht und so willkürlich einen der Strahlen der Lampe freigeben kann, den man im Augenblick der Anrufungen auf den Rauch des Altars richtet. Diese Lampe ist eine große Hilfe, um die anschaulichen Werke der langsamen Vorstellungen zu unterstützen und vor den magnetisierten Personen sofort Formen von täuschender Wirklichkeit zu erzeugen, die, durch Spiegel vervielfältigt, sich plötzlich ausdehnen und das Zimmer des Ausübenden in einen von sichtbaren Seelen erfüllten Saal verwandeln werden. Der Rausch der Räucherungen und die Steigerung der Anrufungen werden diese Phantasmagorie bald in einen wirklichen Traum verwandeln, man wird Personen erkennen, die man gekannt hat, die Phantome werden sprechen. Wenn man dann die Säule der Lampe schließt, indem man das Feuer der Räucherungen verstärkt, wird sich irgendeine außergewöhnliche und unerwartete Sache zeigen.

VIII. KAPITEL

WARNUNG FÜR DIE UNVORSICHTIGEN.

Die Operationen der Wissenschaft sind, wie schon wiederholt gesagt, nicht gefahrlos.

Sie können diejenigen, die nicht fest auf der Grundlage der erhabenen, absoluten und unfehlbaren Vernunft stehen, zum Wahnsinn bringen.

Sie können das Nervensystem überreizen und schreckliche und unheilbare Krankheiten hervorbringen.

Sie können, wenn die Einbildung getroffen und erschreckt wird, durch Blutandrang nach dem Gehirn zu Ohnmacht und selbst zum Tod führen.

Wir können nervöse und von Natur aus überspannte Menschen, Frauen, junge Leute und all jene, die nicht gewohnt sind, sich vollkommen zu meistern und der Furcht zu gebieten, nicht genug hiervor warnen.

Nichts ist gefährlicher, als die Magie zum Zeitvertreib zu machen, wie gewisse Leute, die darin eine Unterhaltung für ihre Abendgesellschaften suchen. Die unter den gleichen Bedingungen angestellten magnetischen Versuche können nur die Somnambulen ermüden, die Ansichten verwirren und die Wissenschaften irreführen. Man spielt nicht ungestraft mit den Mysterien des Lebens und des Todes, und die Dinge, die man ernst nehmen muß, müssen auch ernst und mit der größten Zurückhaltung behandelt werden.

Gebt niemals dem Wunsch, durch Effekte

zu überzeugen, nach. Die seltsamsten Wirkungen können nicht schon zuvor überzeugten Personen niemals zu Beweisen werden. Man wird sie immer natürlichem Blendwerk zuschreiben und den Magier als einen mehr oder weniger geschickten Konkurrenten von Robert Houdin oder Hamilton ansehen können. Wunder zu verlangen, um der Wissenschaft zu glauben, heißt sich unwürdig oder unfähig für die Wissenschaft zeigen. SANCTA SANCTIS.

Rühmt euch niemals der Werke, die ihr vollbracht, und hättet ihr Tote wiedererweckt. Fürchtet die Verfolgung. Der große Meister gebot den Kranken, die er heilte, immer zu schweigen, und wäre dieses Schweigen getreulich gewahrt worden, man hätte den Initiator nicht vor Vollendung seines Werkes gekreuzigt.

Versenkt euch in die zwölfte Figur der Schlüssel des Tarot, denkt über das große Problem des Prometheus nach und schweigt.

Alle Magier, die ihre Werke unter die Leute brachten, starben eines gewaltsamen Todes, und mehrere, wie Cardanus, Schröpffer, Cagliostro und so viele andere, sind zum Selbstmord gebracht worden.

Der Magier muß in der Zurückgezogenheit und fast unnahbar leben. Das stellt das Symbol des neunten Schlüssels des Tarot dar, wo der Eingeweihte durch einen ganz in seinen Mantel eingehüllten Einsiedler abgebildet ist.

Diese Zurückgezogenheit soll keine Absonderung sein. Er braucht Verehrer und Freunde, aber er muß sie sorgfältig wählen und um jeden Preis erhalten.

Er muß einen andern Beruf als den des Magiers haben. Die Magie ist kein Beruf.

Um sich der zeremoniellen Magie zu widmen, muß man ohne beunruhigende Vorurteile

107

sein, muß sich alle Werkzeuge der Wissenschaft verschaffen können oder sie im Notfall selbst anzufertigen wissen. Endlich muß man sich eines schwer zugänglichen Laboratoriums versichern, in dem man nie zu fürchten braucht, überrascht oder gestört zu werden.

Dann, und das ist hier die wesentliche Bedingung, muß man die Kräfte auszugleichen und die Begeisterung der eigenen Initiative zu erhalten wissen. Das versinnbildlicht die achte Figur der Schlüssel des Hermes, auf der man eine zwischen zwei Säulen sitzende Frau sieht, die in einer Hand ein gerades Schwert und in der andern eine Wage hält.

Um die Kräfte auszugleichen, muß man die Hände gleichzeitig ausstrecken und sie nacheinander handeln lassen, eine doppelte Handlung, die durch den Brauch der Wage dargestellt wird.

Dieses Arkanum wird ebenso durch das Doppelkreuz der Pantakel des Pythagoras und des Ezechiel (siehe Figur auf Seite 244 des Dogmas), wo das eine durch das andere Kreuz ausgeglichen wird und die planetaren Zeichen immer in Opposition sind. So ist Venus das Gleichgewicht für die Werke des Mars, Merkur mäßigt und vervollständigt die Werke der Sonne und des Mondes, Saturn muß Jupiter die Wage halten. Durch dieses Gegenstreben der alten Götter gelingt es Prometheus, d. h. dem Genius der Wissenschaft, sich in den Olymp einzuschleichen und das Feuer vom Himmel zu rauben.

Muß man deutlicher sprechen? Je sanfter und ruhiger ihr seid, um so mächtiger wird euer Zorn sein, je kraftvoller, desto wertvoller wird eure Milde sein, je geschickter, desto mehr Gewinn werdet ihr von eurem Verstand und selbst von euern Tugenden haben, je gleichgültiger, desto leichter wird es euch sein, euch lieben zu lassen. Diese Erfahrung in der moralischen Ordnung wird unerbittlich in der Sphäre der Tat verwirklicht. Werden sie nicht geleitet, so erzeugen die menschlichen Leidenschaften verhängnisvoll die ihrem zügellosen Wunsch entgegengesetzten Wirkungen. Übertriebene Liebe zeugt Antipathie, blinder Haß hebt sich auf und straft sich selbst, Eitelkeit führt zu Herabsetzung und den grausamsten Demütigungen. Der große Meister offenbarte so ein Mysterium der positiven magischen Wissenschaften mit den Worten: Wollt ihr glühende Kohlen auf das Haupt dessen häufen, der euch Böses getan; verzeiht ihm und tut ihm Gutes. Man sagt vielleicht, eine ähnliche Verzeihung sei eine Heuchelei und gleiche stark einer abgefeimten Rache. Aber man muß sich erinnern, daß der Magier ein Herrscher ist. Und ein Herrscher rächt sich nie, da er das Recht zu strafen hat. Wenn er dieses Recht übt, erfüllt er seine Pflicht, und er ist unversöhnlich wie die Gerechtigkeit. Bemerken wir außerdem wohl, damit niemand am Sinn meiner Worte irre, daß es sich darum handelt, das Böse durch das Gute zu strafen und der Gewalt Milde entgegenzustellen. Wenn die Übung der Tugend eine Verspottung für das Gebrechen ist, so hat niemand das Recht zu verlangen, daß man sie ihm erspart oder daß man Mitleid hat mit seiner Schande oder mit seinen Schmerzen.

Wer sich den Werken der Wissenschaft widmet, muß täglich eine mäßige Übung vornehmen, sich allzulanger Nachtwachen enthalten und ein gesundes und regelmäßiges Leben führen. Er muß Ausstrahlungen von Verwesendem, die Nähe von verdorbenem Wasser, schwer verdauliche oder unreine Speisen meiden. Er muß sich überhaupt jeden Tag durch materielle Pflichten oder künstlerische, handwerkliche oder Berufsarbeiten von den magischen Vorurteilen zerstreuen. Das Mittel, gut zu sehen, ist, nicht immer zu betrachten, und wer sein ganzes Leben immer auf dasselbe Ziel richtet, endet damit, daß er es nie erreicht.

Eine Vorsicht, deren man sich ebenfalls nicht begeben darf, ist, niemals zu handeln, wenn man krank ist.

Die Zeremonien sind, wie schon gesagt, die künstlichen Mittel, die Gewohnheiten des Willens zu schaffen, und werden überflüssig, wenn diese Gewohnheiten ergriffen sind. Nur in diesem Sinn wendet sich Paracelsus an die vollkommenen Adepten, wenn er sie in seiner Philosophie ächtet. Man muß sie nach und nach vereinfachen, bevor man sie ganz und gar unterläßt, nach der Erfahrung, die man mit den erworbenen Kräften und der in der Übung des außernatürlichen Wollens erreichten Gewohnheit machen kann.

IX. KAPITEL

DAS ZEREMONIAL DER EINGEWEIHTEN.

Die Wissenschaft erhält sich durch das Schweigen und dauert durch die Einweihung fort. Das Gesetz des absoluten und unverbrüchlichen Schweigens gilt also vor allem in Bezug auf die nicht eingeweihte Menge. Die Wissenschaft kann nur durch die Sprache übermittelt werden. Die Weisen müssen also bisweilen reden.

Jawohl, sie müssen sprechen, aber nicht, um zu reden, sondern um zu den andern zu gelangen. *Noli ire, fac venire* war Rabelais' Wahlspruch, dem die Magie nicht unbekannt sein konnte, da er alles Wissen seiner Zeit besaß.

Hier haben wir nun die Mysterien der Einweihung zu enthüllen.

Wie schon gesagt, ist es die Bestimmung des Menschen, sich selbst zu gestalten oder sich selbst zu schaffen. Für Zeit und Ewigkeit ist und wird er der Sohn seiner Taten sein.

Alle Menschen sind zum Wettbewerb berufen, aber die Zahl der Auserwählten, der Erfolgreichen ist immer klein; mit anderen Worten, viele Menschen wünschen eine Sache, aber die sie erhalten, sind nur wenige.

So gehört also die Herrschaft über die Welt mit Recht den Auserwählten, und wenn eine Usurpation oder ein Mechanismus sich irgend etwas, was ihm in der Tat nicht gehört, widersetzt, so tritt ein politischer oder sozialer Umsturz ein.

Menschen, die sich selbst beherrschen, werden auch leicht zu Meistern über andere, aber

111

sie können sich gegenseitig hindern, wenn sie
nicht die Gesetze einer Zucht und einer universellen Hierarchie anerkennen.

Um sich der gleichen Lehre zu unterwerfen,
muß man in Ideen- und Wunschgemeinschaft
sein. Zu dieser Gemeinschaft kann man nur
durch eine gemeinsame, auf die gleichen Grundlagen der Intelligenz und der Vernunft gegrün-
dete Religion gelangen.

Diese Religion war immer in der Welt, und
nur sie allein kann unfehlbar, unvergänglich
und wahrhaft katholisch, d. h. universell, genannt werden.

Diese Religion, deren Schleier und Schatten
nacheinander all die andern waren, beweist
das Wesen durch das Wesen, die Wahrheit
durch die Vernunft, die Vernunft durch den
Augenschein und den gesunden Menschenverstand.

Sie beweist durch die Tatsachen die We-
sensvernunft der unabhängig und außer den
Wirklichkeiten liegenden Hypothesen.

Sie hat als Grundlage das Dogma von den
universellen Analogien, vermengt aber nie
Dinge des Wissens mit jenen des Glaubens. Es
kann nie Sache des Glaubens sein, ob zwei und
eins mehr oder weniger als drei geben, ob in
der Physik der Inhalt größer sei als das Be-
inhaltende, ob ein fester sich wie ein flüssiger
oder gasförmiger Körper verhalten kann, oder
ob der menschliche Körper durch eine ver-
schlossene Tür ohne Öffnung und Schließung
gehen kann. Sagen, man glaube eine solche
Sache, heißt wie ein Kind oder ein Narr reden.
Aber es ist nicht weniger unsinnig, das Unbekannte zu erklären und von Hypothese zu
Hypothese zu beurteilen, bis man die Augenscheinlichkeit *a priori* verneint, um voreilige
Vermutungen zu bekräftigen. Der Weise be-

112

kräftigt, was er weiß, und glaubt nicht, was er nach Maßgabe der vernünftigen und bekannten Notwendigkeiten der Hypothese nicht weiß.

Aber diese vernunftgemäße Religion wird nie die der Menge sein, die Fabeln, Mysterien, bestimmte Hoffnungen und materiell begründete Ängste braucht.

Deshalb wurde das Priestertum in der Welt eingesetzt, und das Priestertum wird durch die Einweihung ergänzt.

Die religiösen Formen gehen unter, wenn die Einweihung durch Verrat oder durch Nachlässigkeit und Vergessen der heiligen Mysterien im Heiligtum aufhört.

So haben z. B. die gnostischen Verallgemeinerungen die christliche Kirche von den erhabenen Wahrheiten der Kabbala entfernt, die alle Geheimnisse der transzendentalen Theologie enthält. Wenn Blinde Blindenführer werden, kommt es zu großen Verdunkelungen, Abstürzen und bedauerlichen Skandalen. Die heiligen Bücher, deren Schlüssel von der Genesis bis zur Apokalypse alle kabbalistisch sind, wurden den Christen so wenig verständlich, daß die Priester ihre Lektüre notwendigerweise den einfachen Gläubigen untersagten. Nach dem Buchstaben und materiell verstanden, werden diese Bücher nur zu einem unbegreiflichen Gewebe von Absonderlichkeiten und Skandalen, wie dies die Schule Voltaires nur allzusehr gezeigt hat.

Es ist das gleiche mit allen alten Dogmen, ihren glänzenden Theogonien und ihren poetischen Legenden. Zu sagen, daß die Alten in Griechenland an die Liebschaften des Zeus geglaubt oder in Ägypten den Hundskopf und den Sperber als lebende und wirkliche Götter angebetet hätten, heißt so unwissend und schlechtgläubig sein, wie wenn man behaupten wollte, die Christen beteten einen dreifachen Gott an, der sich aus einem Greis, einem Hingerichteten und einer Taube zusammensetzte. Der Unverstand der Symbole ist immer verleumderisch. Deshalb muß man sich sehr hüten, von vornherein Dinge zu verspotten, die man nicht kennt, wenn ihre Bedingungen irgendeine Absurdität oder Sonderlichkeit zu enthalten scheinen; aber ebenso wenig gedacht wäre es, würde man sie ohne Untersuchung und Prüfung annehmen.

Vor irgendeiner Sache, die uns gefällt oder mißfällt, gibt es eine Wahrheit, d. h. eine Vernunft, und nach dieser Vernunft müssen unsere Handlungen mehr geregelt werden als nach unserem Gefallen, wenn wir in uns die Intelligenz, die der Wesensgrund der Unsterblichkeit, und die Gerechtigkeit schaffen wollen, die das Gesetz ist.

Der wahrhafte Mensch kann nur das wollen, was er vernünftig und gerecht tun muß. Den Lüsternheiten und der Furcht befiehlt er Schweigen, um nur die Vernunft zu hören.

Ein solcher Mensch ist ein natürlicher König und freiwilliger Priester für die irrenden Massen. Deshalb wurde der Gegenstand der alten Einweihungen unterschiedlich priesterliche oder königliche Kunst genannt.

Die alten magischen Vereinigungen waren Bildungsstätten für Priester und Könige, und man gelangte nur durch wahrhaft königliche und priesterliche Taten, d. h. dadurch, daß man sich über alle Schwächen der Natur erhob, dort zur Aufnahme.

Wir wiederholen hier nicht, was sich überall über die fortdauernden ägyptischen Einweihungen findet, die in den Geheimgesellschaften des Mittelalters verflacht wurden. Der

114

auf der falschen Auffassung des Wortes: Ihr habt nur einen Vater und einen Meister und seid alle Brüder, beruhende christliche Radikalismus hat der heiligen Hierarchie einen furchtbaren Schlag versetzt. Seitdem sind die priesterlichen Würden das Resultat von Intrigue oder Zufall geworden. Die tätige Mittelmäßigkeit verdrängte die bescheidene und infolgedessen verkannte Überlegenheit, und so bildete sich, da ja die Einweihung ein wesentliches Gesetz des religiösen Lebens ist, im Verfall der päpstlichen Macht eine instinktiv magische Gesellschaft und vereinigte bald in sich allein die ganze Macht des Christentums, weil sie die hierarchische Macht durch die Prüfungen der Einweihung und die Allmacht des Glaubens im passiven Gehorsam als einzige unbestimmt erkannte, aber positiv übte.

Was machte denn nun der Aufnahmesuchende in den alten Einweihungen? Er stellte Leben und Freiheit den Meistern der Tempel von Theben oder Memphis ganz anheim. Er ging entschlossen durch zahllose Schrecknisse, die ihm einen vorgefaßten Anschlag auf sich selbst auferlegen konnten, ging durch Scheiterhaufen, durchschwamm Ströme schwarzen, schäumenden Wassers, klammerte sich über grundlosen Abstürzen an unbekannten Halt. . . . War das nicht blinder Gehorsam in der letzten Bedeutung des Wortes? Der Freiheit vorübergehend entsagen, um dadurch zu einer Befreiung zu gelangen, ist das nicht die vollkommenste Übung der Freiheit? Und das müssen und mußten diejenigen immer tun, die auf das *sanctum regnum* der magischen Allmacht hofften. Die Schüler des Pythagoras verurteilten sich für mehrere Jahre zu einem strengen Schweigen. Die Anhänger Epikurs erkannten die Überlegenheit des Vergnügens nur unter der erworbenen Mäßigkeit und wohlerwogenen Enthaltsamkeit. Das Leben ist ein Kampf, in dem man seine Prüfungen bestehen muß, um schrittweise vorwärts zu kommen.

Die Einweihung durch Kampf und Prüfungen ist zur Erlangung des praktischen Wissens in der Magie unumgänglich notwendig. Wir haben schon gesagt, wie man die vier Elementarformen überwinden kann. Wir kommen nicht mehr darauf zurück und verweisen die Leser, welche die Zeremonien der alten Einweihungen kennen lernen wollen, auf die Werke des Barons von Tschudy, des Verfassers des *„Flammenden Sterns"*, über die adonhiramitische Freimaurerei und mehrerer anderer sehr beachtenswerter freimaurerischer Werke.

Wir müssen hier auf eine Überlegung hinweisen: das intellektuelle und soziale Chaos, in dem wir umkommen, hat die Vernachlässigung der Einweihung, ihrer Prüfungen und Mysterien als Ursache. Von den volkstümlichen Lehren des Evangeliums Beeinflußte, deren Eifer größer war als ihr Wissen, haben an die ursprüngliche und absolute Gleichheit der Menschen geglaubt. Rousseau, dieser bedeutende und unglückliche Halluzinierte hat mit der ganzen Magie seines Stils das Paradoxon vertreten: daß nur die Gesellschaft die Menschen verderbe, als würde man sagen, daß Wettstreit und Wettbewerb in der Arbeit schlechte Arbeiter bedinge. Das wesentliche Gesetz der Natur, das der Einweihung durch Taten und arbeitsamen und freiwilligen Fortschritt, ist schicksalhaft verkannt worden. Die Freimaurerei hat wie der Katholizismus ihre Verräter gehabt. Und was ist das Resultat davon? Das Maschinen-Niveau hat das intellektuelle und symbolreiche Zeitalter abgelöst.

Dem am Boden Liegenden Gleichheit predigen, ohne ihm zu sagen, wie man sich erhebt, heißt das nicht, sich selbst zum Hinabsteigen veranlassen? Man ist ja auch hinabgestiegen und hat der Jakobiner, der Sansculotten und Marats Herrschaft gehabt.

Zur Wiedererhebung der unbeständigen und zerfallenen Gesellschaft bedarf es der Wiedereinsetzung von Hierarchie und Einweihung. Die Arbeit ist schwer, aber jeder Einsichtige fühlt schon die Notwendigkeit, sie zu beginnen. Muß die Welt deshalb eine neue Sintflut bestehen? Wir wünschen es durchaus nicht, und dieses Buch, die größte vielleicht aber nicht die letzte unserer Kühnheiten, ist ein Aufruf an jeden noch Lebendigen, das Leben selbst inmitten von Zerfall und Tod wieder aufzurichten.

X. KAPITEL

DER SCHLÜSSEL ZUM OKKULTISMUS.

Untersuchen wir nun die Frage der Pantakel; denn da liegt die ganze magische Macht, weil das Geheimnis der Kraft in der sie leitenden Intelligenz liegt.

Wir kommen nicht auf die Pantakel des Pythagoras und des Ezechiel zurück, deren Figur und Erklärung wir ja schon gebracht haben. In einem anderen Kapitel werden wir beweisen, daß alle Werkzeuge des jüdischen Kultes Pantakel waren, und daß Moses das erste und das letzte Wort der Bibel in das Tabernakel und alle Hilfsgeräte in Gold und Bronze geschrieben hatte. Aber jeder Magier kann und muß sein besonderes Pantakel haben, denn ein kunstreich angeordnetes Pantakel ist die vollkommene Erfassung eines Geistes.

Deshalb findet man in den magischen Kalendern von Tycho de Brahe und Duchenteau die Pantakel von Adam, Hiob, Jeremias, Isaias und allen andern großen Propheten, die, jeder in seiner Zeit, die Könige der Kabbala und die großen Rabinen des Wissens waren.

Das durch ein einziges Zeichen ausgedrückte Pantakel dient als eine vollständige und vollkommene Synthese zur Zusammenfassung der ganzen intellektuellen Kraft in einem Blick, einem Erinnern, einer Berührung. Es ist gleichsam ein Stützpunkt zur starken Willensausstrahlung. Die Schwarzkünstler und Zauberer zogen ihre höllischen Pantakel auf das Pergament ihrer erwürgten Opfer. In mehreren

Schlüsseln und Zauberbüchern findet man die Zeremonien der Opferung, die Art der Ziegenabhäutung, des Salzens, Trocknens und Gerbens des Felles. Einige jüdische Kabbalisten sind in denselben Wahnsinn verfallen, ohne daß die in der Bibel gegen die auf erhöhten Plätzen oder in Erdhöhlen Opfernden angekündigten Verwünschungen vollzogen wurden. Jedes zeremoniell vorgenommene Blutvergießen ist scheußlich und gottlos, und seit dem Tod des Adonhiram schreckt die Gesellschaft wahrer Adepten vor Blut zurück, *Ecclesia abhorret a sanguine.*

Der im ganzen Orient angenommene Einweihungssymbolismus der Pantakel ist der Schlüssel zu allen alten und modernen Mythologien. Wenn man nicht sein hieroglyphisches Alphabet kennt, wird man sich in den Dunkelheiten der Veden, des Zend-Avesta und der Bibel verlieren. Der schöpferische Baum des Guten und des Bösen, die einzige Quelle der vier Ströme, deren einer die Erde des Goldes, d. h. des Lichtes, benetzt, und deren anderer in Äthiopien oder im Königreich der Nacht fließt; die magnetische Schlange, die die Frau, und die Frau, die den Mann verführt und so das Gesetz der Anziehung offenbart; dann der Cherub oder die Sphinx am Tor des paradiesischen Heiligtums mit dem flammenden Schwert der symbolischen Hüter; dann die Erneuerung durch Arbeit, die Geburt durch den Schmerz, Gesetz der Einweihungen und Prüfungen; der Streit von Kain und Abel gleich dem Symbol des Kampfes von Eros und Anteros; die auf den Wassern der Sintflut wie der Leib des Osiris getragene Arche, der schwarze Rabe, der nicht zurückkommt, und die weiße Taube, die zurückkehrt, eine neue Fassung des antagonistischen und ausgegliche-

nen Dogmas: all diese berühmten kabbalistischen Allegorien der *Genesis,* die, wörtlich
und als wirkliche Begebenheiten genommen,
noch mehr Spott und Verachtung verdienen,
als Voltaire ihnen schon angetan, strahlen für
den Eingeweihten, der dann die Ewigkeit des
wahren Dogmas und die Allgemeingültigkeit
derselben Einweihung in allen Heiligtümern
der Welt mit Begeisterung und Liebe begrüßt.

Die fünf Bücher Moses, die Prophezeiung
des Ezechiel und die *Apokalypse* des hl. Johannes sind die drei kabbalistischen Schlüssel
des ganzen biblischen Prachtwerkes. Die mit
denen des Heiligtums und der Arche identi-
schen Sphinxe des Ezechiel sind eine vierfache
Wiedergabe des ägyptischen Quaternar, seine
ineinandergreifenden Räder sind die harmonischen Sphären des Pythagoras, der neue Tempel, dessen Plan er nach ganz kabbalistischen
Maßen gibt, ist das Vorbild der Arbeiten der
ursprünglichen Freimaurerei. Der hl. Johannes
gibt in seiner *Apokalypse* dieselben Bilder und
Zahlen wieder und rekonstruiert im neuen Jerusalem herrlich die paradiesische Welt; aber
an Stelle der Vierflußquelle setzte das Sonnen-
lamm den geheimnisvollen Baum. Die Einweihung durch Arbeit und Blut ist beendet, und
es gibt keinen Tempel mehr, weil das Licht
der Wahrheit allgemein verbreitet und die
Welt zum Tempel der Gerechtigkeit geworden ist.

Dieser schöne Schlußtraum der Hl. Schrift,
diese göttliche Utopie, deren Verwirklichung
die Kirche vernünftigerweise auf ein besseres
Leben verwies, sind zur Klippe für alle alten
Irrlehrer und eine große Zahl moderner Ideo-
logen geworden. Die gleichzeitige Befreiung
und absolute Gleichheit aller Menschen setzt
das Aufhören des Fortschritts und damit des

Lebens voraus: auf der Erde der Gleichge-
machten kann es weder Kinder noch Greise
geben, Geburt und Tod sind da nicht zugelassen. Genug Beweis, daß das neue Jerusalem
nicht mehr von dieser Welt ist als das ursprüngliche Paradies, in dem man weder gut
noch böse, weder Freiheit, noch Zeugung, noch
Tod kannte, es ist also in der Ewigkeit, die den
Zyklus unseres religiösen Symbolismus beginnt
und beschließt.

Dupuis und Volney haben eine große Gelehrsamkeit aufgewendet, um diese relative
Gleichheit aller Symbole zu enthüllen, und
haben auf die Verneinung aller Religionen geschlossen. Durch dieselbe Betrachtung kommen wir zu einer diametral entgegengesetzten
Behauptung und erkennen staunend, daß es in
der zivilisierten Welt niemals falsche Religionen gegeben hat, daß das göttliche Licht, dieser Glanz der höchsten Vernunft des Logos,
des Wortes, der jeden zur Welt Kommenden
erleuchtet, den Kindern Zoroasters nicht mehr
gefehlt hat als den treuen Schäfchen des hl.
Petrus, daß die fortdauernde, einzige und universelle Offenbarung in der sichtbaren Natur
geschrieben ist, in der Vernunft erklärt und
durch die weisen Analogien des Glaubens vervollständigt wird, daß es endlich nur eine
wahre Religion, ein Dogma, einen rechtmäßigen Glauben wie auch nur einen Gott, eine
Vernunft und ein Universum gibt, daß die Offenbarung für niemand dunkel ist, da jeder
mehr oder weniger die Wahrheit und Gerechtigkeit begreift, und da alles, das sein kann,
nur dem Seienden analog sein muß. DAS SEIN
IST DAS SEIN! אהיה אשר אהיה

Die in ihrer Erscheinung so bizarren Figuren
der *Apokalypse* des hl. Johannes sind wie die
aller orientalischen Mythologien hieroglyphisch

und können in eine Reihe von Pantakeln ein-
geschlossen werden. Der unter den sieben Gold-
leuchtern aufrechtstehende, weißgekleidete Initiator, der sieben Sterne in seiner Hand hält,
stellt das einzige Dogma des Hermes und die
universellen Analogien des Lichts dar.

Die sonnenbekleidete und mit zwölf Sternen
gekrönte Frau ist die himmlische Isis, die Gnosis, deren Kind die Schlange des stofflichen
Lebens verschlingen will; aber sie nimmt Adlerflügel und flieht, der Einspruch des prophe-
tischen Geistes gegen den Materialismus der
offiziellen Religion.

Der kolossale Engel, der eine Sonne als Antlitz, einen Himmelsbogen als Aureole, eine
Wolke als Kleid und Feuersäulen als Beine
hat, und mit dem einen Fuß auf der Erde,
mit dem andern auf dem Meer steht, ist ein
wahrhaft kabbalistischer Pantheus.

Seine Füße stellen das Gleichgewicht des
Briah oder der Welt der Formen dar, seine
Beine sind die zwei Säulen des Freimaurer-
tempels JAKIN und BOHAS, sein Körper, von
dem eine Hand ausgeht, die ein Buch hält, ist
die Sphäre Jezirahs oder der Einweihungsprü-
fungen, sein mit dem leuchtenden Septernar
gekröntes Sonnenhaupt ist die Welt des Aziluth oder der vollkommenen Offenbarung, und
man wird darüber nicht allzu erstaunt sein,
daß die jüdischen Kabbalisten diesen Symbolismus nicht erkannt und verbreitet haben, der
die erhabensten Mysterien des Christentums
so fest und unzertrennlich mit dem geheimen,
aber unveränderlichen Dogma aller Meister in
Israel verbindet.

Das siebenköpfige Tier im Symbolismus des
hl. Johannes ist die materielle und antagonisti-
sche Verneinung des leuchtenden Septernar,
die babylonische Hure entspricht gleicherweise

122

der sonnenbekleideten Frau. Die vier Reiter sind den vier allegorischen Tieren analog, die sieben Engel mit ihren sieben Trompeten, Schalen und Schwertern bezeichnen das Absolute des Kampfes des Guten gegen das Böse durch Sprache, religiöse Verbindung und Kraft. So sind die sieben Siegel des geheimnisvollen Buches nacheinander gelöst, und die universelle Einweihung ist vollendet. Die Kommentatoren, die etwas anderes in diesem erhaben kabbalistischen Buch gesucht haben, haben Zeit und Mühe an ihre eigene Lächerlichkeit verloren. Napoleon im Engel Appolyon, Luther im fallenden Stern, Voltaire und Rousseau in den zum Kampf bewaffneten Ameisen zu sehen, o glänzende Phantasie. Ebenso verhält es sich mit all den Anstrengungen, Namen berühmter Personen in der schicksalhaften Zahl 666 zusammenzuschließen, die wir schon genugsam erklärt haben, und wenn man bedenkt, daß so berühmte Männer wie Bossuet und Newton sich an diesen Hirngespinsten ergötzt haben, begreift man, daß die Menschheit auch in ihrem Genie nicht so boshaft ist, wie man in Anbetracht ihrer Laster annehmen könnte.

XI. KAPITEL

DIE DREIFACHE KETTE.

Das große Werk in der praktischen Magie ist nach der Erziehung des Willens und der persönlichen Neugeburt des Magiers die Bildung der magnetischen Kette, und dies Geheimnis ist wahrlich das des Priester- und Königtums.

Die magnetische Kette bilden, heißt einen Ideenstrom erzeugen, der den Glauben hervorbringt und eine große Anzahl von Willensäußerungen in einen durch Handlungen gegebenen Offenbarungskreis mit sich zieht. Eine gut gebildete Kette ist wie ein Wirbel, der alles aufsaugt und an sich reißt.

Man kann die Kette auf drei Arten bilden: durch Zeichen, Sprache und Berührung. Durch Zeichen bildet man sie, indem man durch die eine Kraft verkörpernde Meinung ein Zeichen annehmen läßt. So stehen alle Christen durch das Kreuzeszeichen, die Freimaurer durch den Winkel unter der Sonne, die Magier durch das aus den fünf ausgespreizten Fingern gebildete Zeichen des Mikrokosmos (usw.) miteinander in Verbindung.

Die einmal festgestellten und ausgebreiteten Zeichen erlangen durch sich selbst Kraft. Der Anblick und die Nachahmung des Kreuzzeichens reichten in den ersten Jahrhunderten hin, um dem Christentum Neubekehrte zuzuführen. Die wunderbare Medaille hat noch bis heute durch dasselbe magnetische Gesetz eine große Zahl Konversionen hervorgebracht. Die

Erscheinung und Erleuchtung des jungen Juden Alphons von Regensburg waren das Wunderbarste dieser Art. Die Einbildung ist nicht nur in uns, sondern durch die fluidalen Projektionen auch außer uns schöpferisch, und die Phänomene des Labarum von Constantin und des Kreuzes von Migné können keinen anderen Ursachen zugeschrieben werden.

Die magische Kette durch die Sprache war bei den Alten durch die aus dem Munde von Hermes kommenden goldenen Ketten dargestellt. Nichts gleicht der Elektrizität wie die Beredsamkeit. Das Wort bringt auch im Schoße der aus dem Dumpfsten gebildeten Massen die erhabenste Intelligenz hervor. Sogar die zu weit Entfernten verstehen durch die Bewegung und werden wie die Menge mitgerissen. Peter von Amiens hat mit dem Ruf: „Gott will es!" ganz Europa entflammt. Ein einziges Wort Napoleons elektrisierte die Armee und machte Frankreich unbesieglich. Proudhon tötete den Sozialismus durch sein berühmtes Paradoxon: Besitz ist Diebstahl. Oft genügt ein Wort, das sich verbreitet, um eine Macht zu bilden. Voltaire, der die Welt durch Sarkasmen außer Fassung brachte, wußte das sehr gut. Er, der weder Päpste noch Könige, weder Parlament noch Gefängnisse fürchtete, hatte vor einem Witz Angst.

Man ist sehr nahe daran, die Willensäußerungen des Menschen zu erfüllen, dessen Worte man wiederholt.

Durch Berührung bildet man die magische Kette auf die dritte Art. Zwischen Personen, die sich oft sehen, wird das Haupt des Stromes bald offenbar, und der stärkste Wille zögert nicht, die andern aufzusaugen. Die direkte und positive Berührung von Hand und Hand vervollständigt die Harmonie der Stimmungen

125

und ist deshalb das Zeichen von Sympathie und Vertrautheit. — Die triebhaft von der Natur geführten Kinder bilden die magnetische Kette beim Kriegspiel sowohl wie beim Ringelreihn. Dann kreist die Lustigkeit und das Lachen blüht auf. Die runden Tische sind für frohe Festlichkeiten günstiger als jede andere Form. Die große Sabbatrunde, welche die geheimnisvollen Bünde der Adepten des Mittelalters abschloß, war eine magische Kette, die alle in demselben Willen und der gleichen Tat einte. In Nachahmung jener alten heiligen Tänze, deren Bilder man noch auf den Basreliefs der alten Tempel findet, bildeten sie sie, indem sie das Gesicht außerhalb des Kreises sich Rücken an Rücken niederließen und sich an den Händen hielten. Die elektrischen Felle von Lux, Panther, ja selbst der Hauskatze waren in Nachahmung der alten Bacchanalien auf ihre Kleider geheftet. Daher stammt jene Überlieferung, die Ungläubigen hätten am Sabbat eine Katze am Gürtel hängen und tanzten in diesem Aufzug.

Die Phänomene des Tischrückens waren eine zufällige Manifestation der fluidalen Verbindung mittels der Kreiskette. Dann wurde etwas Geheimnishaftes hineingetragen, und selbst gebildete und intelligente Menschen setzten sich für diese Neuheit so leidenschaftlich ein, daß sie sich selbst täuschten und zu Narren ihrer Eingenommenheit wurden. Die Tischorakel waren mehr oder weniger freiwillig suggerierte oder aus Zufall gegebene Antworten, die den im Traum gehaltenen oder gehörten Reden glichen. Andere, fremdartigere Phänomene konnten äußerliche Erzeugnisse der gemeinsamen Einbildung sein. Wir verneinen das zweifellos mögliche Dazwischentreten von Elementargeistern bei diesen Manifestationen wie bei jenen

126

des Kartenlegens oder Traumdeutens nicht, halten es aber keineswegs für erwiesen und sehen uns nicht veranlaßt, es anzunehmen.

Eine der seltsamsten Möglichkeiten menschlicher Einbildung ist die Verwirklichung der Wünsche des Willens, der Ahnungen oder Befürchtungen. Man glaubt leicht, was man fürchtet oder wünscht, sagt das Sprichwort, und es hat recht, weil Angst und Wunsch der Einbildung eine verwirklichende Macht geben, deren Wirkungen unberechenbar sind.

Wie befällt einem z. B. die befürchtete Krankheit? Die Ansicht des Paracelsus hierüber haben wir schon erwähnt und haben in unserem Dogma die durch die Erfahrung festgestellten okkulten Gesetze angeführt; aber die Verwirklichungen in den magnetischen Strömen und durch Übernahme der Kette sind um so fremdartiger, als sie fast immer unerwartet sind, wenn die Kette nicht von einem intelligenten, sympathischen und starken Vorsitzenden gebildet ist. Sie zeigten tatsächlich nur dunkle und zufällige Zusammenhänge. Die allgemeine Angst der Tischgenossen, wenn sie dreizehn am Tisch sind, und die Überzeugung, daß nun dem Jüngsten und Schwächsten unter ihnen Gefahr drohe, ist wie der Großteil des Aberglaubens ein Rest magischen Wissens. Die Zwölf als eine vollkommene und zyklische Zahl in den universellen Analogien der Natur zieht die als unnütze und schwarze Zahl angesehene Dreizehn immer an sich und saugt sie auf. Wenn der Umfang eines Mühlsteins durch zwölf dargestellt ist, wird dreizehn die Zahl des Korns sein, das er mahlen muß. Die Alten hatten nach ähnlichen Überlegungen die Unterscheidung glücklicher und ungünstiger Zahlen angestellt, woraus die Beobachtung günstiger und unheilverkündender Tage folgte. Dieserart

127

ist die Einbildung überhaupt schöpferisch, und Zahlen und Tage lassen es für die, die an ihren Einfluß glauben, nicht an ihrer Gunst und Ungunst fehlen. Das Christentum hat also mit Recht die Wahrsagekünste verdammt, denn durch die Herabminderung der schicksalhaften Wechselfälle hat es der Freiheit mehr Mittel und größere Macht eingeräumt.

Die Buchdruckerkunst ist ein wunderbares Werkzeug zur Bildung der magischen Kette durch die Verbreitung des Textes. In der Tat, kein Buch ist verloren gegangen; die Schriften kommen immer dahin, wohin sie gehen müssen, und das Sehnen des Gedankens zieht die Sprache an. Wir haben das im Verlauf unserer magischen Einweihung hundertmal bestätigt gefunden. Die seltensten Bücher wurden uns immer ohne unser Zutun angeboten, sobald sie uns unbedingt notwendig wurden. So haben wir unversehrt jenes universelle Wissen gefunden, das sehr Gelehrte unter mehreren Erdumwälzungen vergraben glaubten, sind so in die große magische Kette eingetreten, die bei Hermes oder Henoch beginnt und nur mit der Welt endet. Dann konnten wir die Geister von Apollonios, Plotin, Synesios, Paracelsus, Cardanus, Cornelius Agrippa und so vieler mehr oder weniger bekannter anderer, die aber in religiöser Hinsicht zu berühmt sind, als daß man sie leichthin nennte, anrufen und uns vergegenwärtigen. Wir werden ihr großes Werk fortsetzen, das andere nach uns wieder aufnehmen. Doch wer wird es beenden?

XII. KAPITEL

DAS GROSSE WERK.

Reich, immer jung sein und nie sterben, war jederzeit der Traum der Alchymisten.

Blei, Quecksilber und alle andern Metalle in Gold verwandeln, die Universalmedizin und das Lebenselixier besitzen, ist das zur Erfüllung dieses Wunsches und zur Verwirklichung dieses Traumes zu lösende Problem.

Wie alle magischen Mysterien, haben die Geheimnisse des großen Werkes eine dreifache Bedeutung: sie sind religiös, philosophisch und natürlich.

Das philosophische Gold ist in der Religion die absolute und höchste Vernunft, in der Philosophie die Wahrheit, in der sichtbaren Welt die Sonne, in der unterirdischen und mineralischen Welt das vollkommenste und reinste Gold.

Deshalb nennt man das Streben nach dem großen Werk das Streben nach dem Absoluten und bezeichnet dieses Werk selbst als Werk der Sonne.

Alle Meister des Wissens erkannten die Unmöglichkeit, zu materiellen Ergebnissen zu gelangen, hatte man nicht zuvor in den beiden höheren Graden alle Analogien der Universalmedizin und des lapis philosophorum gefunden.

Dann, sagen sie, ist die Arbeit einfach, leicht und wenig kostspielig; andernfalls verbraucht sie unfruchtbar Glück und Leben der Ofenbläser. Die Universalmedizin ist für die Seele

129

die höchste Vernunft und die absolute Gerechtigkeit, für den Geist die mathematische und praktische Wahrheit, für den Körper die Quintessenz, d. h. eine Verbindung von Licht und Gold.

Die prima materia des großen Werkes ist in der oberen Welt die Begeisterung und die Tätigkeit, in der Zwischenwelt Intelligenz und Geschicklichkeit, in der unteren Welt Arbeit und in der Wissenschaft Schwefel, Quecksilber und Salz, die abwechselnd flüchtig und fest den Azoth der Weisen bilden.

Der Schwefel entspricht der Elementarform des Feuers, das Quecksilber der Luft und dem Wasser und das Salz der Erde.

Alle alchymistischen Meister, die über das große Werk geschrieben haben, gebrauchten symbolische und bildhafte Ausdrücke und mußten das tun, um Profane von einer für sie gefährlichen Arbeit fernzuhalten und um sich als Adepten unter sich besser verständlich zu machen, da sie die ganze Welt der Analogien offenbarten, die das einzige und höchste Dogma des Hermes regiert.

So ist Gold und Silber ihnen König und Königin, Sonne und Mond, Schwefel der fliegende Adler, Quecksilber der geflügelte und der auf einen Würfel gestiegene, flammengekrönte, bärtige Androgyn, die Materie oder das Salz ist ihnen der geflügelte Drache, die kochenden Metalle verschiedenfarbige Löwen, das ganze Werk endlich hat als Symbol den Pelikan oder Phönix.

Die hermetische Kunst ist also gleichzeitig eine Religion, eine Philosophie und eine natürliche Wissenschaft. Als Religion ist sie die der alten Magier und Eingeweihten aller Zei-

130

ten, als Philosophie kann man Grundsätze von ihr in der alexandrinischen Schule und den Lehren des Pythagoras wiederfinden, als Wissenschaft muß man nach den Verfahren von Paracelsus, Nicolas Flamel und Raymundus Lullus fragen.

Die Wissenschaft ist nur für die wirklich, die die Philosophie und Religion annehmen und verstehen, und ihre Verfahren können nur dem zu höchstem Willen gelangten und so zum König der Elementarwelt gewordenen Adepten Erfolg bringen; denn das große Agens des Sonnenwerkes ist die im Symbol der tabula smaragdina des Hermes beschriebene Kraft, die universelle magische Macht, der geistige, feurige Motor, das Od der Hebräer und das Astrallicht, wie wir es in diesem Werk nannten.

Es ist das geheime, lebendige und philosophische Feuer, von dem alle hermetischen Philosophen nur mit der geheimnisvollsten Zurückhaltung sprechen, es ist der Universalsamen, dessen Geheimnis sie alle hüteten, den sie nur im Hermesstab darstellen.

Das also ist das große hermetische Arkanum, und wir wollen es hier zum erstenmal klar und ohne mystische Figuren offenbaren: was die Adepten tote Stoffe nennen, sind solche Körper, die in der Natur gefunden werden, lebende Stoffe sind angeglichene und durch die Wissenschaft und den Willen des Ausübenden *magnetisierte* Substanzen.

So ist das große Werk mehr eine Sache als eine chymische Operation, ist eine wahrhafte Schöpfung des in die Macht des göttlichen Wortes selbst eingeweihten menschlichen Wortes.

הראב״ד:
הנתיב חל א נקרי שבל תמידי
בי הוא חמנחינ חשטש וחירח
ושאר הבובבים וחצורות בל
אחד טחם בנלו ונותו לבל
הנבראים טמערבתם אל
המזלות וחצורות:

Dieser hebräische Text, den wir als Beweis
für die Echtheit und Wirklichkeit unserer Entdeckung abschreiben, ist von dem jüdischen
Rabbin Abraham, dem Lehrer von Nikolas Flamel, und findet sich in seinem okkulten Kommentar zum Sepher Jezirah, dem heiligen Buch
der Kabbala. Dieser Kommentar ist sehr selten, aber die sympathischen Mächte unserer
Kette haben uns ein Exemplar, das bis 1643
in der Bibliothek der protestantischen Kirche
von Rouen aufbewahrt wurde, finden lassen.
Auf der ersten Seite steht: *Ex dono,* dann ein
unleserlicher Name: *Dei magni.*

Die Schöpfung des Goldes wird im großen
Werk durch Verwandlung und Vervielfälti-
gung vollbracht.

Raymundus Lullus sagt, man brauche Gold
und Quecksilber, um Gold zu machen, Silber
und Quecksilber sei zur Gewinnung von Silber nötig. Dann fügt er hinzu: „Ich höre von
Merkur, diesem so feinen und reinen Mineral-
geist, daß er sogar den Goldsamen vergoldet
und den des Silbers versilbert." Zweifellos
spricht er hier vom Od oder Astrallicht.

Salz und Schwefel dienen bei dem Werk
nur der Bereitung des Quecksilbers, und das
Quecksilber muß das magnetische Agens an-
gleichen und einverleiben. Paracelsus, Raymundus Lullus und Nikolas Flamel scheinen allein
dieses Geheimnis gekannt zu haben. Basilius
Valentinus und Bernhard von Treviso deuten
es in einer unvollkommenen Weise an, die anders ausgelegt werden kann. Aber die merk-

132

würdigsten Dinge, die wir hierüber gefunden haben, sind in den mystischen Figuren und magischen Legenden im „*Amphitheatrum sapientiae aeternae*" des Heinrich Khunrath angegeben.

Khunrath faßt die weisesten gnostischen Schulen zusammen und schließt sich in der Symbolik dem Mystizismus des Synesios an. Er berührt das Christentum in den Ausdrücken und Zeichen, aber es ist leicht zu erkennen, daß sein Christus derjenige der Abraxas ist, das leuchtende, strahlende Pentagramm über dem astronomischen Kreuz, die Fleischwerdung des durch Kaiser Julian berühmten Sonnenkönigs in der Menschheit, die leuchtende und lebendige Manifestation jenes Ruach-Elohim, der nach Moses die Oberfläche der Wasser bei der Schaffung der Welt bedeckte und gestaltete, der Sonnenmensch, der Lichtkönig, der erhabene Magier, Meister und Besieger der Schlange, und er findet in der vierfachen Legende der Evangelisten den allegorischen Schlüssel zum großen Werk. In einem der Pantakel seines magischen Buches stellt er den Stein der Weisen aufrecht inmitten einer von einer Ringmauer mit zwanzig ausgangslosen Toren umschlossenen Festung dar. Ein einziges führt zum Heiligtum des großen Werkes. Über dem Stein ist ein Dreieck auf einen geflügelten Drachen gestützt und auf dem Stein ist der Name Christi eingegraben, den er als symbolisches Bild der gesamten Natur erklärt. „Durch ihn allein", setzt er hinzu, „können wir zur Universalmedizin für Menschen, Pflanzen und Mineralien gelangen."

Der durch das Dreieck beherrschte, geflügelte Adler stellt also den Christus Khunraths dar, d. h. die höchste Intelligenz des Lichts und des Lebens, das Geheimnis des Penta-

133

gramms, das höchste dogmatische und praktische Mysterium der traditionellen Magie. Von hier zum großen und nie mitteilbaren Arkanum ist nur ein Schritt.

Die kabbalistischen Figuren des Juden Abraham, die Flamel die Anregung zur Wissenschaft gaben, sind nichts anderes als die zweiundzwanzig, in den zwölf Schlüsseln des Basilius Valentinus nachgebildeten und anders zusammengefaßten Schlüssel zum Tarot. Sonne und Mond erscheinen dort in den Figuren des Kaisers und der Kaiserin, Merkur ist der Gaukler, der große Hierophant ist der Adept oder Auszieher der Quintessenz, Tod, Gericht, Liebe, Drache oder Teufel, Einsiedler oder hinkender Greis finden sich dort wie alle andern Symbole mit ihren hauptsächlichen Attributen und fast in derselben Reihenfolge wieder. Es kann auch nicht anders sein, weil der Tarot das ursprüngliche Buch und der Schlüssel zum Gewölbe der Wissenschaften ist: er muß hermetisch sein, wie er kabbalistisch, magisch und theosophisch ist. Auch findet man in der Verbindung seines zwölften und zweiundzwanzigsten Schlüssels, legt man beide übereinander, die hieroglyphische Offenbarung unserer Auflösung der Mysterien des großen Werkes.

Der zwölfte Schlüssel stellt einen Menschen dar, der mit einem Fuß an einem aus drei Bäumen oder Balken bestehenden Galgen aufgehängt ist und die Figur des hebräischen Buchstabens נ bildet. Seine Arme bilden mit seinem Kopf ein Dreieck, und seine ganze allegorische Gestalt gleicht einem von einem Kreuz überhöhten, umgekehrten Dreieck, dem allen Magiern bekannten alchymistischen Symbol, das die Vollendung des großen Werkes darstellt.

Der einundzwanzigste Schlüssel, der die

Zahl 21 trägt, weil der in der kabbalistischen Reihenfolge vorhergehende Narr keine Zahl hat, stellt eine junge, leicht verschleierte Göttin dar, die in einem an seinen vier Ecken von den vier Tieren der Kabbala getragenen Blütenkranz geht. Diese Göttin hält im italienischen Tarot in jeder Hand einen Stab, im Tarot von Besançon hat sie in einer Hand zwei Stäbe und stützt die andere auf ihren Schenkel, gleich bemerkenswerte Symbole sowohl der in ihrer Polarisation abwechselnden als der durch Gegenüberstellung und Übertragung gleichzeitigen magnetischen Handlung.

Das große Werk des Hermes ist also eine wesentlich magische und die erhabenste aller Operationen; denn es setzt das Absolute in Wissen und Willen voraus. Es gibt Licht im Gold und Gold im Licht und Licht in allen Dingen. Der intelligente Wille, der sich das Licht aneignet, lenkt so die Operationen der substantiellen Form und bedient sich der Chemie nur als eines sehr nebensächlichen Werkzeuges. Der Einfluß des Willens und der menschlichen Intelligenz auf die Operationen der Natur, die teilweise von seiner Arbeit abhängen, ist überdies eine so wirkliche Tat, daß alle ernsthaften Alchymisten nach Maßgabe ihrer Kenntnisse und ihres Glaubens Erfolg hatten und ihren Gedanken in dem Phänomen der Schmelzung, Salzbildung und Verwandlung der Metalle hervorgebracht haben. Agrippa, ein Mensch mit ungeheurer Bildung und schönem, aber rein philosophischem und skeptischem Genie, konnte die Grenzen von Analyse und Synthese der Metalle nie überschreiten. Eteilla, dieser verworrene, unklare, phantastische, aber ausdauernde Kabbalist, trug in die Alchimie seinen schlecht verstandenen und mißstalteten Tarot. Die Metalle nahmen in seinen Schmelztiegeln eigentümliche Formen an, was die Neugier von ganz Paris reizte, ohne andern Gewinn für sein Glück als die Honorare, die er von seinen Besuchern forderte. Ein obskurer Blasbalgtreter unserer Zeit, der irrsinnig verstorbene, arme Louis Cambriel, heilte tatsächlich seine Nachbarn und rief nach Aussage seines ganzen Viertels einen Schmied seiner Freunde ins Leben zurück. Für ihn nahm das metallische Werk scheinbar die unbegreiflichsten und unlogischsten Formen an. Eines Tages sah er in seinem Schmelztiegel sogar die Gestalt Gottes, weißglühend wie die Sonne, durchsichtig wie ein Kristall und mit einem aus Dreieckverbänden gebildeten Körper, den Cambriel selbst kindlicherweise mit Häufchen kleiner Birnen vergleicht.

Ein gelehrter Kabbalist unter unseren Freunden, der aber einer uns irrig scheinenden Einweihung angehört, stellte jüngst chymische Operationen des großen Werkes an, gelangte aber durch die Weißglut des Athanors nur zur Schwächung seiner Augen und zu einem neuen, dem Gold ähnlichen Metall, das aber kein Gold und infolgedessen wertlos ist. Raymundus Lullus, Nikolas Flamel und sehr wahrscheinlich Heinrich Khunrath haben wirkliches Gold hergestellt und haben ihr Geheimnis nicht mit sich genommen, da sie es in ihren Symbolen niederlegten und die Quellen angaben, aus denen sie die Wirkungen zu entdecken und zu verwirklichen vermochten. Es ist dasselbe Geheimnis, das wir heute veröffentlichen.

XIII. KAPITEL

DIE NEKROMANTIE.

Wir haben unsere Ansicht oder vielmehr unsere Überzeugung über die Wiederauferstehung in gewissen Fällen offen ausgesprochen. Hier soll die Enthüllung dieses Arkanums vervollständigt und die Praxis erklärt werden.

Der Tod ist ein Hirngespinst der Unwissenheit, er existiert nicht: alles in der Natur lebt; und die Ursache alles Lebens ist die Bewegung und der unaufhörliche Formenwandel.

Das Alter ist der Beginn der Wiedergeburt; es ist die Arbeit des Lebens, das sich erneuert, und das Geheimnis dessen, was wir Tod nennen, war bei den Alten in jenem Jungbrunnen dargestellt, in dem man die Schwäche ablegt, um ihn als Kind zu verlassen.

Der Leib ist ein Kleid der Seele. Wenn dieses Kleid völlig verbraucht oder schwer und unheilbar zerschlagen ist, so verläßt sie es und bessert es nicht mehr aus. Wenn ihr dieses Kleid aber aus irgendeinem Zufall entwischt, ohne weder verbraucht noch zerstört zu sein, so kann sie es in gewissen Fällen entweder durch eigene Kraft oder mit Hilfe eines anderen, stärkeren und aktiveren Willens als der ihre wieder zurücknehmen.

Der Tod ist weder das Ende des Lebens noch der Beginn der Unsterblichkeit; er ist Fortsetzung und Umwandlung des Lebens.

Da nun eine Umbildung immer ein Fortschritt ist, gibt es wenig Scheintote, die wieder leben, d. h. das Kleid zurücknehmen wollen, das sie verlassen konnten. Das macht die Auferstehung zu einem der schwierigsten Werke der hohen Einweihung. Auch ist der Erfolg nie unfehlbar, er muß immer als zufällig und unvorhergesehen betrachtet werden. Um einen Toten wiederzuerwecken, muß man jäh und wirksam die stärkste der Anziehungsketten wieder schließen, die ihn an die Form, die er verlassen hat, fesseln kann. Es ist also zuvor nötig, diese Kette zu kennen, dann sich ihrer zu bemächtigen, dann eine genügend starke Willenswirkung hervorzubringen, um sie augenblicklich und mit unwiderstehlicher Macht zu schließen.

All das, sagen wir, ist äußerst schwierig, doch nichts, das unmöglich wäre. Da die Vorurteile der heutigen materialistischen Wissenschaft die Auferstehung in der natürlichen Ordnung nicht zugeben, ist man geneigt, alle Phänomene dieser Ordnung durch mehr oder weniger komplizierte Lethargien oder mehr oder weniger lange Symptome des Todes zu erklären. Würde Lazarus heute vor unseren Medizinern auferstehen, so würden sie in ihrem Bericht an die maßgebenden Akademien einfach den seltsamen Fall einer von einem scheinbaren Verwesungsbeginn und einem reichlich starken Leichengeruch begleiteten Lethargie feststellen. Man würde diesem außergewöhnlichen Zufall einen Namen geben, und alles wäre erledigt.

Wir wollen niemand kränken, und wenn wir aus Achtung vor jenen, die offiziell die Wissenschaft darstellen, unsere Auferstehungstheorien die Heilkunst außergewöhnlicher und verzweifelter Lethargien nennen müssen, so wird uns daran nichts hindern, und ich hoffe, von ihnen dieses Zugeständnis zu erlangen.

Wenn je eine Auferstehung in der Welt geschah, so ist ihre Möglichkeit unbestreitbar. Nun, die Behörden schützen die Religion; die Religion bestätigt positiv die Tatsache der Auferstehung: also sind Auferstehungen möglich. Es ist schwer, davon abzugehen.

Behaupten, sie seien außerhalb der Naturgesetze und durch einen der universellen Harmonie entgegengesetzten Einfluß möglich, heißt den Geist der Unordnung, der Hölle und des Todes als höchsten Richter des Lebens bestätigen. Wir streiten nicht mit Teufelsanbetern und gehen.

Aber nicht die Religion allein bestätigt die Tatsachen der Auferstehung: wir haben mehrere Beispiele. Eine Tatsache, die die Einbildungskraft des Malers Greuze angeregt hatte, führte ihn zu einem seiner bedeutendsten Gemälde: ein unwürdiger Sohn erlistet und zerstört am Totenbett seines Vaters ein ihm ungünstiges Testament. Der Vater lebt wieder auf, springt vom Lager, verflucht seinen Sohn, streckt sich dann wieder hin und stirbt ein zweites Mal. Ein ähnliches und jüngeres Begebnis ist uns durch Augenzeugen bestätigt: ein Mensch trägt das Vertrauen seines sterbenden Freundes, nimmt eine von diesem unterschriebene Legatsbeglaubigung weg und vernichtet sie. In diesem Augenblick erwacht der Tote zu neuem Leben, um die Rechte seiner erwählten Erben, die der ungetreue Freund hintergehen wollte, zu verteidigen. Der Täter wird wahnsinnig, und der wiedererwachte Tote ist mitleidig genug, ihm eine Pension auszusetzen.

Als der Heiland die Tochter des Jairus erweckte, betrat er nur mit drei vertrauten Jüngern das Haus, wies alle Klagenden und Jammernden mit den Worten hinaus: „Dieses Mädchen ist nicht tot, es schläft nur." Dann nahm er nur in Gegenwart des Vaters, der Mutter und der drei Jünger, d. h. in einem ganz von Vertrauen und Wunsch erfüllten Kreis, das Mädchen bei der Hand, richtete es rasch auf und rief: „Mädchen, stehe auf!" Das Mädchen, dessen willenlose Seele zweifellos noch um seinen Körper irrte, dessen äußere Jugend und Schönheit sie vielleicht beklagte, kehrt, durch den Ausdruck dieser Stimme und den Anblick der in Hoffnungsschauern knienden Eltern in seinen Leib zurück, öffnet die Augen, steht auf, und der Meister befiehlt alsbald ihm zu essen zu geben, damit die Lebensfunktionen einen neuen Zyklus des Aufsaugens und Erneuerns beginnen. Die Geschichte des Elias, der den Sohn der Samariterin, und die des hl. Paulus, der den Eutychus vom Tode erweckt, sind Tatsachen derselben Art. Die in der *Apostelgeschichte* mit soviel Schlichtheit erzählte Erweckung des Dorcas durch den hl. Petrus ist ebenfalls eine Geschichte, deren Wahrheit vernunftgemäß kaum geleugnet werden kann. Auch Apollonios von Thyana scheint ähnliche Wunder vollbracht zu haben. Wir selbst waren Zeugen ähnlicher Erlebnisse, doch legt uns der Geist unseres Jahrhunderts diesbezüglich größte Zurückhaltung auf. Die Wundertäter unserer Zeit sind beim guten Publikum schon lächerlich genug gemacht, was aber weder die Erde hindert, sich zu drehen, noch Galiläi, ein großer Mann zu sein.

Die Erweckung eines Toten ist das Meisterwerk des Magnetismus, da man, um es zu vollbringen, eine Art sympathischer Allgewalt ausüben muß. Sie ist in Fällen, bei denen der Tod durch Blutandrang, Erstickung, Mattigkeit, Hysterie eintrat, möglich.

Bei Eutychus, der, aus dem dritten Stock gefallen, vom hl. Paulus erweckt wurde, war innerlich zweifellos nichts verletzt, wahrscheinlich war er infolge der schnellen Bewegung beim Fallen einer Erstickung oder dem Schauer und Schreck erlegen. In ähnlichen Fällen, und wenn man sich im Besitz der notwendigen Kraft und des Glaubens fühlt, ein solches Werk zu vollbringen, muß man wie der Apostel Mund gegen Mund einatmen, um so mit der äußeren Berührung die Wärme wieder hervorzurufen. Wenn sich ganz einfach das ereignet, was die Unwissenden ein Wunder nennen, so haben Elias und Paulus, deren Vorgehen in solchem Fall das gleiche war, einfach im Namen Jehovahs oder Christi gesprochen.

Bisweilen kann es auch genügen, die Person an der Hand zu fassen, sie rasch aufzurichten und mit starker Stimme anzurufen. Dieses Vorgehen, das bei Ohnmachten gewöhnlich Erfolg hat, kann selbst beim Tod wirksam sein, wenn der Magnetiseur, der es übt, ein machtvoll sympathisches Wort und das, was man Beredsamkeit nennen könnte, besitzt. Auch muß er von der Person, auf die er einwirken will, sehr geliebt oder geachtet werden, und muß sein Werk mit einer großen und gläubigen Willensbegeisterung ergreifen, die man im ersten Aufbrechen eines großen Leids in sich selbst nicht immer findet.

Was man gemeinhin Geisterbeschwörung nennt, hat mit Totenerweckung nichts zu tun, und es ist zumindest sehr zweifelhaft, daß man sich bei Anwendung der magischen Kraft in den diesbezüglichen Operationen wirklich mit den Seelen der angerufenen Verstorbenen in Verbindung setzt. Es gibt zwei Arten von Geisterbeschwörung, die des Lichts und die der Finsternis, die Anrufung durch Gebet, Pantakel und Räucherungen und die Anrufung durch Blut, Verwünschungen und Schändungen. Wir haben nur die erste ausgeübt und raten niemandem, sich der zweiten hinzugeben.

Es ist sicher, daß die Bilder der Toten den sie anrufenden magnetisierten Personen erscheinen, sicher ist auch, daß sie ihnen niemals Geheimnisse des anderen Lebens offenbaren. Man sieht sie wieder, wie sie noch im Erinnern jener sein können, die sie gekannt haben, und wie ihre Spiegelbilder ohne Zweifel im Astrallicht eingeprägt sind. Wenn die angerufenen Gespenster auf die an sie gerichteten Fragen antworten, so geschieht dies immer durch Zeichen oder innere und eingebildete Eindrücke, doch nie mit einer Stimme, die das Ohr wirklich trifft. Wie würde wohl auch ein Schatten sprechen? mit welchem Instrument die Luft in Schwingung versetzen, auf welche Art Töne erzeugen können?

Zuweilen empfindet man elektrische Berührungen mit Erscheinungen, und diese Kontakte scheinen manchesmal durch die Hand des Phantoms selbst hervorgebracht und müssen als einzige Ursache die Macht der Einbildung und die örtlichen Einflüsse der okkulten Kraft haben, die wir Astrallicht nennen. Dies beweist, daß die Geister oder wenigstens die angeblichen Gespenster wohl uns hie und da berühren, daß wir sie aber nie berühren, und das ist einer der fürchterlichsten Umstände dieser Erscheinungen; denn die Visionen haben zuweilen ein so wirkliches Aussehen, daß man das Streichen der Hand eines uns der Berührung oder Betastung unfähig scheinenden Körpers zu fühlen glaubt.

In den kirchlichen Historien liest man von dem schon lange als Heiligen angerufenen Spiridion, Bischof von Tremithont, daß er den Geist seiner Tochter Irene anrief, um von ihr

142

das Versteck des Silberschatzes, den sie von einem Reisenden erhalten, zu erfahren. Swedenborg verkehrte gewohnheitsmäßig mit den angeblichen Toten, deren Formen ihm im Astrallicht erschienen. Wir kannten mehrere glaubwürdige Personen, die uns versicherten, während ganzer Jahre ihnen teure Abgeschiedene gesehen zu haben. Der berühmte Atheist Sylvain Maréchal erschien seiner Witwe und einer ihrer Freundinnen, um ihnen eine Summe von 1500 Goldfranken zu zeigen, die er im Geheimfach eines Möbelstückes verborgen hatte. Diese Geschichte stammt von einer alten Freundin der Familie.

Die Anrufungen müssen immer begründet sein und einen löblichen Zweck haben, andernfalls sind es für Vernunft und Gesundheit sehr gefährliche Operationen der Finsternis und des Wahnsinns. Aus reiner Neugier oder nur um zu erfahren, ob man etwas sieht, zu beschwören, heißt sich von vornherein vergeblich ermüden. Die hohen Wissenschaften gestatten weder Zweifel noch Kinderein.

Der lobenswerte Beweggrund einer Beschwörung kann Liebe oder Vernunft sein. Die Beschwörungen aus Liebe erfordern weniger Vorbereitung und sind im ganzen leichter. Folgendermaßen muß man dabei verfahren:

Man muß zunächst sorgsam alle Erinnerungen an den oder die, die man zu sehen wünscht, sammeln, mit Gegenständen, die ihm dienten und sein Gepräge bewahrten, ein Zimmer möblieren, wie er es lebend benützte, oder einen ähnlichen Raum, in dem man sein Bild weiß verschleiert inmitten von täglich zu erneuernden Blumen, die er liebte, aufstellt.

Dann setzt man einen bestimmten Tag fest, sei es sein Namenstag oder der für seine und unsere Zuneigung glücklichste, einen Tag, von

143

dem wir annehmen, daß ihn seine Seele, wie glücklich die auch immer sei, nicht aus dem Gedächtnis verloren hat: diesen Tag wählt man zur Beschwörung, auf die man sich vierzehn Tage vorbereitet.

Während dieser Zeit beachte man, daß man nicht auch anderen Personen außer dem Verstorbenen, der ein Recht darauf hatte, seine Zuneigungen zuwende; auch muß man besonders keusch und in der Einsamkeit leben, nur eine Mahlzeit und ganz leichte Zwischenmahlzeiten zu sich nehmen.

Jeden Abend muß man sich zur selben Stunde mit einem wenig hellen Licht, einer kleinen Öllampe oder einer Kerze, in dem dem Andenken des Verstorbenen geweihten Zimmer einschließen. Man stellt das Licht hinter sich und enthüllt das Bild, in dessen Gegenwart man eine Stunde schweigend verbringt. Dann räuchert man das Zimmer mit ein wenig gutem Weihrauch und geht rücklings heraus. An dem für die Beschwörung festgesetzten Tag muß man sich schon vom Morgen an wie für ein Fest vorbereiten, niemand zuerst grüßen, nur eine aus Brot, Wein, Wurzeln oder Früchten bestehende Mahlzeit nehmen, bei der das Tischtuch weiß sein muß. Man legt zwei Gedecke auf, bricht einen Teil von dem ganzen Brot und gießt auch einige Tropfen Wein in das Glas der Person, die man beschwören will. Diese Mahlzeit wird schweigend im Zimmer der Anrufungen und in Gegenwart des verhüllten Porträts genommen. Dann entfernt man alles, was dazu gebraucht wurde, mit Ausnahme des Glases für den Verstorbenen und seines Teiles Brot, das vor dem Bild liegen bleibt.

Am Abend geht man zur üblichen Besuchsstunde schweigend in das Zimmer, macht ein

144

helles Feuer mit Zypressenholz und gibt siebenmal Weihrauch darauf, indem man den Namen der Person ausruft, die man sehen will, löscht dann die Lampe und läßt das Feuer ausgehen. An diesem Tag entschleiert man das Bild nicht.

Ist die Flamme verlöscht, so wirft man Weihrauch auf die Kohlen und ruft Gott in den Formen der Religion an, der die abgeschiedene Person angehörte, und in den Ideen, die sie selbst von Gott hatte.

Während dieses Gebetes muß man sich mit der angerufenen Person identifizieren, sprechen, wie sie sprechen würde, sich gleichsam für sie selbst halten. Nach einem viertelstündigen Schweigen spricht man dann mit Liebe und Glauben zu ihr, als sei sie gegenwärtig, indem man sie bittet, sich uns zu zeigen, erneuert geistig dies Gebet und verhüllt das Gesicht mit beiden Händen, dann ruft man die Person dreimal mit erhobener Stimme, sinkt in die Knie und spricht mit geschlossenen oder bedeckten Augen einige Minuten geistig mit ihr, ruft sie noch dreimal mit süßer und liebebewegter Stimme und öffnet langsam die Augen. Sieht man dann nichts, so muß man diesen Versuch im nächsten Jahr und so bis zu dreimal erneuern. Sicher ist, daß man wenigstens das dritte Mal die gewünschte Erscheinung haben wird, und je länger sie gezögert hat, um so sichtbarer und wirklichkeitsgetreuer wird sie sein.

Die Anrufungen des Wissens und des Verstandes werden mit feierlicheren Zeremonien ausgeführt. Handelt es sich um eine berühmte Person, so muß man während einundzwanzig Tagen sich in ihr Leben und ihre Schriften versenken, sich eine Vorstellung von ihrer Person, ihrer Größe und Stimme bilden, geistig

145

mit ihr sprechen und sich ihre Antworten einbilden, ihr Bild oder wenigstens ihren Namen bei sich tragen, während einundzwanzig Tagen vegetarisch leben und sich während der letzten sieben Tage einem strengen Fasten unterwerfen. Hierauf stellt man das magische Oratorium zusammen, wie wir es im dreizehnten Kapitel des Dogma beschrieben haben. Das Oratorium muß ganz geschlossen sein; doch muß man am Tag operieren, so kann man eine enge Öffnung auf der Seite lassen, auf der zur Stunde der Beschwörung die Sonne stehen muß, vor die Öffnung stellt man ein dreieckiges Prisma und vor dieses eine mit Wasser gefüllte Kristallkugel. Muß man nachts experimentieren, so stellt man die magische Lampe so, daß ihr einziger Strahl auf den Räucheraltar fällt. Diese Vorbereitungen bezwecken, dem magisch Handelnden Bestandteile von körperhaftem Aussehen zu verschaffen und die Spannkraft unserer Einbildung zu unterstützen, da man diese nicht gefahrlos bis zur absoluten Illusion des Traumes steigern darf. Außerdem wird man hinreichend begreifen, daß ein verschieden gefärbter Sonnen- oder Lampenstrahl beim Fallen auf den beweglichen und unregelmäßigen Rauch keineswegs ein vollkommenes Bild hervorbringen kann. Das Becken des hl. Feuers muß in der Mitte des Oratoriums und der Räucheraltar in geringer Entfernung davon sein. Der Operateur muß sich zum Gebet nach Osten, zur Anrufung nach Westen wenden, er muß allein oder von zwei Personen, die das strengste Schweigen zu beobachten haben, begleitet sein, er muß solche magischen Gewänder haben, wie wir sie im siebenten Kapitel beschrieben, und mit Eisenkraut und Gold gekrönt sein. Vor der Operation muß er gebadet haben, und all seine

Unterkleider müssen von bester und peinlichster Sauberkeit sein.

Man beginnt mit einem dem Genius des Geistes, den man beschwören will, angepaßten Gebet, das er selbst sprechen könnte, wenn er noch lebte. Man wird z. B. Voltaire nie beschwören, wenn man Gebete im Stile jener der hl. Brigitte spricht. Bei den großen Menschen des Altertums wird man die Hymnen des Kleanthes oder Orpheus sprechen mit dem Schwur, der die „goldenen Verse" des Pythagoras beschließt. Bei unserer Anrufung des Apollonios haben wir als Ritual die philosophische Magie des Patricius gebraucht, welche die Dogmen Zoroasters und die Werke des Hermes Trismegistos enthält. Wir lasen griechisch das *Nuctemeron* des Apollonios mit erhobener Stimme und fügten folgende Beschwörung daran:

Βουλῆς δ' ὁ πατὴρ πάντων, καὶ καθηγητὴς ὁ τρισμέγιστος Ἑρμῆς. Ἰατρικῆς δ' ὁ Ἀσκληπιὸς ὁ Ἡφαίσδου. Ἰσχύος τε καὶ ιωμῆς πάλιν Ὄσιρις μὲδ' ὧν ὤτέκνον ἀυτόσσυ. Φιλο' σοφίας δὲ Ἀρνεβάσεπνις. Παητικῆς δὲ πάλιν Ἀσκληπιὸς, ὁ Ἰμούθης.

Οἴτοι τ' ὰ κρύπτα φύσιν Ἑρμῆς, τῶν ἐμῶν ἐπίγνοσον. Ταὶ γράμματον πάντων καὶ διακρινοῦσι, καὶ τῖνα μίνκντοι κατέσχοσιν ἃ δὲ καὶ πρὸς εὐεργέσιας θνήτων φθάνει, σήλαι καὶ ὀβελίσκοις χαρα ξῶσιν.

Μαγείαν, ὁ Ἀπολλωνίος, ὁ Ἀπολλωνίος, ὁ Ἀπολλωνίος διδάσκεις τοῦ Ζοροάστρον Ὡρομαζον, ἔστι δὲ τοῦτο, θεῶν θεράπειχ.

Zur Beschwörung von Geistern, die der jüdischen Religion angehören, muß man die kabbalistische Anrufung Salomos hebräisch oder in einer ganz andern, dem Geist, den man beschwört, geläufigen Sprache sprechen:

Mächte des Reichs, seid unter meinem linken Fuß und in meiner rechten Hand. Ruhm und Ewigkeit, berührt meine beiden Schultern und führet mich die Wege des Sieges; Barmherzigkeit und Gerechtigkeit, seid Gleichgewicht und Glanz meines Lebens. Intelligenz und Weisheit, gebt mir die Krone. Geister des MALCHUTH, geleitet mich zwischen die beiden Säulen, auf die sich das ganze Gebäude des Tempels stützt. Engel des NETSAH und des HOD, bestärkt mich auf dem kubischen Stein des JESOD.

O GEDULAEL! O GEBURAEL! O TIPHERETH! BINAEL, sei meine Liebe. RUACH HOCHMAEL, sei mein Licht; sei, was du bist und sein wirst, o KETHERIEL!

Ischim, steh mir bei im Namen von SADDAI.
Cherubim, sei meine Stärke im Namen von ADONAI.
Beni-Elohim, sei mein Bruder im Namen des Sohnes und durch die Kräfte von ZEBAOTH.
Eloim, streite für mich im Namen von TETRAGRAMMATON.
Malachim, schütze mich im Namen von יהוה.
Seraphim, reinige meine Liebe im Namen von ELVOH.
Hasmalim, erleuchte mich mit den Lichtern von ELOI und SCHECHINAH.
Aralim, handle; *Ophanim,* kehre um und erleuchte neu.
Hajoth a Kadosh, rufet, sprecht, brüllet, lärmet: Kadosh, Kadosh, Kadosh, SADDAI, ADONAI, JOTCHAVAH, EIEAZEREIE.
Hallelu-jah, Hallelu-jah, Hallelu-jah. Amen. אמן.

Man muß sich bei den Beschwörungen besonders daran erinnern, daß die Namen von Satan, Beelzebub, Adramelek und die andern nicht geistige Einheiten, sondern Legionen unreiner Geister bezeichnen. Ich nenne mich Legion, sagt der Geist der Finsternis im Evangelium, denn wir sind in großer Zahl. In der Hölle, dem Reich der Anarchie, macht die Zahl das Gesetz und der Fortschritt vollzieht sich in entgegengesetztem Sinn, d. h. die in der satanischen Entwickelung Fortgeschrittensten und folglich Verworfensten sind die wenigst Intelligenten und Schwächsten. So stößt ein Schicksalsgesetz die Dämonen zurück, wenn sie glauben und steigen wollen. Auch sind jene, die sich die Häupter nennen, die Ohnmächtigsten und Verächtlichsten aller. Die Masse der perversen Geister zittert vor einem unbekannten, unsichtbaren, unbegreiflichen, launenhaften, unerbittlichen Oberhaupt, das seine Gesetze nie erklärt und immer nur den Arm erhoben hat, um diejenigen zu schlagen, die ihn nicht verstehen konnten. Diesem Phantom geben sie die Namen von Baal, Jupiter oder andere noch verehrungswürdigere Namen, die man in der Hölle nie ohne sie zu schänden ausspricht. Doch dieses Phantom ist nur der Schatten Gottes und die Erinnerung an ihn, entstellt durch ihre freiwillige Perversität und in ihrer Einbildung wie eine Rache der Gerechtigkeit und eine Gewissensqual der Wahrheit festgesetzt.

Wenn der Geist des Lichts, den man angerufen hat, sich mit einem traurigen oder verstörten Gesicht zeigt, so muß man ihm ein moralisches Opfer bringen, d. h. innerlich bereit sein, auf das zu verzichten, was ihn beleidigt. Dann muß man ihn vor dem Verlassen des Oratoriums mit den Worten verabschieden: Der Friede sei mit dir! Ich wollte dich nicht stören, beunruhige mich nicht; ich werde mich bemühen, mich in allem, was dich beleidigt, zu bessern; ich bete und werde mit dir und für dich beten, bete mit mir und für mich und kehre in deinen großen Schlaf zurück,

149

erwarten wir den Tag, da wir gemeinsam erwachen werden. Schweigen und Lebewohl!

Wir wollen dieses Kapitel nicht schließen, ohne noch einige Einzelheiten über die Zeremonien der schwarzen Magie hinzuzufügen. Mehrere alte Autoren geben die Praktiken der thessalischen Zauberinnen und der Canidien Roms an. Man grub ein Grab und erdrosselte an dessen Rand ein schwarzes Lamm, dann entfernte man mit dem magischen Schwert die Psyllen und Larven, die angeblich zugegen und bereit waren, das Blut zu trinken. Man rief die dreifache Hekate und die höllischen Götter an und rief dreimal den Schatten dessen, der erscheinen sollte.

Im Mittelalter schändeten die Nekromanten die Gräber, bereiteten aus Fett und Blut der Leichen Zaubertränke und Salben, mischten Eisenkraut, Belladonna und giftige Schwämme damit, kochten und siedeten diese schrecklichen Mischungen auf einem aus Menschenknochen und gestohlenen Kirchenkreuzen gebildeten Feuer und mischten endlich noch Staub von getrockneten Kröten und geweihten Hostien darunter. Dann rieben sie sich Schläfen, Hände und Brust mit dieser höllischen Salbe ein, zogen das teuflische Pantakel und beschwörten die Toten unter dem Galgen oder in verlassenen Friedhöfen. Aus der Ferne hörte man ihr Gebrüll, und verspätete Reisende glaubten, Legionen von Phantomen aus der Erde steigen zu sehen, selbst die Bäume nahmen in ihren Augen ängstigende Gestalt an, feurige Augen sah man in den Sträuchern aufblitzen, und die Frösche der Sümpfe schienen mit heiserer Stimme geheimnishafte Worte des Sabbats zu wiederholen. Das war der Magnetismus der Halluzination und die Ansteckung des Wahnsinns.

150

Die Verfahren der schwarzen Magie haben die Trübung der Vernunft und die Erzeugung all jener fiebrigen Überreizungen zum Ziel, die den Mut geben zu den großen Verbrechen. Die Zauberbücher, welche die Autorität früher überall, wo sie sie antraf, einziehen und verbrennen ließ, waren sicher keine unschuldigen Bücher. Entweihung, Mord und Diebstahl sind in fast all diesen Werken unter stillschweigender Voraussetzung als Verwirklichungsmittel angezeigt. So liest man im „Großen Zauberbuch" und im „Roten Drachen", dem moderneren Gegenstück des „Großen Zauberbuches", ein *„die Bereitung des Todes oder des philosophischen Steines"* betiteltes Rezept. Das ist eine Art Kraftbrühe aus Scheidewasser, Kupfer, Arsenik und Grünspan. Man findet dort auch Prozesse der Totenbeschwörung, die darin bestehen, die Erde der Gräber mit den eigenen Fingernägeln aufzuwühlen, Knochen daraus zu holen, die man kreuzweise auf der Brust trägt, so der Christmette in einer Kirche beizuwohnen und im Augenblick der Wandlung sich zu erheben und beim Hinausgehen zu schreien: Die Toten verlassen ihre Gräber! Dann kehrt man zum Friedhof zurück, nimmt eine Handvoll Erde, die einem Sarg zunächst liegt, läuft zur Türe der Kirche zurück, in der man durch sein Schreien Schrecken genug hervorrief, legt dort die beiden Knochen in Kreuzform hin, indem man nochmal schreit: Die Toten verlassen ihre Gräber! Wenn man dann noch nicht verhaftet und ins Irrenhaus geschleppt wird, entfernt man sich langsam und zählt viertausendfünfhundert Schritte, ohne sich umzuwenden, was vermuten läßt, daß man eine große Straße verfolgt oder auf die Mauern steigt. Am Ende dieser viertausendfünfhundert Schritte legt man sich auf die

Erde, nachdem man vorher die Erde, die man in der Hand gehalten, in Kreuzform verstreut hat, legt sich wie in einem Sarg zurecht und wiederholt noch einmal mit dumpfer Stimme: Die Toten usw., und ruft dann dreimal denjenigen, dessen Erscheinen man wünscht. Zweifellos ist die so wahnsinnige und perverse Person, die sich solchen Werken hingibt, für alle Hirngespinste und Phantome genügend disponiert. Das Rezept des „Großen Zauberbuchs" ist also sicher sehr wirksam, aber wir raten keinem unserer Leser, davon Gebrauch zu machen.

XIV. KAPITEL

DIE TRANSMUTATIONEN.

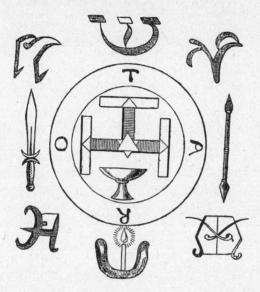

Wie schon erwähnt, fragt sich der hl. Augu-
stinus, ob Apuleius in einen Esel und dann
wieder in seine erste Form verwandelt werden
konnte. Ebenso könnte sich derselbe Kirchen-
vater mit dem Abenteuer der in Schweine verwandelten Gefährten des Odysseus befassen.
Transmutationen und Metamorphosen waren
der Volksmeinung nach immer das eigentliche
Wesen der Magie. Ja, die Allgemeinheit, dieses Echo der Meinung, der Königin der Welt,
hat nie ganz recht, noch ganz unrecht.
Die Magie wandelt wirklich die Natur der

153

Dinge oder verändert vielmehr nach ihrem Belieben ihr Äußeres gemäß der Willenskraft des Operateurs und der Zauberkraft der Adeptaspiranten. Das Wort schafft seine Form, und wenn eine als unfehlbar angesehene Person einer Sache irgendeinen Namen gibt, so verwandelt sich diese Sache wirklich in die ihr durch den Namen bezeichnete Substanz. Das Meisterwerk des Wortes und des Glaubens in dieser Hinsicht ist die wirkliche Verwandlung einer Substanz, deren Äußeres nicht wechselt. Hätte Apolonios seinen Schülern eine Schale voll Wein gereicht und gesagt: Hier ist mein Blut, trinkt es, um mein Leben in euch fortzusetzen, und wenn seine Jünger Jahrhunderte lang geglaubt hätten, durch Wiederholung derselben Worte diese Verwandlung fortzuführen und den Wein trotz seines Geruchs und Geschmacks als das wirkliche und lebendige Blut des Apolonios genommen hätten, so müßte dieser Meister der Theurgie als der geschickteste Zauberer und der mächtigste Magier anerkannt werden. Uns bliebe nur, ihn zu verehren.

Es ist bekannt, daß die Magnetiseure dem Wasser für ihre Somnambulen jeden beliebigen Geschmack geben, und wenn man sich einen über das Astralfluidum genügend mächtigen Magier vorstellt, der gleichzeitig eine Versammlung von Menschen magnetisiert, die überdies durch eine genügende Überreizung im Magnetismus vorbereitet sind, so wird man nicht nur leicht das evangelische Wunder von Kana, sondern überhaupt derartige Werke erklären.

Sind die aus der universellen Magie der Natur stammenden Bezauberungen der Liebe nicht wahrhaft wunderbar und verwandeln sie nicht wirklich Menschen und Dinge? Die Liebe ist ein Zaubertraum, der die Welt umgestal-

154

tet: Alles wird Musik und Duft, wird Wonne-
rausch und Glück. Das geliebte Wesen ist
schön, gut, erhaben, unfehlbar, strahlend, es
glänzt in Gesundheit und Wohlsein... — und
ist dann der Traum vorbei, glaubt man aus
den Wolken zu fallen. Mit Abscheu sieht man
die unreine Zauberin am Platze der schönen
Melusine, Thersides, den man für Achill oder
Nereus genommen. Was würde man dem geliebten Wesen nicht glauben? Doch welches
Recht und welche Gerechtigkeit hält jene, die
uns nicht mehr lieben? Mit der Magie beginnt
die Liebe, als Zauberei endet sie. Schuf sie
zuerst die Lüge vom Himmel auf Erden, so
verwirklicht sie dann jene von der Hölle. Ihr
Haß ist wie ihr Entzücken widersinnig, da sie
leidenschaftlich, d. h. verhängnisvollen Einflüssen unterworfen ist. Darum ächteten sie die
Weisen als Feindin der Vernunft. Waren die
Weisen nun zu beneiden oder zu bedauern,
da sie so selbstverständlich und ohne sie gehört zu haben die Bezauberndste der Schuldigen verdammten? Hierauf kann man nur sagen, daß sie nie geliebt haben oder nicht mehr
lieben, wenn sie so sprechen.

Die Dinge sind für uns das, was unser in-
neres Wort sie sein läßt. Sich für glücklich
halten, heißt glücklich sein. Was man schätzt,
wird im Verhältnis der Wertschätzung kost-
bar. So kann man also sagen, daß die Magie
die Natur der Dinge verwandelt. Die *Metamorphosen* des Ovid sind wahr, aber sie sind
wie der goldene Esel des Apuleius Allegorien.
Das Leben der Wesen ist eine fortgesetzte
Umwandlung, deren Formen man bestimmen,
erneuern, länger ausdehnen oder früher zerstören kann. Wenn die Idee der Metempsychose wahr wäre, könnte man dann nicht sagen, daß die in Circe versinnbildlichte Schlem-

merei die Menschen wirklich und stofflich in Schweine verwandelt, da ja unter dieser Voraussetzung die Laster als Strafe den Rückfall in die ihnen entsprechenden tierischen Formen haben würden? Die so oft falsch verstandene Metempsychose hat wohl eine vollkommen wahre Seite: Die tierischen Formen teilen dem Astralkörper des Menschen ihre sympatischen Eindrücke mit und spiegeln sich bald gemäß der Kraft seiner Gewohnheiten auf seinen Zügen. Der Mensch von einer vernünftigen und duldsamen Sanftmut nimmt die Äußerungen und die träge Physiognomie eines Schafes an; aber im Somnambulismus ist dies nicht mehr ein Mensch mit Schafsphysiognomie, man sieht ein Schaf, wie dies der ekstatische und weise Swedenborg tausendmal erfahren hat. Dieses Mysterium ist in dem kabbalistischen Buch des Sehers Daniel durch die Legende des in ein Tier verwandelten Nabuchodonosor dargestellt, die man irrtümlich für eine wirkliche Begebenheit hielt, wie dies fast allen magischen Allegorien erging.

Also, man kann Menschen in Tiere und Tiere in Menschen verwandeln; man kann die Pflanzen verwandeln und dabei ihre Kraft ändern, kann den Metallen ideale Eigenschaften geben: es handelt sich nur um das Wollen.

Man kann sich willentlich gleicherweise sichtbar und unsichtbar machen, und hier wollen wir die Geheimnisse vom Ring des Gyges erklären.

Fern sei dem Geist unserer Leser jede Voraussetzung des Widersinnigen, d. h. einer Wirkung ohne Ursache oder eines Widerspruchs in derselben. Um sich unsichtbar zu machen, ist eines von drei Dingen notwendig: entweder irgendein undurchsichtiges Mittel zwischen das Licht und unseren Körper stellen, oder zwischen unseren Körper und die Augen der Zuschauer, oder die Augen der Zuschauer derart zu faszinieren, daß sie von ihrem Sehvermögen keinen Gebrauch machen können. Doch ist von diesen drei Arten des Unsichtbarmachens nur die dritte magisch.

Bemerkten wir nicht schon oft, daß wir unter der Macht einer starken Befangenheit sehen, ohne zu sehen, daß wir uns an Gegenständen stießen, die vor unseren Augen standen? „Macht, daß sie beim Sehen nicht sehen," hat der große Initiator gesagt, und die Geschichte dieses großen Meisters lehrt uns, daß er sich unsichtbar machte und wegging, da er sich eines Tages im Tempel fast gesteinigt sah.

Wir wollen hier nicht die Wundergeschichten der gewöhnlichen Zauberbücher über den Ring der Unsichtbarkeit wiederholen. Die einen bereiten ihn aus fixem Quecksilber und wollen ihn in einer Kapsel aus demselben Metall aufbewahrt wissen, der man einen kleinen Stein einfügte, der sich unfehlbar im Nest des Wiedehopfs findet (anstatt *Wiedehopf* sollte man *Narr* lesen!). Der Verfasser des „Kleinen Albert" gibt an, daß man diesen Ring mit den aus der Stirn einer wütenden Hyäne gerissenen Haaren fertigt. Die einzigen Autoren, die ernsthaft vom Ring des Gyges gesprochen haben, sind Jamblichus, Porphyrius und Peter von Apono.

Was sie darüber sagen, ist offenbar allegorisch, und das Bild, das sie davon geben, oder das man sich nach ihrer Beschreibung machen könnte, beweist, daß sie unter dem Ring des Gyges nichts anderes verstehen als das große magische Arkanum.

Die eine dieser Figuren stellt den Kreislauf der universalen harmonischen Bewegung und des Gleichgewichts im unerschütterlichen Sein dar; die andere, die aus der Verbindung der sieben Planeten hergestellt sein muß, verdient eine besondere Beschreibung.

Hierzu benötigt man eine doppelte Fassung und zwei Edelsteine, einen im Zeichen der Sonne stehenden Topas und einen im Zeichen des Mondes stehenden Smaragd. Innen muß er die okkulten Charaktere der Planeten und außen ihre bekannten Zeichen zweimal wiederholen und in kabbalistischer Gegenüberstellung tragen, d. h. fünf zur Rechten und fünf zur Linken, die Zeichen der Sonne und des Mondes zusammenfassend die vier verschiedenen Intelligenzen der sieben Planeten. Diese Zusammenstellung ist nichts anderes als ein alle Mysterien des magischen Dogmas darstellendes Pantakel, und der symbolische Sinn des Ringes ist der, daß man das ganze Wissen besitzen und seine Anwendung kennen muß, um die Allmacht auszuüben, für welche die Augenfaszination einer der schwierigsten Beweise ist.

Die Faszination wird durch den Magnetismus bewerkstelligt. Der Magier befiehlt innerlich einer ganzen Versammlung, ihn nirgends zu sehen, und die Versammlung sieht ihn nicht. So schreitet er durch bewachte Türen, verläßt Gefängnisse vor seinen bestürzten Wächtern. Man fühlt dann eine Art seltsamer Erstarrung und erinnert sich, den Magier wie im Traum gesehen zu haben, aber erst, wenn er schon gegangen ist. Das Geheimnis der Unsichtbarkeit liegt also vollständig in einer Macht, die man so definieren könnte: Die Kraft, die Aufmerksamkeit abzulenken oder derart zu lähmen, daß das Licht das Sehorgan trifft, ohne den Blick der Seele anzuregen.

Um diese Macht auszuüben, muß man einen an energische und überraschende Handlungen gewohnten Willen, eine große Geistesgegenwart und eine nicht weniger große Gewandtheit besitzen, Ablenkungen in der Menge zu erzeugen.

Wenn z. B. ein durch Mörder Verfolgter in eine Seitenstraße einbiegt, dann sofort umkehrt und mit ruhigem Gesicht seinen Verfolgern entgegenkommt, oder wenn er sich unter sie mischt und von der gleichen Verfolgung ergriffen erscheint, so wird er sich sicher unsichtbar machen. Ein Priester, den man im Jahre 1793 verfolgte, um ihn an der Laterne aufzuknüpfen, geht rasch in eine Straße, wirft dort sein dunkles Kleid ab und bückt sich in der Haltung eines beschäftigten Menschen über einen Prellstein, die Menge seiner Verfolger ist ihm auf den Fersen: nicht einer sieht ihn, oder vielmehr keiner erkennt ihn, so wenig scheint er es zu sein!

Wer gesehen sein will, macht sich immer bemerkbar, und wer unbeachtet sein will, tritt beiseite und ist unsichtbar. Der Wille ist der wahre Ring des Gyges, er ist auch der Stab der Transmutationen und schafft, wenn er lauter und stark gebildet wird, das magische Wort. Die allmächtigen Worte der Verzauberungen sind jene, die diese Schöpferkraft der Formen ausdrücken. Das Tetragramm ist das erhabene Wort der Magie und sagt aus: Es ist das, was sein wird. Und wenn man es mit voller Intelligenz in irgendeiner Umwandlung anwendet, so wird es alle Dinge erneuern und verändern, trotz Augenscheinlichkeit und gewöhnlicher Auffassung. Das *hoc est* des christlichen Opfers ist eine Übertragung und Anwendung des Tetragramms. Auch dies einfache Wort bewirkt die vollkommenste, unsichtbarste, unglaublichste und am reinsten bestätigte aller Verwandlungen. Ein noch stärker dogmatisches Wort als *transformatio* wurde

als Ausdruck dieses Wunders für nötig erachtet: Es heißt *transsubstantiatio*.

Die hebräischen Worte יהוה, אנלא, אהיה, אמן,
wurden von allen Kabbalisten als die Schlüssel der magischen Umwandlung angesehen.
Die lateinischen Worte *est, sit, esto, fiat*
haben dieselbe Kraft, wenn man sie mit
einer vollkommenen Intelligenz ausspricht.
Montalembert erzählt in seiner Legende der
hl. Elisabeth von Ungarn ernsthaft, daß diese
fromme Frau eines Tages von ihrem vornehmen Gemahl, dem sie ihre guten Werke verbergen wollte, im Augenblick, da sie den Armen in ihrer Schürze Brot bringt, überrascht
wird und ihm sagt, daß sie darin Rosen habe,
und nach getaner Aussage bestätigte es sich,
daß sie nicht gelogen hatte: Die Brote waren
in Rosen verwandelt. Diese Erzählung ist eines
der reizendsten magischen Gleichnisse und
zeigt, daß der wahrhaft Weise nicht lügen
kann, daß das Wort der Weisheit die Form
der Dinge, ja sogar ihre Substanz unabhängig
von ihren Formen bestimmt. Warum sollte
z. B. der vornehme Gemahl der hl. Elisabeth,
ein guter und wahrer Christ wie sie, der fest
an die wirkliche Gegenwart des Erlösers im
wahrhaft menschlichen Körper auf einem Altar glaubte, wo er nichts als eine Hostie aus
Mehl sah, nicht an die wirkliche Gegenwart
von Rosen unter den Erscheinungsformen von
Brot im Schurz seiner Frau geglaubt haben?
Sie zeigte ihm zweifellos Brot, aber da sie
gesagt hatte: Dies sind Rosen, und er sie auch
der geringsten Lüge für unfähig hielt, sah und
wollte er nichts als Rosen sehen. Dies das
Geheimnis des Wunders.

Eine andere Geschichte erzählt, daß ein Heiliger, dessen Namen mir entfallen ist, an einem
Fasttag oder Freitag nur ein Huhn zu essen

160

fand, dem er befahl, ein Fisch zu sein — und es wurde ein Fisch daraus. Diese Parabel bedarf keines Kommentars und erinnert uns an einen schönen Zug des Heiligen Spiridion von Tremithont, desselben, der die Seele seiner Tochter Irene beschwor. Ein Reisender kam am Karfreitag zu diesem guten Bischof und, da die Bischöfe jener Zeit das Christentum ernst nahmen und infolgedessen arm waren, hatte Spiridion, der peinlich fastete, nur gesalzenen Speck zu Hause, den man schon im voraus für die Osterzeit zubereitet hatte. Da nun der Fremde jedenfalls müde und hungrig war, setzte ihm Spiridion von diesem Fleisch vor und setzte sich, um ihn zu ermuntern, mit ihm an den Tisch und teilte dieses Mahl der Nächstenliebe, verwandelte so das von den Juden als am unreinsten angesehene Fleisch in ein Bußmahl, indem er sich durch den Geist des Gesetzes über die Materie des Gesetzes stellte und sich so als ein wahrer und vernünftiger Schüler des Mensch-Gottes zeigte, der seine Auserwählten als König der Natur in drei Welten eingesetzt hat.

ZAUBERKREIS
der schwarzen Beschwörungen und Pakte.

XV. KAPITEL

DER HEXENSABBAT.

Wir kommen zur schrecklichen Zahl fünfzehn, die im Schlüssel des Tarot als Symbol
ein Monstrum auf einem Altar zeigt, mit Hörnern und Mitra gekrönt, mit weiblicher Brust
und männlichen Genitalien, ein Hirngespinst,
eine mißstaltete Sphinx, eine Zusammensetzung von Scheußlichkeiten; und darüber ganz
frei und ganz naiv die Inschrift: DER TEUFEL.

Wir nahen uns hier dem Phantom aller
Schrecken, dem Drachen aller Theogonien,
dem Arhiman der Perser, dem Typhon der
Ägypter, dem Python der Griechen, der alten
Schlange der Hebräer, dem großen Tier des
Mittelalters, noch schlimmer als all das, dem
Baphomet der Templer, dem bärtigen Idol der
Alchimisten, dem schamlosen Gott von Men-
des, dem Bock des Sabbats.

Am Anfang dieses Bandes steht das ganze
Bild dieses schrecklichen Herrschers der Nacht
mit all seinen Attributen und all seinen Characteren.

Und hier erklären wir zur Belehrung der
Allgemeinheit, zur Genugtuung des Grafen de
Mirville, zur Rechtfertigung des vom Teufel
besessenen Bodin, zum größten Ruhm der
Kirche, die die Templer verfolgt, die Magier
auf den Scheiterhaufen geworfen, die Freimaurer exkommuniziert hat usw., erklären wir
frei und offen, daß all die in die okkulten
Wissenschaften Eingeweihten (ich spreche hier
von den schwarzen Eingeweihten, den Ver-

rätern am großen Arkanum) das angebetet
haben, noch anbeten und immer anbeten werden, was durch dieses schreckliche Symbol
bezeichnet ist. Ja, nach unserer festen Überzeugung beteten die Großmeister des Temp-
lerordens den Baphomet an und ließen ihn
durch ihre Eingeweihten anbeten. Ja, es haben
von dieser auf einem Thron sitzenden Figur
geleitete Versammlungen stattgefunden und
können noch stattfinden. Allein die Anbeter
dieses Zeichens denken nicht wie wir, daß es
sich um eine Darstellung des Teufels, sondern
wohl eher um eine solche des Gottes Pan handelt, dem Gott unserer modernen Philosophie-
schulen, dem der Teurgisten der alexandrinischen Schule und der neuplatonischen Mystiker unserer Tage, dem Gott von Lamartine
und Victor Cousin, dem Spinozas und Platos,
dem der ursprünglichen gnostischen Schulen,
ja selbst um den Christus des abtrünnigen Opfers. Diese letztere, dem Bocke der schwarzen
Magie zuerkannte Gleichsetzung erstaunt den
nicht, der die alten Religionen studiert und
die Entwicklungsstufen des Symbolismus und
des Dogmas in ihren verschiedenen Umwandlungen in Indien, Ägypten oder Judäa verfolgt hat.

In Judäa opferte man zwei Böcke, einen
reinen und einen unreinen. Der reine wurde
zur Abbüßung der Sünden geopfert, der an-

Stier, Hund und Bock sind die drei symbolischen Tiere der hermetischen Magie, in der
alle Traditionen Ägyptens und Indiens zusammengefaßt werden. Der Stier versinnbildlicht
die Erde oder das Salz der Philosophen, der
Hund, d. h. Hermanubis das Quecksilber der
Weisen, das Flüchtige, Wasser und Luft; der
Bock das Feuer und als Symbol gleichzeitig
die Zeugung.

In Judäa opferte man zwei Böcke, einen
reinen und einen unreinen. Der reine wurde
zur Abbüßung der Sünden geopfert, der an-

dere, mit dem Fluch dieser selben Sünden be-
laden, frei in die Wüste entlassen. Seltsam,
aber von tiefer symbolischer Bedeutung! Wie-
derversöhnung durch Ergebung, und Abbüßung
durch Freiheit! Nun, alle Kirchenväter, die
sich mit der jüdischen Symbolik beschäftigten,
erkannten nach ihrer Aussage in dem geopfer-
ten Bock die Figur dessen, der die Form der
Sünde selbst auf sich genommen habe. So stellten sich also die Gnostiker nicht außerhalb
der symbolischen Traditionen, wenn sie dem
erlösenden Christus die mystische Gestalt des
Bockes gaben.

Alle Kabbala und alle Magie teilt sich wirklich zwischen den Opfer- und den Sünden-
bock. Es gibt also eine Magie des Heiligtums
und eine der Wüste, die weiße und die
schwarze Kirche, ein Priestertum der öffentlichen Versammlungen und den hohen Rat des
Sabbats.

Der Bock auf unserem Titelblatt trägt auf
der Stirn das Zeichen des Pentagramms mit
der Spitze nach oben, ein Symbol des Lichts,
seine zwei Hände formen das Zeichen des Her-
metismus, die eine zeigt oben den weißen
Mond des Chesed, die andere unten den
schwarzen der Geburah. Dies Zeichen drückt
die vollkommene Übereinstimmung der Barmherzigkeit mit der Gerechtigkeit aus. Sein
einer Arm ist weiblich, der andere männlich
wie bei dem Androgyn des Khunrath, dessen
Attribute wir mit denen unseres Bockes vereinigen mußten, weil er ein und dasselbe Symbol ist. Die zwischen seinen Hörnern strahlende Flamme der Intelligenz ist das magische
Licht des universalen Gleichgewichts, das Bild
der über das Stoffliche erhabenen Seele, wie
auch die Flamme an die Materie gebunden
über derselben erstrahlt. Der häßliche Tier-

kopf drückt den Schrecken des Sünders aus, dessen materiell handelnder, allein verantwortlicher Teil auch allein die Strafe zu tragen hat; denn die Seele ist ihrer Natur nach unempfindlich und kann nur leiden, wenn sie sich verstofflicht. Der an Stelle der Genitalien stehende Stab versinnbildlicht das ewige Leben, der schuppenbedeckte Leib das Wasser, der darüber stehende Halbkreis die Atmosphäre, die darauf folgenden Federn das Flüchtige. Die Menschheit ist in den beiden Brüsten und den Androgynarmen dieser Sphinx der okkulten Wissenschaften dargestellt.

Das sind die aufgelösten Finsternisse des höllischen Heiligtums, das die enträtselte und von ihrem Thron gestürzte Sphinx der mittelalterlichen Schrecken: *quomodo cecidisti, Lucifer?* Der schreckliche Baphomet ist wie alle scheußlichen Idole und Rätsel des alten Wissens und seiner Träume nicht mehr als eine unschuldige, ja fromme Hieroglyphe. Wie könnte der Mensch auch ein Tier anbeten, über das er doch herrscht? Zur Ehre der Menschheit wollen wir erklären, daß sie je ebensowenig Hunde und Böcke als Schafe und Tauben angebetet hat. Und wenn schon Hieroglyphe, warum dann nicht ebensogut ein Bock wie ein Lamm? Auf den heiligen Steinen der gnostischen Christen aus der Sekte des Basilides sieht man Darstellungen von Christus unter den verschiedenen Figuren der kabbalistischen Tiere: bald Stier, bald Löwe, bald eine Schlange mit Löwen- oder Stierkopf; gleichzeitig trägt er überall die Attribute des Lichts wie unser Bock, den sein Zeichen des Pentagramms vor der Annahme bewahrt, als sei er eines der Fabelbilder Satans.

Wir erklären zur Bekämpfung der manichäistischen Reststände, die sich bei unseren

Christen noch immer hervorkehren, daß Satan als höhere Persönlichkeit oder Macht nicht existiert. Satan ist die Personifizierung aller Irrtümer und Perversitäten und infolgedessen auch aller Schwächen. Wenn Gott als absolute Notwendigkeit erklärt werden kann, kann dann sein Widersacher und Feind nicht als das definiert werden, was notwendigerweise nicht existiert?

Die unbedingte Bejahung des Guten bedingt die absolute Verneinung des Bösen, auch ist im Licht selbst der Schatten leuchtend. So sind die irregeleiteten Geister durch all das, was sie an Sein und Wahrheit haben, gut. Es gibt weder Schatten ohne Spiegelungen, noch Nächte ohne Mond, phosphoreszierende Lichter und Sterne. Ist die Hölle eine Gerechtigkeit, dann ist sie ein Gut. Niemals hat jemand Gott gelästert. Die an seine verunstalteten Bilder gerichteten Flüche und Spöttereien erreichen ihn nicht.

Wir nannten eben den Manichäismus und werden durch diese ungeheuerliche Ketzerei die Verirrungen der schwarzen Magie erklären. Das falsch verstandene Dogma des Zoroaster, das magische Gesetz der zwei das universale Gleichgewicht herstellenden Kräfte schafften einigen unlogischen Geistern die Einbildung einer verneinenden, der aktiven Gottheit untergeordneten, aber feindlich gegenüberstehenden Gottheit. So bildete sich der unreine Binar. Man beging den Wahnsinn, Gott zu teilen, der Stern Salomos wurde in zwei Dreiecke zerrissen, und die Manichäer ersannen eine Dreiheit der Nacht. Dieser schlechte, der Einbildung der Sekten entsprungene Gott wurde der Einflüsterer allen Wahnsinns und aller Verbrechen. Ihm brachte man blutige Opfer, scheußliche Götzenverehrung trat an die Stelle

167

wahrer Religion. Die schwarze Magie schuf die Verleumdung der hohen und lichten Magie der wahren Adepten, und in Höhlen und an verlassenen Orten fanden schreckliche Zusammenkünfte von Zauberern, Leichenfressern und Strygen statt; denn der Wahnsinn wandelte sich bald in Raserei, und von den Menschenopfern zur Menschenfresserei ist nur ein Schritt.

Die Mysterien des Sabbat sind verschiedentlich erzählt worden und bilden immer den Gegenstand der Zauberbücher und der Prozesse über die Magie. Alle über diesen Gegenstand gemachten Eröffnungen kann man in drei Arten einteilen: erstens solche, die von einem phantastischen und eingebildeten Sabbat berichten, zweitens jene, welche die Geheimnisse geheimer Versammlungen von wahren Adepten verrieten, und drittens die Eröffnungen über wahnsinnige und verbrecherische Versammlungen, die die Praktiken der schwarzen Magie zum Gegenstand haben.

Für eine große Zahl der diesen wahnsinnigen und scheußlichen Praktiken hingegebenen Unglücklichen war der Sabbat ein langer Alp, dessen Träume ihnen Wirklichkeiten schienen und die sie sich mittelst Tränken, Räucherungen und narkotischen Einreibungen verschafften. Porta, den wir schon als Verdunkler bezeichneten, gibt in seiner „Natürlichen Magie" das angebliche Rezept der Salbe, mittelst der die Hexen zum Sabbat ritten. Er setzt sie zusammen aus Kinderfett, aus mit den Blättern von Pappeln und einigen andern Drogen gekochtem Eisenhut, dann will er, daß man Kaminruß darunter mische, was die Nacktheit der Zauberinnen, die mit dieser Pomade eingerieben zum Sabbat kommen, wenig anziehend macht. Hier noch ein anderes, ernsthafteres, ebenfalls von

168

Porta angegebenes Rezept, das wir lateinisch hierher setzen, um ihm seinen ganzen Charakter des Zauberbuches zu lassen:

Recipe: suim, acorum vulgare, pentaphylon, verspertillionis sanguinem soeanum somniferum et oleum, das ganze gekocht und bis zur Festigkeit der Salbe untereinandergemengt.

Wir glauben, daß die betäubenden Zusammensetzungen aus dem Mark von grünem Hanf, Stechapfel und Mandellorbeer in ähnlichen Zusammensetzungen mit nicht weniger Erfolg eindringen würden. Das diesen Betäubungsmitteln mit den Zeremonien der schwarzen Magie beigemischte Fett oder Blut der Nachtvögel kann die Einbildung ebenso täuschen und die Leitung der Träume bestimmen. Auf solche Sabbatsträume muß man die Geschichten von Böcken zurückführen, die aus einem Krug steigen und nach der Zeremonie wieder in ihm verschwinden, von höllischen Pulvern, die hinter demselben, Meister Leonard genannten, Bock aufgesammelt werden, von Festen, wo man ohne Salz mit Schlangen und Kröten gekochte Frühgeburten aß, von Tänzen, bei denen scheußliche Tiere oder Männer und Frauen in unmöglichen Formen auftraten, von rasenden Ausschweifungen, in denen die Incuben einen kalten Samen auswerfen. Nur der Alp kann solche Dinge hervorbringen und erklären. Der unglückliche Pfarrer Gaufridy und sein wollüstiges Beichtkind, Madeleine de la Palud, wurden von solchen Träumereien wahnsinnig und ergaben sich ihrem Erinnern bis zum Scheiterhaufen. In ihren Prozeßakten muß man die Aussagen dieser armen Kranken lesen, um zu verstehen, bis zu welchen Verirrungen eine zerstörte Einbildung gebracht werden kann. Aber der Sabbat war nicht immer ein Traum, er hat wirklich existiert, ja er existiert noch in geheimen und nächtlichen Versammlungen, wo man die Riten der alten Welt geübt hat und übt, und deren eine Arten einen religiösen Charakter und ein soziales Ziel hat, während die andern Verschwörungen und Orgien sind. Unter diesem doppelten Gesichtspunkt wollen wir den wahren Sabbat der weißen und der schwarzen Magie betrachten und beschreiben.

Da das Christentum die öffentliche Ausübung der alten Kulte verbot, führte es die Anhänger der Religionen zur Feier ihrer Mysterien in geheimen Versammlungen zusammen. Diese Versammlungen leiteten Eingeweihte, die bald unter den verschiedenen Stufungen dieser verfolgten Kulte eine Rechtgläubigkeit einsetzten, die ihnen die magische Wirklichkeit um so leichter errichten half, als die Verfolgung die Willen einte und die Bande der Brüderlichkeit zwischen den Menschen enger verknüpfte. So vereinten sich die Mysterien der Isis, der eleusinischen Demeter, des Bacchos mit jenen der guten Göttin und des ursprünglichen Druidentums. Die Versammlungen wurden gewöhnlich zwischen den Tagen von Merkur oder Jupiter oder zwischen denen von Venus und Saturn abgehalten. Man bediente sich der Einweihungsriten, wechselte die geheimen Zeichen, sang symbolische Hymnen, vereinte sich zu Gastmählern und bildete die magische Kette aufeinanderfolgend bei Tisch und Tanz. Dann trennte man sich unter Erneuerung der Gelübde mit dem Handschlag der Vorsitzenden und empfing ihre Anordnungen. Der beim Sabbat Aufnahmesuchende mußte in die Versammlung mit einem ihn ganz umhüllenden Mantel und verbundenen Augen geführt oder vielmehr getragen werden. Man ließ ihn durch große Feuer gehen und

170

machte um ihn erschreckenden Lärm. Gab man dann sein Gesicht frei, so sah er sich von höllischen Ungetümen umgeben und einem übergroßen und abscheulichen Bock gegenüber, den man ihn anzubeten zwang. All diese Zeremonien waren Proben seiner Charakterstärke und seines Vertrauens in seine Initiatoren. Die letzte Probe war über alles entscheidend, da sie dem Geist des Aufnahmesuchenden zunächst irgendeine erniedrigende und lächerliche Sache darbot: Es handelte sich darum, ehrfurchtsvoll das Hinterteil des Bockes zu küssen, und dieser Befehl wurde dem Neophyten schonungslos erteilt. Weigerte er sich, so verhüllte man ihm wieder den Kopf und brachte ihn mit einer solchen Schnelligkeit weit von dem Versammlungsorte hinweg, daß er glauben mußte, durch die Wolken geflogen zu sein; nahm er an, so ließ man ihn um das symbolische Idol herumgehen, und dort fand er nicht einen abstoßenden oder obszönen Gegenstand, sondern das jugendliche und anmutige Gesicht einer Isis- oder Maja-Priesterin, die ihm einen mütterlichen Kuß gab. Dann wurde er zum Mahl zugelassen.

Was nun die Orgien angeht, die in mehreren Versammlungen dieser Art dem Gastmahl folgten, so muß man sich sehr hüten zu glauben, daß sie allgemein bei diesen geheimen Liebesmahlen erlaubt gewesen wären; aber es ist bekannt, daß mehrere gnostische Sekten sie in ihren Zusammenkünften während der ersten Jahrhunderte des Christentums veranstalteten. Daß das Fleisch in den Zeiten des Asketentums und der Sinnenunterdrückung seine Gegner hatte, war selbstverständlich und ist nicht erstaunlich; deshalb darf man aber die hohe Magie der Gesetzwidrigkeit nicht anklagen, die sie nie gebilligt hat. Isis ist in ihrer Wit-

wenschaft keusch, Diana ist Jungfrau, Hermanubis der Doppelgeschlechtliche, kann keines
gebrauchen, der hermetische Hermaphrodit ist
keusch. Apollonios von Tyana ergab sich nie
den Lockungen des Vergnügens, der Kaiser
Julian war von einer strengen Keuschheit, Parazelsus stand den Liebestorheiten so fremd
gegenüber, daß man sein Geschlecht für zweifelhaft hielt, Raymundus Lullus wurde nicht
früher in die letzten Geheimnisse des Wissens
eingeweiht, bis er nach einer hoffnungslosen
Liebe für immer keusch wurde.

Auch ist eine Überlieferung der hohen Magie, daß die Pantakel und Talismane ihre
ganze Kraft verlieren, wenn ihr Träger ein
Dirnenhaus betritt oder einen Ehebruch be-
geht. Der orgiastische Sabbat darf also niemals als ein solcher wahrhafter Adepten angesehen werden.

Man hat den Namen Sabbat auf den Namen
Sabasius bezogen, andere haben wieder andere
Wortableitungen gefunden. Wir halten jene
für die einfachste, welche dieses Wort vom
jüdischen Sabbat ableitet, da es sicher ist, daß
die Juden als die treuesten Bewahrer der kabbalistischen Geheimnisse im Mittelalter fast
immer die Großmeister der Magie waren.

Der Sabbat war also der Sonntag der Kabbalisten, der Tag ihrer religiösen Feier oder
besser die Nacht ihrer regelmäßigen Versammlung. Dieses immer von Geheimnissen um-
gebene Fest hatte den allgemeinen Schrecken
als Schutz und entging so der Verfolgung während der Schreckenszeit.

Der teuflische Sabbat der Nekromanten war
ein Abklatsch jenes der Magier und eine Versammlung von Schandbuben, die Idioten und
Wahnsinnige erzogen. Dort übte man grauen-
hafte Riten und stellte abscheuliche Mixturen

172

zusammen. Zauberer und Zauberinnen führten dort die Aufsicht und belehrten sich untereinander, um ihren Ruf als Propheten und Wahrsager zu stützen, denn damals wurden die Wahrsager allgemein befragt und hatten einen ganz einträglichen Beruf, indem sie eine wahrhafte Macht ausübten.

Diese Versammlungen von Zauberern und Zauberinnen hatten und konnten jedoch keine rechtmäßigen Riten haben: alles hing von den Launen der Führer und dem Taumel der Versammlungen ab. Die Erzählungen jener, die ihnen beiwohnen konnten, dienten dann als Muster für alle Alpe dieser Träumer, und das Gemisch aus diesen unmöglichen Wirklichkeiten und diesen dämonischen Träumen sind die widerlichen Ergebnisse und dummen Geschichten vom Sabbat, die in den Magie-Prozessen und den Büchern eines Spranger, Delancre, Delrio und Bodin eine Rolle spielen.

Die Riten des gnostischen Sabbat wurden in Deutschland von einer Gesellschaft übernommen, die sich die Möpse nannte. Man ersetzte dort den kabbalistischen Bock durch den hermetischen Hund. Bei der Aufnahme eines Bewerbers oder einer Bewerberin (die Satzung ließ auch Frauen zu) führt man sie mit verbundenen Augen herein, macht um sie jenen Höllenlärm, der allen unerklärlichen Getösen den Namen eines Sabbat gab, fragt sie, ob sie den Teufel fürchten, und stellt sie unversehens vor die Wahl, das Hinterteil des Großmeisters oder das des Mopses zu küssen, der eine kleine, seidenüberzogene Hundefigur ist und das alte, große Idol des Bockes von Mendes ersetzt. Als Erkennungszeichen haben die Möpse eine lächerliche Fratze, die an das Blendwerk des alten Sabbat und die Masken der Anwesenden erinnert. Ihre Lehre läßt sich

in dem Kult von Liebe und Freiheit zusammenfassen. Diese Vereinigung entstand, als die
römische Kirche die Freimaurer verfolgte. Die
Möpse setzten sich vornehmlich aus Katholiken zusammen. Den Aufnahmeschwur ersetzte das feierliche Ehrenwort, nichts von den
Geheimnissen der Verbindung zu verraten. Das
war mehr als ein Schwur, und die Religion
hatte nichts mehr zu sagen.

Der Baphomet der Templer, dessen Name
kabbalistisch in umgekehrtem Sinn gelesen
werden muß, setzt sich aus den drei Abkür-
zungen zusammen: TEM OPH AB, *Templi em-
nium hominum pacis abbas,* der Vater des
Tempels, allgemeiner Friede den Menschen.
Nach den einen war der Baphomet ein unge-
heuerlicher Kopf, nach den andern ein Dämon
in Gestalt eines Bockes. Jüngst wurde eine
geschnitzte Truhe in den Ruinen einer alten
Templer-Komturei ausgegraben, und die Alter-
tumskenner fanden darauf eine dem Baphomet
ähnliche Figur mit den Attributen unseres
Bockes von Mendes und des Androgyn des
Khunrath. Diese Figur ist bärtig bei einem
sonst vollständigen Frauenkörper und hält in
der einen Hand die Sonne, in der andern den
Mond, die mit Ketten angeschmiedet sind.
Eine schöne Allegorie: dieser männliche Kopf,
der dem Gedanken allein das Einweihungs-
und Schöpfer-Prinzip zuteilt. Der Kopf steht
hier für den Geist, der Frauenleib für die
Materie. Die an die Menschenform geketteten
und von dieser Natur, deren Intelligenz der
Kopf ist, gelenkten Sterne bieten ebenso die
schönste Allegorie. Das Zeichen wurde in seiner Gesamtheit von den Gelehrten, die es un-
tersuchten, nicht im geringsten schamlos oder
teuflisch empfunden. Hiernach ist es erstaunlich, heute den ganzen Aberglauben des Mit-

174

telalters wiederaufleben zu sehen! Doch überrascht mich, daß man bei dem Glauben an den Teufel und seine Helfershelfer die Scheiterhaufen nicht mehr anfacht. Veuillot wollte dies, was bei ihm nur logisch ist: Menschen mit dem Mut eigener Meinungen muß man immer achten.

Doch verfolgen wir unsere seltsamen Untersuchungen weiter und kommen wir zu den schrecklichsten Mysterien des Zauberbuches, jenen, die sich auf die Teufelsanrufung und das Höllenbündnis beziehen.

Nach dem Zugeständnis einer wirklichen Existenz an die unbedingte Verneinung des Guten, nach der feierlichen Einsetzung des Widersinns und der Schaffung eines Gottes der Lüge blieb dem menschlichen Wahn nur noch die Anbetung dieses unmöglichen Idols, und der gaben sich die Unsinnigen hin. Jüngst schrieb man uns, daß der sehr verehrungswürdige Pater Ventura, ehemaliger Superior der Theatiner, Examinator der Bischöfe usw. usw., nach der Lektüre unseres Dogmas erklärt habe, daß die Kabbala in seinen Augen eine Erfindung des Teufels sei, und daß der Stern Salomos nur eine andere Hinterlist desselben Teufels war, um die Welt zu überzeugen, daß er, der Teufel, nur eins ist mit Gott. Eben das lehren jene ganz ernsthaft, die Meister in Israel waren! Das Ideal der Verneinung und Finsternis erfand eine erhabene Philosophie, die die universelle Basis des Glaubens und der Schlüssel aller Tempel ist! Der Teufel sein Bild auf der Seite jenes von Gott unterzeichnend! Meine verehrten Theologielehrer, ihr seid größere Zauberer, als man denken und ihr annehmen könnt, und der gesagt hat: Der Teufel ist Lügner wie sein Vater, würde vielleicht einige Kleinigkeit an euren väterlichen Erkenntnissen abzustreichen haben.

Die Anrufer des Teufels müssen vor allem einer Religion angehören, die einen schöpferischen Teufel als Rivalen Gottes duldet. Um mich an eine Macht zu wenden, muß ich an sie glauben. Für Anhänger der Teufelsreligion folgt hier eine Anweisung für den Verkehr mit diesem Pseudo-Gott.

MAGISCHES AXIOM.

In seinem Wirkungsbereich schafft jedes Wort das, was es bestätigt.

DIREKTE FOLGERUNG.

Wer den Teufel bestätigt, zeugt oder schafft den Teufel.

Notwendige Voraussetzungen zum Erfolg bei höllischen Beschwörungen.

1. Ein unbesiegliches Voreingenommensein;
2. ein jedenfalls gegen das Verbrechen abgehärtetes und den Gewissensbissen und der Furcht sehr zugängliches Gewissen;
3. eine künstliche oder natürliche Unwissenheit;
4. ein blinder Glaube an alles Unglaubliche;
5. eine vollkommen falsche Vorstellung von Gott.

Außerdem muß man:

Erstens die Zeremonien des Kultes, an den man glaubt, entweihen und die heiligsten Zeichen mit Füßen treten;

zweitens ein Blutopfer bringen;

drittens sich die magische Gabel verschaffen. Sie ist ein Haselnuß- oder Mandelzweig und muß mit einem neuen Messer, das nur zum Opfer benützt worden sein darf, mit einem Schnitt abgeschnitten werden. Der Stab muß

176

in einer Gabel enden, die man mit dem Eisen oder Stahl des Messerheftes, mit dem man sie geschnitten, beschlagen muß.

Man muß fünfzehn Tage fasten und darf nur eine salzlose Mahlzeit nach Sonnenuntergang nehmen, die aus schwarzem Brot und mit Gewürzen, ohne Salz gewürztem Blut, schwarzen Bohnen und milchigen und narkotischen Gräsern bestehen muß.

Alle fünf Tage soll man sich nach Sonnenuntergang mit Wein berauschen, in dem man fünf Stunden lang fünf Köpfe schwarzen Mohns und fünf Unzen gemahlenen Hanfsamen hat ziehen lassen: das Ganze durch eine Leinwand geben, die eine Dirne gesponnen hat (allenfalls kann dazu die nächstbeste Leinwand dienen, wenn sie von einer Frau gesponnen ist).

Die Beschwörung kann in der Nacht vom Montag auf Dienstag oder in der von Freitag auf Samstag vorgenommen werden.

Man muß einen einsamen und verschrienen Ort wählen, einen von bösen Geistern umspukten Friedhof, eine gefürchtete Ruine in der Ebene, den Keller eines verlassenen Klosters, den Platz, wo ein Mord begangen wurde, einen druidischen Altar oder einen alten Tempel für Idole.

Man muß sich mit einem schwarzen, ärmel- und nahtlosen Kleid, mit einer Bleikappe, die unter Venus, Mond und Saturn gefertigt wurde, zwei Kerzen aus Menschentalg in zwei halbmondförmigen Leuchtern aus schwarzem Holz, zwei Kränzen aus Eisenkraut, einem magischen Schwert mit schwarzem Heft, der magischen Gabel, einer Kupferschale mit dem Blut des Opfers und einem Weihrauchfaß versehen, dessen Räucherwerk aus Weihrauch, Kampher, Aloe, grauem Ambra, Storax besteht und mit Bocks-, Maulwurfs- und Fledermausblut gemischt ist. Auch sollte man vier aus dem Sarg eines Hingerichteten ausgerissene Nägel haben, den Kopf einer fünf Tage lang mit Menschenfleisch gefütterten schwarzen Katze, eine in Blut ertränkte Fledermaus, die Hörner eines Bockes, *cum quo puella concubuerit*, die Hirnschale eines Vatermörders. All diese schrecklichen und schwer genug zu beschaffenden Dinge werden wie folgt angewandt:

Mit dem Schwert zieht man einen vollkommenen Kreis, bei dem man jedenfalls ein Stück als Ausgang offenläßt, zieht in den Kreis ein Dreieck, färbt das von dem Schwert gezeichnete Pantakel mit Blut, stellt dann auf eine der Dreieckspitzen die dreifüßige Räucherpfanne, die wir auch noch unter die unentbehrlichen Gegenstände hätten zählen können, zieht dem Dreieck gegenüber drei kleine Kreise für den Beschwörer und seine beiden Gehilfen, zeichnet hinter dem Kreis des Beschwörers, aber nicht mit Opferblut, sondern dem des Beschwörenden selbst das Zeichen des Labarum oder das Monogramm Constantins. Der Beschwörende oder seine Helfershelfer müssen barfuß sein und den Kopf verhüllt haben.

Die Haut des erwürgten Opfers muß auch vorhanden sein und wird, in Streifen geschnitten, in den Kreis gelegt, wo sie einen zweiten inneren Kreis bildet, den man an vier Stellen mit den vier Nägeln des Hingerichteten befestigt, in deren Nähe man außerhalb des Kreises den Katzenkopf, die menschliche, oder besser unmenschliche Hirnschale, die Bockshörner und die Fledermaus legt, besprengt sie mit einem in das Blut des Opfers getauchten Birkenzweig, entfacht dann ein Feuer aus Ulmen- und Zypressenholz und stellt die magischen

Kerzen rechts und links von dem Beschwörenden in die Eisenkrautkränze. (Siehe Bild am
Anfang dieses Kapitels.)

Dann spricht man die Beschwörungsformeln,
die in den magischen Elementen des Peter von
Apono oder in den geschriebenen oder ge-
druckten Zauberbüchern stehen. Jene des
„Großen Zauberbuchs", wiederholt im gewöhnlichen „ROTEN Drachen", ist in ihrem Eindruck entstellt worden. Sie muß folgendermaßen gelesen werden:

„Per Adonai Eloim, Adonai Jehova, Adonai
Sabaoth, Metatron On Agla Adonai Mathon,
verbum pythonicum, mysterium salamandrae,
conventus sylphorum, antra gnomorum, dae-
monia Coeli Gad, Almousin, Gibor, Jehosua,
Evam, Zariatnatmik, veni, veni, veni."

Die große Anrufung des Agrippa besteht nur
aus den Worten: DIES MIES JESCHET BOE-
NEDOESEF DOUVEMA ENITHEMAUS. Wir bilden uns nicht ein, den Sinn dieser Worte
zu verstehen, die vielleicht überhaupt keinen
haben oder zumindest keinen vernünftigen, da
sie die Macht haben, den Teufel, die höchste
Unvernunft, zu beschwören.

Pico de la Mirandola versichert zweifellos
aus demselben Grund, daß die barbarischsten
und absolut unsinnigsten Worte in der schwarzen Magie die wirksamsten und besten sind.

Die Beschwörungen werden mit lauter Stimme
unter Verwünschungen und Drohungen wiederholt, bis der Geist antwortet. Seinem Erscheinen pflegt ein heftiger Wind voranzugehen,
der die ganze Natur erschauern zu lassen
scheint. Die Haustiere zittern dann und verbergen sich, die Assistenten fühlen einen
Hauch vor ihrem Gesicht, und ihre von kal-
tem Schweiß nassen Haare sträuben sich.

Die große und höchste Anrufung ist nach Peter von Apono folgende:

„Hemen-*ETAN! Hemen-Etan! Hemen-Etan!*
EL, ATI, TITEIP, AZIA, HYN, TEU, MINOSEL, ACHADON vay vaa Eye Aaa Eie Exe A EL EL EL A HY! HAU! HAU! HAU! HAU! VA! |VA! VA! CHAVAJOTH.

Aie Saraye, aie Saraye, aie Saraye! per Eloym. Archima, Rabur, Bathas super ABRAC ruens superveniens ABEOR SUPER ABERE *Chavajoth, Chavajoth, Chavajoth!* impero tibi per clavem Salomonis et nomen magnum SEM-HAMPHORAS.“

Hier die Zeichen und gewöhnlichen Signaturen der Dämonen:

Dies die Signaturen der einfachen Dämonen; gegenüber die offiziellen gerichtlich (gerichtlich! o lieber Graf de Mirville!) festgestellten und in den Gerichtsakten als Beweisstücke für den Prozeß des unglücklichen Urbain Grandier aufbewahrten Signaturen der Höllenfürsten.

Diese Signaturen sind am Schluß eines Paktes angefügt, dessen Faksimile Collin de Plancy in seinem „*Dictionnaire infernal*“ gibt und das die Randglosse: „Die Minute ist in der Hölle, im Cabinet Luzifers" trägt, ein ganz wertvoller Aufschluß über einen so wenig bekannten Ort und eine uns so naheliegende Zeit.

Den Beschwörungen folgten oft Bündnisse, die man mit einer Eisenfeder und einem dem linken Arm entzogenen Blutstropfen auf Bockspergament schrieb. Es gab zwei Ausfertigungen: die eine nahm der Böse mit sich, die andere verschluckte der freiwillig Verdammte. Die gegenseitigen Verpflichtungen bestanden: für den Dämon darin, dem Zauberer während einer bestimmten Zahl von Jahren zu dienen, für den Zauberer, nach abgelaufener Frist dem Dämon anheimzufallen. Die Kirche hat mit ihren Austreibungen den Glauben an all diese Dinge bestätigt, und man kann sagen, daß die schwarze Magie und ihr Höllenfürst eine wirkliche, lebendige und schreckliche Schöpfung des römischen Katholizismus ist, ja daß sie ihr besonderes und charakteristisches Werk sind, da ja die Priester Gott nicht erfanden.

181

Auch halten die wahren Katholiken an der Erhaltung und Wiederherstellung des großen Werkes, das der philosophische Stein des öffentlichen und positiven Kultes ist, im Grund ihres Herzens fest. Man sagt, daß die Verbrecher den Teufel in der Gaunersprache den *Bäcker* nennen: unser lebhafter Wunsch — und hier sprechen wir nicht als Magier, sondern als ergebenes Kind des Christentums und der Kirche, der wir unsere erste Erziehung und unsere ersten Begeisterungen verdanken — unser inniger Wunsch ist, daß das Phantom des Satan, nicht auch der *Bäcker* der Diener der Moral und der Vertreter der hohen Tugend genannt werden möchte. Wird man unseren Gedanken verstehen und uns die Kühnheit unserer Hoffnungen in Ansehung unserer ergebenen Absichten und der Aufrichtigkeit unseres Glaubens verzeihen?

Die schöpferische Magie des Dämon, jene Magie, die das Zauberbuch des Papstes Honorius, das Enchiridion Leos III., die Exorzismen des Rituals, die Urteile der Inquisitoren, die Anklagereden von Laubardemont, die Artikel der Brüder Veuillot, die Bücher eines Falloux, Montalembert, Mirville diktiert hat, diese Magie der Zauberer und Frommen, die es nicht sind, ist bei den einen eine wahrhaft verdammenswerte, bei den andern eine unendlich bedauerliche Angelegenheit. Wir veröffentlichen dieses Buch, um durch Entschleierung diese Verirrungen des menschlichen Geistes zu bekämpfen. Könnte es doch dieses heilige Werk erfolgreich unterstützen! Aber wir haben diese unheiligen Werke noch nicht in ihrer ganzen Schändlichkeit, noch nicht in ihrem ganzen, ungeheuerlichen Wahnsinn gezeigt. Man muß die blutige Gemeinheit des alten Aberglaubens aufwühlen, muß die *Annalen der Dämonomanie* nachlesen, um gewisse Freveltaten zu sehen, welche die Einbildung allein nicht erfinden würde. Der Kabbalist Bodin, Israelit aus Überzeugung und Katholik um der Notwendigkeit willen, hatte in seiner *„Démonomanie des sorciers"* keine andere Absicht, als den Katholizismus in diesen Werken anzugreifen und ihn im größten aller Irrtümer seiner Lehre zu treffen. Das Bodinsche Werk ist zu tiefst machiavellistisch und trifft Einrichtungen und Menschen, die es im Innersten zu verteidigen scheint. Ohne seine Lektüre kann man sich schwer einen Begriff all dessen bilden, was man an blutigen und schrecklichen Dingen, empörendem Aberglauben, Einkerkerungen und Urteilsvollstreckungen einer blinden Wut zusammengetragen und aufgehäuft hat. Brennt alles zusammen! scheinen die Inquisitoren zu sagen, Gott wird die Seinen schon erkennen! Arme Irrsinnige, hysterische Frauen, Idioten: erbarmungslos wurden sie wegen des Verbrechens der Magie verbrannt, die großen Schuldigen aber entgingen dieser ungerechten und blutigen Justiz! Das läßt uns Bodin verstehen, wenn er uns Geschichten wie den Tod Karls IX. erzählt. Das ist eine wenig bekannte Schandtat, die, wie wir wissen, selbst in den Zeiten der fiebrigsten und trostlosesten Literatur nicht die Begeisterung eines Romanschriftstellers zu gewinnen vermochte.

Karl IX. starb, ohne daß ein Arzt die Ursache hätte finden oder die schrecklichen Symptome hätte erklären können. Die Königin-Mutter, die ihn ganz beherrschte und unter einer anderen Herrschaft alles verlieren konnte, die Königin-Mutter, die man selbst gegen ihre Interessen wegen dieser Krankheit beargwöhnte, weil man diese Frau zu allem, verborgenen Ränken und unbekannten Interessen fähig hielt, befragte zuerst die Astrologen wegen des Königs um Rat und nahm dann ihre Zuflucht zur abscheulichsten Magie. Von Tag zu Tag verschlechterte sich der Zustand des Kranken und wurde hoffnungslos, so wollte man das *Orakel des blutigen Hauptes* befragen. Diese teuflische Operation geht folgendermaßen vor sich:

Man nahm ein schönes und unschuldiges Kind, ließ es im geheimen von einem Hofgeistlichen auf seine erste hl. Kommunion vorbereiten; dann kam der Tag oder vielmehr die Nacht des Opfers. Ein Mönch, abgefallener Jakobiner und den geheimen Werken der schwarzen Magie ergeben, begann um Mitternacht im Zimmer des Kranken bei alleiniger Anwesenheit der Katharina von Medici und seiner Gehilfen das, was man damals die Teufelsmesse nannte.

Bei dieser vor dem Bild des Dämons, der unter seinen Füßen ein umgekehrtes Kreuz hatte, gefeierten Messe weihte der Zauberer eine weiße und eine schwarze Hostie. Die weiße gab man dem Kind, das man wie zur Taufe gekleidet hatte und sofort nach der Kommunion auf dem Weg vom Altar erwürgte. Sein mit einem Schlage vom Rumpf getrennter Kopf wurde noch ganz zuckend auf die große schwarze Hostie, die den Boden des Hostientellers bedeckte, gelegt und dann auf einen Tisch getragen, wo geheimnisvolle Lampen brannten. Dann begann die Beschwörung und der Teufel sollte ein Orakel verkünden und durch den Mund dieses Kopfes auf eine Frage antworten, die der König im geheimen stellte und niemandem anvertraute. Dann ließ sich in diesem kleinen Märtyrerkopf eine schwache, fremde und nicht mehr menschliche Stimme hören. „Ich bin dazu gezwungen," sagte die

184

Stimme lateinisch: *Vim patior.* Bei dieser Antwort, die dem Kranken zweifellos die Kündigung des Höllenschutzes anzeigte, befiel ihn ein schreckliches Zittern, seine Arme wurden steif... Er schrie mit entsetzlicher Stimme: „Nehmt diesen Kopf weg! nehmt diesen Kopf weg!" und bis zu seinem letzten Atemzug hörte man ihn nichts anderes mehr sagen. Die ihn bedienten und in das schreckliche Geheimnis eingeweiht waren, glaubten ihn von dem Schatten Colignys verfolgt, und daß er glaube, den Kopf dieses berühmten Admirals vor sich zu sehen; aber was diesen Sterbenden erregte, waren keine Gewissensbisse mehr, es war ein hoffnungsloses Entsetzen, eine vorweggenommene Hölle.

Diese schwarzmagische Legende von Bodin erinnert an die scheußlichen Praktiken und die wohlverdiente Strafe des Gilles de Laval, Herrn de Raiz, der vom Asketentum zur schwarzen Magie gelangte und sich den empörendsten Opfern hingab, um Satans Gunstbezeugungen zu erwerben. Dieser Irre erklärte in seinem Prozeß, daß ihm der Teufel mehrmals erschienen sei, ihn aber mit den Versprechungen von Schätzen, die er ihm nie gab, immer getäuscht habe. Aus den gerichtlichen Aufschlüssen geht hervor, daß mehrere Hundert unglückliche Kinder der Habgier und den wilden Einbildungen dieses Mörders zum Opfer gefallen waren.

XVI. KAPITEL

ZAUBER UND BEHEXUNG.

Was nun die Zauberer und Nekromanten in ihren Beschwörungen des unreinen Geistes überhaupt suchten, das war jene magnetische Macht, die das Erbteil des wahren Adepten ist, die sie an sich reißen wollten, um sie unwürdig zu mißbrauchen.

Da der Wahnsinn der Zauberer ein, erbärmlicher Irrsinn war, so bestand eines ihrer Hauptziele in der Macht der Behexungen oder der tödlichen Influenzen.

Wir haben in unserem Dogma unsere Gedanken über die Behexung ausgedrückt und gesagt, inwieweit diese Macht uns gefährlich und wirklich erscheint. Der wahre Magier behext diejenigen, die er mißbilligt und die er zu strafen für notwendig erachtet, ohne Zeremonie und allein durch seinen Tadel; ja, die ihm Böses taten, behext er durch seine Verzeihung, und niemals tragen die Feinde der Eingeweihten die Straflosigkeit ihrer Ungerechtigkeiten weit. Wir haben an zahlreichen Beispielen dieses fatale Gesetz an uns selbst bestätigt gefunden. Die Henker der Märtyrer enden immer unglücklich, und die Adepten sind die Märtyrer der Erkenntnis; aber die Vorsehung scheint jene zu verachten, welche diese verachteten, und die sterben zu lassen, die sie am Leben zu hindern suchten. Die Legende vom ewigen Juden ist die Volksdichtung über dasselbe Geheimnis. Ein Volk hat einen Weisen zum Tode verurteilt, er aber sagte ihm: „Gehe hinweg!", da er sich einen Augenblick ausruhen wollte. Und nun erleidet dieses Volk eine ähnliche Verdammung, es ist gänzlich geächtet, und durch die Zeiten hindurch wird man ihm sagen: „Gehe hinweg! gehe hinweg!", ohne daß es weder Erbarmen noch Ruhe finden könnte.

Ein Gelehrter hatte eine Frau, die er in der Übersteigerung seiner Zuneigung leidenschaftlich und wahnsinnig liebte. Er ehrte diese Frau durch blindes Vertrauen und verließ sich in allem auf sie. Von ihrer Schönheit und ihrem Geist überzeugt, ward diese Frau neidisch auf die Überlegenheit ihres Mannes und haßte ihn. Wenig später verließ sie ihn und kompromitierte sich selbst mit einem alten, wüsten, geistlosen und unmoralischen Mann. Das war seine erste Züchtigung, doch die Strafe war damit noch nicht beendet. Der Gelehrte fällte über sie nur folgendes Urteil: „Ich nehme ihr ihren Geist und ihre Schönheit." Ein Jahr später erkannten sie die ihr Begegnenden schon nicht mehr. Die Fülle begann sie zu entstellen, ihr Gesicht spiegelte das Wüste ihrer neuen Leidenschaften. Drei Jahre später war sie häßlich..., nach sieben Jahren war sie verrückt. Das hat sich in unserer Zeit zugetragen, und wir haben beide Menschen gekannt.

Die Magier verurteilen nach Art geschickter Ärzte, und deshalb fordert man ihren Urteilsspruch nicht, wenn sie ihr Urteil gegen einen Schuldigen sprechen. Sie brauchen weder Zeremonien noch Beschwörungen, sie dürfen nur nicht an der gleichen Tafel wie der Verurteilte essen, und sollten sie doch gezwungen sein, mit ihm zusammenzusitzen, so dürfen sie weder Salz von ihm annehmen, noch es ihm anbieten.

Die Behexungen der Zauberer sind anderer

Art und können wahren Vergiftungen eines Stromes von Astrallicht verglichen werden. Sie übersteigern ihren Willen durch Zeremonien derart, daß sie ihn giftig aus der Entfernung von sich geben, aber wie wir schon in unserem Dogma zu beobachten gaben, fallen sie gewöhnlich selbst als erste ihren höllischen Machenschaften als Opfer anheim. Wir geben hier einige ihrer strafbaren Verfahren an. Sie verschaffen sich Haare oder Kleider der Person, die sie verwünschen wollen, wählen dann ein Tier, das in ihren Augen das Symbol dieser Person ist, setzen dieses Tier mittels der Haare oder der Kleider in magnetischen Rapport mit ihr, geben ihm ihren Namen, töten es dann mit einem einzigen Hieb des magischen Dolches, öffnen ihm die Brust, reißen ihm das Herz heraus, hüllen dieses zuckende Herz in die magnetisierten Gegenstände und stoßen während dreier Tage jede Stunde Nägel, im Feuer glühend gemachte Nadeln oder lange Stacheln in dieses Herz, während sie Verwünschungen über den Namen der behexten Person ausstoßen. Sie sind dann überzeugt (und oft mit Recht), daß das Opfer ihrer infamen Operation ebenso viele Qualen leidet, als wenn es wirklich all diese Stiche ins Herz bekommen hätte. Es beginnt hinzusiechen und stirbt nach einiger Zeit an einem unbekannten Übel.

Eine andere auf dem Land gebräuchliche Behexung besteht darin, Nägel durch die Werke des Hasses mit den stinkenden Dämpfen des Saturn und der Anrufung schlechter Genien zu weihen. Die Wege der Person, die man beunruhigen will, zu verfolgen und in Kreuzform alle Fußstapfen, die man auf der Erde oder im Sand von ihr finden kann, mit Nägeln zu beschlagen.

Eine andere noch abscheulichere Art als diese: Man nimmt eine dicke Kröte, tauft sie mit Namen und Vornamen der Person, die man verwünschen will, läßt sie dann eine geweihte Hostie schlucken, über die man Fluchformeln gesprochen hat, hüllt sie hierauf in die magnetisierten Gegenstände, bindet sie mit den Haaren des Opfers, auf die der Operateur zuerst gespieen hat, und gräbt das Ganze entweder unter die Türschwelle des Verwünschten oder an einen Ort, den sie täglich zu begehen genötigt ist. Der Elementargeist dieser Kröte wird für ihre Träume ein Alp und Vampir; es sei denn, daß sie verstünde, ihn dem Übeltäter zurückzuschicken.

Nun folgen die Behexungen durch Wachsbildchen. Die Nekromanten des Mittelalters mischten in ihrem eifrigen Bestreben, ihrem anerkannten Meister durch Sakrilege zu gefallen, in dieses Wachs Tauföl und Asche von verbrannten Hostien. Abtrünnige Priester fanden sich immer, die ihnen geweihte Gegenstände der Kirche lieferten. Man machte mit diesem verfluchten Wachs ein dem zu Behexenden möglichst ähnliches Bild, bekleidete es mit ähnlichen Kleidungsstücken, gab ihm die Sakramente, die er selbst empfangen hat, rief dann auf das Haupt des Bildes alle Verwünschungen herab, die den Haß des Zauberers ausdrückten, und quälte dieses verwünschte Bild täglich mit eingebildeten Qualen, um durch Sympathie den oder die zu treffen und zu quälen, den die Figur darstellt.

Die Behexung ist um so unfehlbarer, wenn man sich Haare, Blut und vor allem einen Zahn der behexten Person verschaffen kann. Daher auch das Sprichwort: Du hast einen Zahn gegen mich.

Außerdem behext man durch den Blick, was

man in Italien *Jettatura* oder den bösen Blick nennt. Während unserer Volksunruhen hatte ein Handelsmann das Unglück gehabt, einen seiner Nachbarn anzuzeigen. Nachdem dieser einige Zeit eingekerkert war, ließ man ihn wieder laufen, aber seine Stellung war verloren. Aus Rache ging er täglich zweimal an der Handlung seines Verräters vorbei, stierte ihn an, grüßte und ging weiter. Einige Zeit darauf konnte der Kaufmann diesen strafenden Blick nicht mehr ertragen, verkaufte sein Geschäft mit Verlust und wechselte das Viertel, ohne seine Adresse anzugeben, kurz, er war ruiniert.

Eine Drohung ist eine wirkliche Behexung, weil sie lebhaft auf die Einbildung einwirkt, besonders wenn diese Einbildung leicht an eine okkulte und unbegrenzte Kraft glaubt. Die schreckliche Drohung mit der Hölle, diese Menschheitsbehexung hat Jahrhunderte lang mehr Alpe, namenlose Krankheiten und zügellosen Wahnsinn heraufbeschworen als alle Laster und Ausschweifungen zusammen. Das wollten die hermetischen Künstler des Mittelalters mit ihren unglaublichen und seltsamen Ungetümen darstellen, die sie über dem Portal ihrer Basiliken ausmeißelten.

Aber die Behexung durch Drohung bringt eine den Absichten des Handelnden absolut entgegengesetzte Wirkung hervor, wenn die Drohung offensichtlich grundlos ist, wenn sie den berechtigten Trotz des Bedrohten weckt und damit seinen Widerstand wachruft, wenn sie schließlich kraft des abscheulichen Wesens lächerlich ist.

Die Höllenanhänger haben also den Himmel in Verruf gebracht. Sagt einem vernünftigen Menschen, daß das Gleichgewicht das Gesetz der Bewegung und des Lebens ist, und daß das moralische Gleichgewicht, die Freiheit, auf einer ewigen und unwandelbaren Unterscheidung zwischen wahr und falsch, gut und böse beruht, sagt ihm, daß er mit freiem Willen sich durch seine Werke im Reich des Guten und der Wahrheit einen Platz erobern oder wie der Felsen des Sysiphos ewig in den Abgrund der Lüge und des Bösen zurückfallen muß: er wird dieses Dogma verstehen. Nennt ihr ihm die Wahrheit und das Gute Himmel, die Lüge und das Schlechte Hölle, er wird an euren Himmel und an eure Hölle glauben. Darüber aber bleibt ihm das göttliche Ideal ruhig, vollkommen und unzugänglich für Zorn wie Beleidigung, weil er versteht, daß, wenn die Hölle wie die Freiheit ein ewiges Prinzip ist, sie als Sühnung nur eine vorübergehende Qual für die Seelen sein wird, und daß die Idee der Sühne notwendigerweise jene der Wiederherstellung und der Zerstörung des Übels voraussetzt.

Das ist nicht mit dogmatischen Absichten gesagt, die uns nicht zustehen würden; sondern um ein moralisches und vernünftiges Mittel der Gewissensbehexung durch die Schrecken des anderen Lebens zu zeigen, sprechen wir von den Mitteln, die uns von den dunklen Einflüssen des menschlichen Zornes abhalten.

Das Erste ist, vernünftig und gerecht zu sein und die Vernunft nie dem Zorn zu opfern. Ein gerechter Zorn ist sehr zu fürchten. Eilt deshalb, eure Ungerechtigkeiten zu erkennen und zu sühnen. Bleibt der Zorn danach bestehen, so erzeugt er sicher ein Laster: dieses sucht zu erfahren und eint euch eng den magnetischen Strömen der entgegengesetzten Tugend. Dann wird die Behexung keine Macht mehr über euch haben.

Wollt ihr Wäsche oder Kleider, die ihr im Gebrauch hattet, weggeben, so laßt sie vorher sorgfältig waschen, sonst verbrennt sie; nehmt nie Kleider, die ein anderer getragen hat, in Gebrauch, ohne sie vorher mit Wasser, Schwefel und Räucherungen von Kampher, Weihrauch, Ambra usw. gereinigt zu haben.

Wer die Behexung nicht fürchtet, wird ihr gut widerstehen: sie wirkt wie ansteckende Krankheiten. In Zeiten der Pest werden die Furchtsamen zuerst von ihr befallen. Das Mittel, das Böse nicht zu fürchten, heißt, sich nicht mit ihm abgeben, und als Verfasser eines Werkes über Magie gebe ich einen sehr uneigennützigen Rat, wenn ich nervösen, schwachen, leichtgläubigen, hysterischen, abergläubischen, frommen, dummen, energie- und willenlosen Leuten rate, nie ein Buch über Magie zu öffnen, oder es zu schließen, falls sie es geöffnet haben, jenen nie zuzuhören, die über okkulte Wissenschaften sprechen, darüber zu lächeln, nie daran zu glauben und frisch zu trinken, wie der große, genießerische Magier, der berühmte Pfarrer von Meudon, sagte.

Die Weisen haben ja außer der des Glücks kaum andere Behexungen zu befürchten. Sind sie aber Priester und Ärzte, so können sie berufen sein, die Behexungen zu heilen, was folgendermaßen geschieht:

Man muß die behexte Person vermögen, dem Zauberer irgend etwas Gutes zu tun, ihm einen Dienst zu erweisen, den er nicht verweigern kann, und zu trachten, ihn direkt oder indirekt zur Gemeinschaft des Salzes zu bringen. Wer sich durch den Krötenzauber behext glaubt, muß eine lebende Kröte in einer Hornkapsel auf sich tragen.

Gegen die Behexung durch das durchstochene Herz läßt man den Kranken ein mit Salbe und Eisenkraut gewürztes Schafsherz essen und einen Venus- oder Mondtalisman

192

in einem Beutelchen voll Kampher und Salz tragen.

Gegen den Wachsfigurenzauber muß man ein besseres Bild machen, ihm von der Person selbst alles nur mögliche geben, die sieben Talismane um seinen Hals hängen, von denen das mittlere ein großes Pantakel mit dem Pentagramm sein soll, und es täglich nach dem Aufsagen der Beschwörung der Vier, mit der man den Einfluß der Elementargeister wendet, mit einer Mischung von Öl und Balsam leicht einreiben. Nach sieben Tagen muß man das Bild im geweihten Feuer verbrennen, und man kann sicher sein, daß das Figürchen des Zauberers im selben Augenblick seine ganze Kraft verlieren wird.

Wir haben bereits von dem Sympathieheilverfahren des Paracelsus gesprochen, der Wachsgliedern Heilmittel zusetzte und auf das aus der Wunde gewonnene Blut einwirkte, um die Wunde selbst zu heilen. Dieses System erlaubte ihm die Anwendung stärkster Heilmittel, wie er auch als Hauptspezifika Sublimat und Vitriol hatte. Unserer Ansicht nach ist die Homöopathie eine Erinnerung an die Theorien des Paracelsus und ein Rückweg zu seinen weisen Verfahren. Doch wir werden auf diesen Gegenstand in einer ganz besonderen Abhandlung zurückkommen, die ausschließlich der okkulten Medizin gewidmet sein wird.

Auf die Zukunft der Kinder von Eltern gemachte Gelübde sind Behexungen, die man nicht genug verurteilen kann. Die zu Ehren der hl. Jungfrau weißgekleideten Kinder gedeihen fast nie; jene, die man früher dem Zölibat gelobte, fielen fast immer in Ausschweifung oder Verzweiflung und Wahnsinn. Es ist dem Menschen nicht erlaubt, dem Schicksal

Gewalt anzutun oder dem rechtmäßigen Gebrauch der Freiheit Fesseln anzulegen.

Wir lassen diesem Kapitel hier gleichsam als Anhang und Ergänzung einige Worte über Alraunen und Androiden folgen, die mehrere Magier mit den Wachsfiguren verwechseln, die zu den Verfahren der Behexungen gehören.

Die natürliche Alraune ist eine haarige Wurzel, die als Ganzes mehr oder weniger die Figur eines Menschen oder jene der männlichen Genitalien darstellt. Diese Wurzel ist leicht narkotisch, und die Alten teilten ihr eine den Geschlechtstrieb erhöhende Wirkung zu, weshalb sie von den Zauberern Thessaliens zur Zusammensetzung der Zaubertränke gesucht wurde.

Ist diese Wurzel, wie dies eine gewisse magische Mystik annimmt, die Nabelschnur unseres erdenhaften Ursprungs? Wir wagen dies ernstlich nicht zu bestätigen. Sicher ist, daß der Mensch aus dem Erdschlamm gewonnen wurde; er mußte sich also im ersten Entwurf in der Form einer Wurzel bilden. Die Entsprechungen der Natur erfordern absolut, daß man diese Vorstellung wenigstens als eine Möglichkeit zuläßt. So wären also die ersten Menschen eine Familie riesenhafter, empfindender Alraune gewesen, welche die Sonne beseelt hätte, und die sich selbst von der Erde getrennt hätten, was nichts ausschließt und im Gegenteil in positiver Weise sogar den schöpferischen Willen und die voraussehende Mitwirkung der ersten Ursache annimmt, die wir mit VERNUNFT GOTT nennen.

Einige alte, von dieser Idee geblendete Alchimisten haben die Kultur der Alraune erträumt, versuchten künstlich einen genügend fruchtbaren Schlamm und eine genügend starke Sonne zu schaffen, um diese Wurzel aufs neue

194

zu *vermenschlichen* und so Menschen ohne Mithilfe von Frauen zu schaffen.

Andere, die in der Menschheit die Synthese der Tiere zu sehen glaubten, haben die Hoffnung aufgegeben, die Alraune zu beseelen; aber sie haben ungeheuerliche Paarungen gekreuzt und haben den menschlichen Samen in tierische Erde geworfen, ohne etwas anderes als schändliche Verbrechen und Ungeheuer ohne Nachkommenschaft hervorzubringen.

Die dritte Art, den Androiden zu bilden, geschieht mit dem galvanischen Mechanismus. Man schreibt Albert dem Großen einen dieser fast intelligenten Automaten zu und fügt bei, der hl. Thomas habe ihn mit einem einzigen Stockschlag zerschlagen, weil er um seine Antworten verlegen war. Diese Erzählung ist eine Allegorie. Der Android Alberts des Großen ist die aristotelische Theologie der ursprünglichen Scholastik, die die „*Summa*" des hl. Thomas zerschlug, dieses kühnen Neuerers, der als erster das absolute Gesetz der Vernunft an Stelle der göttlichen Willkür setzte, indem er den Lehrsatz aufzustellen wagte, den wir nicht oft genug wiederholen können, zumal er von einem solchen Meister stammt: Eine Sache ist nicht gerecht, weil Gott sie will; sondern Gott will sie, weil sie gerecht ist.

Der wirkliche, ernsthafte Android der Alten war ein Geheimnis, das sie allen Blicken verbargen, und das Mesmer als erster in unseren Tagen zu verbreiten wagte: es war die durch einen Elementargeist geleitete und bediente Ausdehnung des Willens des Magiers auf einen anderen Körper; in anderen, moderneren und verständlicheren Worten: es war das magische Subjekt.

195

XVII. KAPITEL

DIE SCHRIFT DER STERNE.

Zu Ende mit der Hölle, atmen wir nach dem Durchqueren der schwarzmagischen Höhen mit voller Brust zum Licht. Weiche Satan! wir entsagen dir, deiner Pracht, deinen Werken, aber noch mehr deiner Schändlichkeit, deinem Elend, deiner Verneinung und Lüge. Der große Initiator hat dich wie einen Blitz vom Himmel stürzen sehen. Die christliche Legende verwandelt dich, indem sie den Kopf der Schlange leicht unter den Fuß der Gottesmutter legt. Für uns bist du das Bild der Dummheit und des Geheimnisses, die Unvernunft und der blinde Phanatismus, die Inquisition und ihre Hölle, du bist der Gott Torquemadas und Alexanders VI., bist zum Spielzeug unserer Kinder geworden, und dein letzter Platz ist neben dem Hanswurst; nichts mehr bist du jetzt als eine Groteskfigur unserer Jahrmarktsbuden und ein Aushängeschild für sogenannte religiöse Krämer.

Nach dem sechzehnten Schlüssel des Tarot, der die Ruine des Satanstempels darstellt, finden wir auf der siebzehnten Seite ein herrliches und entzückendes Emblem.

Eine nackte, unsterbliche Frau gießt aus zwei Gefäßen, einem goldenen und einem silbernen, den Geist des universellen Lebens über die Erde aus. Neben ihr ist ein Strauch in Blüte, auf dem der Schmetterling der Psyche ruht, über ihr erstrahlt ein achtstrahliger Stern, um den sieben andere Gestirne gestellt sind.

Ich glaube an das ewige Leben! So heißt der letzte christliche Glaubensartikel, der für sich ein ganzes Glaubensbekenntnis ist.

Die Alten glaubten, in ihrem Vergleich der Ruhe und friedlichen Unendlichkeit des ganz mit unveränderlichen Sternen besäten Himmels mit den Bewegungen und den Finsternissen dieser Welt in diesem schönen Buch mit seinen goldenen Lettern das letzte Wort des Schicksalsrätsels gefunden zu haben. Sie haben in der Vorstellung Verbindungslinien zwischen diesen leuchtenden Punkten der göttlichen Schrift gezogen, und man sagt, daß die ersten von den chaldäischen Priestern festgelegten Konstellationen auch die ersten Zeichen der kabbalistischen Schrift gewesen seien.

Diese ehedem durch Linien, später durch hieroglyphische Bilder ausgedrückten Charaktere sollen nach Moreau de Dammartin, dem Verfasser eines sehr merkwürdigen Traktates über den Ursprung der alphabetischen Zeichen, die alten Magier in der Wahl der hieroglyphischen Bilder des Tarot bestimmt haben, den dieser Gelehrte wie wir als ein wirklich hieratisches und ursprüngliches Buch erkannte.

So wurden nach der Ansicht dieses Gelehrten das chinesische Tseu, das Aleph der Juden und das Alpha der Griechen, also das Bild des Gauklers, der Konstellation des dem astralen Fisch der östlichen Sphäre benachbarten Kranich entnommen.

Das der Päpstin oder Juno entsprechende chinesische Tcheou, das hebräische Beth und das lateinische B waren dem Kopf des Widders nachgebildet. Das durch die Kaiserin ersetzte chinesische Yn, das hebräische Ghimel, das lateinische G wären der Konstellation des großen Bären entlehnt usw.

Der von uns schon mehrmals erwähnte Kabbalist Gaffarel hat eine Himmelskarte ausgearbeitet, in der alle Konstellationen hebräische Buchstaben bilden; wir gestehen jedoch, daß uns die Gestaltung oft mehr als willkürlich erscheint und wir nicht verstehen, warum Gaffarel aus dem Anzeichen eines Sternes öfter ein ד als ein ו oder ein ן zieht, wie auch vier Sterne in gleicher Weise ein ח oder ein ה oder ein ה geben wie ein א. Deshalb verzichteten wir darauf, hier eine Abbildung der Gaffarelschen Himmelskarte zu geben, dessen Werke außerdem nicht sehr selten sind. Diese Himmelskarte ist übrigens in dem Werk des Pater Montfaucon über die Religionen und den Aberglauben der Welt reproduziert worden, wie man auch in dem von dem Mystiker Eckartshausen veröffentlichten Werk über die Magie eine Kopie derselben findet.

Die Gelehrten sind sich übrigens über die Bildung der Buchstaben des ursprünglichen Alphabets nicht einig. Der italienische Tarot, dessen gotische Typen zu erhalten sehr erwünscht wäre, stimmt in der Anordnung seiner Bilder mit dem seit der babylonischen Gefangenschaft gebräuchlichen hebräischen — dem sogenannten assyrischen — Alphabet überein. Aber es gibt Fragmente anderer, älterer Tarots als diesen, bei denen die Anordnung nicht mehr die gleiche ist. Da man in den Stoffen der Wissenschaft nicht nach gut Glück verfahren soll, warten wir zur Festlegung unseres Standpunktes auf neue, aufschlußreichere Entdeckungen.

Wir halten das Alphabet der Sterne für willkürlich wie den Stand der Wolken, der uns jede, ihm von unserer Einbildung gegebene Form anzunehmen scheint. Ebenso verhält es sich bei den Sterngruppen wie bei den Punkten der Geomantie und dem Gemisch der Karten beim Kartenlegen. Sie sind ein Vorwand, sich selbst zu magnetisieren, und ein Werkzeug, das unsere natürliche Absicht festlegen und bestimmen kann. So wird ein in den mystischen Hieroglyphen bewanderter Kabbalist in den Sternen etwas sehen, was ein einfacher Hirte darin nicht finden kann, und dieser wird seinerseits Verbindungen entdecken, die dem Kabbalisten entgingen. Die Landleute sehen in Gürtel und Schwert des Orion einen Rechen. Ein hebräischer Kabbalist würde in dem gleichen Orion, als Ganzes betrachtet, alle Mysterien des Ezechiel, die in der Dreiheit angeordneten zehn Sephirot, ein aus vier Sternen gebildetes zentrales Dreieck, eine Linie aus drei Sternen als Jod sehen, dann die beiden Figuren zusammen, wobei sie alle Mysterien des Bereschit bilden, und vier Sterne als die Räder der Mercavah, wie sie das göttliche Gefährt vervollständigen. Betrachtet man ihn auf andere Art, zieht man andere ideale Linien, so sieht man ein über ein Jod ׳ gestelltes und völlig ausgebildetes Ghimel ג in einem großen, umgekehrten ד Daleth, ein Bild, das den Kampf des Guten und Bösen mit dem endgültigen Sieg des Guten darstellt. Und wirklich, das auf das Jod gestützte ג ist die von der Einheit hervorgebrachte Dreiheit, ist die göttliche Manifestation des WORTES, während das umgekehrte Daleth die aus der mit sich selbst vervielfachten, bösen Zweiheit gebildete Dreiheit ist. Das so betrachtete Bild des Orion wird mit jenem des mit dem Drachen kämpfenden Erzengels Michael identisch, und die Erscheinung dieses sich unter dieser Form darstellenden Zeichens wird für den Kabbalisten zum Vorzeichen des Sieges und des Glückes.

Eine lange Betrachtung des Himmels steigert die Einbildung, die Sterne antworten dann unseren Gedanken. Die von den ersten Beobachtern geistig von einem zum andern gezogenen Linien mußten den Menschen die ersten Gedanken zur Geometrie geben. Je nachdem unsere Seele ruhig oder aufgeregt ist, scheinen die Sterne gelbrot vor Drohung oder strahlend vor Hoffnung. So ist der Himmel der Spiegel der menschlichen Seele, und da wir in den Sternen zu lesen glauben, lesen wir in uns selbst.

ORION

Gaffarel wendet die Vorbedeutungen der Himmelsschrift auf die Geschicke der Reiche an und sagt, die Alten hätten nicht umsonst alle unheilverkündenden Zeichen in den nördlichen Himmelsteil gelegt, und zu allen Zeiten seien die Unruhen als vom Norden kommend

200

betrachtet worden, um sich über die Erde zu verbreiten, da sie nach dem Süden vorstießen.

„Deshalb", sagt er, „haben die Alten in diesen nördlichen Himmelsteilen eine Schlange oder einen Drachen ganz nahe zu den beiden Bären gestellt, weil diese Tiere die wahren Hieroglyphen der Tyrannei, Plünderung und jeder Art Unterdrückung sind. Und in der Tat, blättert die Annalen durch, und ihr werdet sehen, daß alle großen Verheerungen, die je vorkamen, aus den Teilen des Nordens gekommen sind. Die von Nabuchodonosor und Salmanasar geführten Assyrer oder Chaldäer haben diese Wahrheit in der Feuersbrunst eines Tempels und einer Stadt, der prachtvollsten und heiligsten des Universums, wie in dem völligen Ruin eines Volkes bewiesen, dem Gott selbst seinen besonderen Schutz hatte angedeihen lassen, und dessen Vater er sich besonders nannte. Und das andere Jerusalem, das glückliche Rom, hat es nicht oft genug die Furien dieser schlechten Rasse des Nordens erfahren, als es durch die Grausamkeit der Alarich, Genserich, Attila und der übrigen Goten-, Hunnen- und Vandalenfürsten seine Altäre gestürzt und die Höhen seiner herrlichen Bauwerke dem Erdboden gleichgemacht sah . . . Sehr wohl liest man also in den Geheimnissen der Himmelsschrift von der Seite des Nordens Übel und Unglück, weil *a septentrione pandetur omne malum.* Doch bezeichnet das Wort הפתה, das wir mit *pandetur* übersetzen, ebensowohl *depingetur* oder *scribetur,* und die Prophezeiung heißt gleichbleibend: Alle Unglücksfälle der Welt sind in die Nordseite des Himmels geschrieben."

Wir haben diese ganze Stelle des Gaffarel hierhergesetzt, weil sie nicht ohne Aktualität für unsere Zeit ist, da der Norden noch ganz

Europa zu bedrohen scheint; aber es gibt auch ein Schicksal, das von der Sonne besiegt wird, und die Finsternisse müssen sich beim Nahen der Sonne von selbst zerteilen. Und das ist unser letztes Wort zur Prophetie und das Geheimnis der Zukunft.

Gaffarel fügt noch einige aus den Sternen gewonnene Vorhersagen über die zunehmende Schwächung des türkischen Reiches hinzu, doch sind, wie schon gesagt, seine Sternbuchstabenbilder ziemlich willkürlich. Zum Schluß erklärt er, diese Vorhersagen einem hebräischen Kabbalisten namens Rabbi Chomer entlehnt zu haben, den gut zu verstehen er sich selbst schmeichelt.

Hier die Tafel der magischen Charaktere,

welche von den alten Astrologen nach den Tierkreiskonstellationen gezogen wurden. Jeder dieser Charaktere stellt den Namen eines guten oder bösen Genius dar. Man weiß, daß die Zeichen des Tierkreises mit verschiedenen himmlischen Einflüssen übereinstimmen und infolgedessen eine jährliche Wechselfolge von Gut und Böse ausdrücken.

Die Namen der durch diese Charaktere bezeichneten Genien sind:

für den Widder: SATAARAN und Sarahiel;
für den Stier: BAGDAL und Araziel;
für die Zwillinge: SAGRAS und Saraiel;
für den Krebs: RAHDAR und Phakiel;
für den Löwen: SAGHAM und Seratiel;
für die Jungfrau: IADARA und Schaltiel;
für die Wage: GRASGARBEN und Hadakiel;
für den Skorpion: R'EHOL und Saissaiel;
für den Schützen: VHNORI und Saritaiel;
für den Steinbock: SAGDALON und Semakiel;
für den Wassermann: ARCHER und Ssakma-
kiel;
für die Fische: RASAMASA und Vacabiel.

Der Weise muß, will er im Himmel lesen, auch die Tage des Mondes beachten, dessen Einfluß in der Astrologie sehr groß ist. Der Mond zieht das magnetische Fluidum der Erde wechselweise an und wirft es zurück, wie er auch Ebbe und Flut des Meeres hervorbringt: man muß also die Phasen gut kennen und die Tage und Stunden zu unterscheiden wissen. Der Neumond ist zum Beginn jedes magischen Werkes günstig, vom ersten Viertel bis zum Vollmond ist sein Einfluß warm, vom Vollmond bis zum letzten Viertel ist er trocken, vom letzten Viertel bis zum Ende ist er kalt. So sind die durch die zweiundzwanzig Schlüssel des Tarot und die Zeichen der sieben Planeten bezeichneten Charaktere aller Tage des Mondes:

1. Der Gaukler oder der Magier.

Der erste Tag des Mondes ist jener der Schöpfung des Mondes selbst. Dieser Tag ist den Initiativen des Geistes geweiht und muß allen glücklichen Neuerungen günstig sein.

2. Die Päpstin oder die okkulte Wissenschaft.

Der zweite Tag, dessen Genius Enediel ist, war der fünfte Schöpfungstag, weil der Mond am vierten Tag geschaffen wurde. Vögel und Fische, die an diesem Tage erschaffen wurden, sind die lebendigen Hieroglyphen der magischen Analogien und des universellen Dogmas des Hermes. Wasser und Luft, die dann von den Formen des Wortes erfüllt wurden, sind die Elementarbilder des Quecksilbers der Weisen, d. h. der Intelligenz und der Sprache. Dieser Tag ist den Offenbarungen, Einweihungen und großen Entdeckungen der Wissenschaft günstig.

3. Die himmlische Mutter oder die Kaiserin.

Der dritte Tag war derjenige der Erschaffung des Menschen. Auch in der Kabbala wird der Mond MUTTER genannt, wenn man ihn von der Zahl 3 begleitet darstellt. Dieser Tag ist der Zeugung und vor allem allen körperlichen oder geistigen Erzeugnissen günstig.

4. Der Kaiser oder der Herrscher.

Der vierte Tag ist düster: es war der von Kains Geburt; doch ist er den ungerechten und tyrannischen Unternehmungen günstig.

5. Der Papst oder der Hierophant.

Der fünfte ist günstig: es war der von Abels Geburt.

6. Der Liebende oder die Freiheit.

Der sechste ist ein Tag des Hochmuts: es war der von Lameths Geburt, jenes, der seinen Frauen gesagt hatte: Ich habe einen Mann getötet, der mich geschlagen, und einen jungen Menschen, der mich verwundet hatte. Verflucht, der mich dafür strafen will! Dieser Tag ist Verschwörungen und Aufständen günstig.

7. Der Lastwagen.

Am siebenten Tag wurde Hebron geboren, der seinen Namen der ersten der heiligen Stätten Israels gab. Tag der Religion, der Gebete und des Erfolges.

8. Die Gerechtigkeit.

Abels Ermordung. Tag der Sühne.

9. Der Greis oder der Eremit.

Methusalems Geburt. Tag des Segens für die Kinder.

10. Das Glücksrad des Ezechiel.

Nebukadnezars Geburt. Herrschaft des Tieres. Düsterer Tag.

11. Die Kraft.

Noes Geburt. Die Gesichte dieses Tages sind trügerisch, aber es ist ein Tag der Gesundheit und Langlebigkeit für Kinder, die geboren werden.

12. Der Geopferte oder der Gehängte.

Samuels Geburt. Prophetischer und kabbalistischer Tag, der Vollendung des großen Werkes günstig.

13. Der Tod.

Tag der Geburt Chanaans, des schlechten

Sohnes von Cham. Düsterer Tag und Schicksalszahl.

14. Der Engel der Mäßigkeit.

Noes Segen, der vierzehnte Tag des Mondes. An diesem Tag herrscht der Engel Cassiel aus der Hierarchie des Uriel.

15. Typhon oder der Teufel.

Ismaels Geburt. Tag der Verdammnis und der Verbannung.

16. Der blitzende Turm.

Tag der Geburt Jakobs und Esaus und der Vorherbestimmung Jakobs zum Verderben Esaus.

17. Der gelbrote Stern.

Das Himmelsfeuer zerstört Sodoma und Gomorrha. Tag der Rettung für die Guten, des Untergangs für die Schlechten, gefährlich, wenn er auf einen Samstag fällt. Er steht unter der Herrschaft des Skorpion.

18. Der Mond.

Isaaks Geburt. Sieg der Gattin. Tag der ehelichen Liebe und der guten Hoffnung.

19. Die Sonne.

Pharaos Geburt, je nach dem Verdienst der Großen der Welt für sie günstiger oder ungünstiger Tag.

20. Das Gericht.

Jonas Geburt, das Organ der Gerichte Gottes. Günstiger Tag für göttliche Offenbarungen.

21. Die Welt.

Sauls Geburt, materielles Königreich. Gefahr für Geist und Vernunft.

206

22. Einfluß des Saturn.

Jobs Geburt, Tag der Prüfung und des Leidens.

23. Einfluß der Venus.

Benjamins Geburt, Tag des Vorzugs und der Zärtlichkeit.

24. Einfluß des Jupiter.

Japhets Geburt.

25. Einfluß des Merkur.

Zehnte Plage Ägyptens.

26. Einfluß des Mars.

Befreiung der Israeliten und Durchgang durch das Rote Meer.

27. Einfluß von Diana oder Hekate.

Glänzender, von Judas Maccabäus errungener Sieg.

28. Einfluß der Sonne.

Samson nimmt die Tore von Gaza im Sturm. Tag der Stärke und Befreiung.

29. Der Narr des Tarot.

Tag des Fehlschlagens und des Mißerfolges in allen Dingen.

Aus dieser rabbinischen Tafel, die Jean Belot und andere den hebräischen Kabbalisten entlehnt haben, kann man sehen, daß diese alten Meister aus den Tatsachen *a posteriori* auf die mutmaßlichen Einflüsse schlossen, was vollkommen in der Logik der okkulten Wissenschaften liegt. Man sieht auch, wie viele verschiedene Bedeutungen in diesen zweiundzwanzig Schlüsseln enthalten sind, die das universelle Alphabet des Tarot bilden, wie auch die Wahrheit unserer Versicherungen, wenn wir behaupten, daß alle Geheimnisse der Kabbala und der Magie, alle Mysterien der alten Welt, das ganze Wissen der Patriarchen, alle historischen Überlieferungen der früheren Zeiten in diesem hieroglyphischen Buch des Thot, Henoch oder Kadmos enthalten sind.

Ein sehr einfaches Mittel, die himmlischen Horoskope durch Traumdeutung zu finden, ist das hier angegebene, es versöhnt Gaffarel mit uns und kann an Genauigkeit und Tiefe sehr erstaunliche Ergebnisse geben.

Nehmt eine schwarze Karte, in die ihr den Namen der Person, für die ihr fragt, schneidet, legt diese Karte auf die Spitze eines auf der Blickseite des Beobachters engeren und auf der Kartenseite weiteren Rohres, seht dann wechselweise nach den vier Eckpunkten, indem ihr im Osten beginnt und im Norden endet. Merkt euch alle Sterne, die ihr durch die Buchstaben sehen werdet, verwandelt dann die Buchstaben in Zahlen und erneuert mit der auf dieselbe Art geschriebenen Summe der Addition die Operation, zählt, wieviel Sterne ihr habt, fügt diese Zahl zu jener der Namen, zählt sie zusammen und schreibt den Gesamtbetrag der beiden Zahlen in hebräischen Buchstaben. Erneuert dann die Operation und schreibt die Sterne besonders, denen ihr begegnet seid, sucht dann auf der Himmelskarte die Namen all dieser Sterne, macht dann die Einteilung nach ihrer Größe und ihrem Glanz und wählt den größten und glänzendsten Stern als Polstern eurer astrologischen Operation. Dann sucht ihr in der ägyptischen Planisphäre (sie befindet sich ziemlich vollständig und gut gedruckt in dem Atlas des großen Werkes von Dupuis) die Namen und das Bild der Genien, denen die Sterne zugehören. Ihr erkennt dann die glücklichen und unglücklichen Zeichen, welche in den Namen der Person eindringen und ihren Einfluß haben: in der Kindheit (der im Osten gezogene Name), in der Jugend (der Name vom Süden), im reifen Alter (der Name vom Westen) oder im Alter (der Name vom Norden) oder im ganzen Leben (das sind die Sterne, die in die ganze, aus der Addition der Buchstaben und Sterne gebildeten Zahl eindringen werden). Diese astrologische Operation ist einfach, leicht und erfordert wenig Berechnungen. Sie führt uns in das höchste Altertum zurück und gehört offensichtlich, wovon man sich beim Studium der Werke Gaffarels und seines Lehrers Rabbi Chomer überzeugen kann, der ursprünglichen Magie der Patriarchen an.

Diese onomantische Astrologie war die aller alten hebräischen Kabbalisten, wie es ihre durch Rabbi Chomer, Rabbi Kapol, Rabbi Abjudan und andere Meister der Kabbala erhaltenen Ergebnisse beweisen. Die Drohungen der Propheten gegen die verschiedenen Reiche der Welt stützten sich auf die Charaktere der Sterne, welche sich vertikal über denen in gewöhnlicher Verbindung der himmlischen mit der irdischen Sphäre fanden. Schrieben sie so an den Himmel Griechenlands seinen Namen hebräisch, יור oder יוג und verwandelten ihn in Zahlen, so hatten sie das Wort הרכ gefunden, das Zerstörung, Verheerung bedeutet.

הרכ

2 2 8

CHARAB

Zerstört, verwüstet.

Summe 12.

JAVAN

Griechenland

Summe 12.

Daraus schlossen sie, daß Griechenland nach
einem Zyklus von zwölf Perioden verwüstet
und zerstört würde.

Kurz vor der Einäscherung und Zerstörung
des Tempels in Jerusalem durch Nabuzardan
hatten die Kabbalisten vertikal über dem Tempel elf Sterne in folgender Stellung bemerkt:

$$* \quad * \quad * \quad * \quad * \quad * \quad * \quad *$$
$$*$$
$$* \qquad *$$

die alle in das vom Norden nach Westen ge-
schriebene Wort הבשיה Hibschich eindrangen,
das Verwerfung und mitleidlose Verlassen-
heit bedeutet. Die Summe der Buchstaben-
zahl ist 423, genau die Zeit des Bestehens
des Tempels.

Die Reiche von Persien und Assyrien waren
durch vier vertikale Sterne vom Untergang
bedroht, welche in die drei Buchstaben רוב,
Rob, eindrangen, und die durch die Buchstaben angezeigte Schicksalszahl war 208 Jahre.

Vier Sterne kündigten den rabbinischen Kabbalisten jenes Tempels auch den Sturz und
die Teilung des alexandrinischen Reiches an,
da sie sich in das Wort פוד, parad, teilen,
einfügten, dessen Zahl 284 die ganze Dauer
dieses Königreiches in seiner Wurzel wie in
seinen Bruchstücken anzeigt.

Nach Rabbi Chomer werden die Geschicke
des Ottomanenreiches in Konstantinopel im
voraus von vier Sternen festgelegt und ange-

kündigt, die, in das Wort באה, *caah,* einge-
fügt, schwach, krank sein, auf sein Ende beziehen, bedeuten. Die Sterne, die in dem Buchstaben א strahlender waren, zeigen ein großes א an und geben diesem Buchstaben den
Wert von tausend. Die drei vereinigten Buchstaben ergeben 1025, das man dem Jahre der
Einnahme Konstantinopels durch Mohammed II.
zuzählen muß, eine Berechnung, die dem
geschwächten und jetzt durch das gesamte
Europa unterstützten Reich der Sultane noch
einige Jahrhunderte Bestand zugesteht.

Das MENE THEKEL PHARES, das Belsazar
in seinem Rausch durch die Flammenstrah-
len auf die Mauer seines Palastes geschrieben sah, war eine onomantische Eingebung
nach Art der Rabbinen. Der von seinen hebräischen Wahrsagern zweifellos in die Ster-
nenschrift eingeweihte Belsazar operierte me-
chanisch und instinktiv mit den Lichtern seines nächtlichen Festes, wie er es hätte mit
den Sternen des Himmels tun können. Die drei
Worte, die er in seiner Einbildung gebildet
hatte, wurden in seinen Augen bald unaus-
löschbar und ließen alle Lichter seines Festes
verblassen. Es war nicht schwer, einem in
einer Stadt belagerten König, der sich Orgien
hingab, ein jenem des Sardanapal ähnliches
Ende vorauszusagen. Wir haben gesagt und
wiederholen zum Schluß dieses Kapitels, daß
die magnetischen Eingebungen allein den kabbalistischen und astrologischen Berechnungen
Wert und Wirklichkeit geben, kindischen und
vollkommen willkürlichen Berechnungen vielleicht, wenn man sie ohne Inspiration, aus
kalter Neugier und ohne mächtigen Willen
anstellte.

XVIII. KAPITEL

ZAUBERTRÄNKE UND MAGNETISMUS.

Gehen wir jetzt nach Thessalien, dem Lande der Zauberei. Dort wurde Apuleios wie des Odysseus Gefährten getäuscht und erlitt eine schändliche Verwandlung. Alles ist dort magisch, vom Vogel in der Luft, den Insekten im Gras bis zu den Bäumen und Blüten; im Mondschein werden dort Gifte gebraut, die zur Liebe reizen. Dort erfinden Stryginnen Reize, die sie wie Charitinnen jung und schön machen. Hütet euch, ihr jungen Leute!

Die Kunst der Vernunftvergiftungen oder Zaubertränke scheint tatsächlich den Überlieferungen nach in Thessalien ihre giftige Blüte mit größerer Pracht als überall sonst entwikkelt zu haben, doch hat dort die gewaltigste Rolle noch der Magnetismus gespielt, denn die aufreizenden oder narkotischen Pflanzen, die behexten und krankhaften tierischen Substanzen zogen all ihre Kraft aus den Zaubereien, d. h. aus den von den Zauberern dargebrachten Opfern und aus den Reden, die sie beim Bereiten ihrer Zaubertränke und Tränkchen ausstießen.

Die aufreizenden Substanzen und jene, die zumeist Phosphor enthalten, sind natürlich den Geschlechtstrieb reizende Mittel. Alles, was auf das Nervensystem einwirkt, kann die leidenschaftliche Überreizung herbeiführen, und wenn ein geübter und standhafter Wille diese natürlichen Anlagen zu benützen und zu bestimmen weiß, so wird er sich der Leidenschaft der andern zum Nutzen der eigenen bedienen und die stolzesten Personen bald dahin bringen, zu gegebener Zeit Werkzeuge seines Vergnügens zu werden.

Es handelt sich darum, sich eines solchen Einflusses zu erwehren, und um den Schwachen Waffen zu geben, schreiben wir dies Kapitel.

Hier zunächst die Praktiken des Feindes:

Wer geliebt werden will (all diese illegitimen Manöver nehmen wir nur vom Mann an, da wir vermuten, daß eine Frau diese niemals nötig hat), muß sich zunächst bemerkbar machen und irgendeinen Eindruck in der Einbildung der begehrten Person hervorrufen. Er erfüllt mit Bewunderung, Erstaunen, Schrekken, ja Entsetzen, wenn nichts anderes bleibt, jedenfalls muß er um jeden Preis für sie aus dem Rahmen gewöhnlicher Männer herausfallen und wohl oder übel einen Platz in ihren Gedanken, Vorstellungen und Träumen einnehmen. Lovelace ist sicher nicht das anerkannte Ideal der Clarissinnen; aber sie denken ohne Unterlaß, ihn zu verwerfen, zu verdammen und seine Opfer zu beklagen, seine Bekehrung und Reue zu wünschen; dann wollen sie ihn durch Hingebung und Verzeihung sittlich erneuern, dann sagt ihnen die geheime Eitelkeit, daß es doch schön wäre, die Liebe eines Lovelace an sich zu heften, ihn zu lieben und ihm zu widerstehen. Und siehe, meine Clarissin nimmt sich vor, Lovelace zu lieben; sie will von ihm geliebt werden, errötet, widersteht tausendmal und liebt ihn tausendmal mehr als vorher — und kommt dann der erhabene Moment, so vergißt sie, ihm zu widerstehen.

Wären die Engel auch Frauen, wie sie der moderne Mystizismus darstellt, so hätte Jehova als Vater sehr klug und weise gehandelt, da er Satan von der Himmelstür gewiesen hat.

Für die Eigenliebe gewisser Frauen ist es eine große Enttäuschung, den Mann im Grunde gut und untadelig zu finden, in den sie verliebt waren, da sie ihn für einen Schurken gehalten hatten. Der Engel verläßt dann den Ehrenmann verachtungsvoll mit den Worten: Du bist nicht der Teufel! Verkleidet euch also möglichst vollkommen als Teufel, wollt ihr Engel verführen.

Einem tugendhaften Mann erlaubt man nichts. Für was hält uns dieser Mann eigentlich? sagen die Frauen, glaubt er, man habe weniger Sitte als er? Doch einem Taugenichts verzeiht man alles: was wollt ihr von einem solchen Wesen Besseres erwarten.

Die Rolle des Mannes mit großen Grundsätzen und starkem Charakter kann nur bei Frauen, die man nie zu verführen braucht, eine Macht sein. Alle andern verehren ausnahmslos die schlechten Subjekte.

Bei den Männern ist es das genaue Gegenteil, und dieser Gegensatz hat aus der Schamhaftigkeit die Mitgift der Frauen geschaffen: ihre erste und natürlichste Koketterie.

Einer der berühmtesten Ärzte und liebenswürdigsten Gelehrten Londons, Doktor Ashburner, erzählte mir im vergangenen Jahr, daß einer seiner Patienten, der eben von einer großen Dame kam, eines Tages zu ihm gesagt habe: „Ich bekam soeben ein seltsames Kompliment. Die Marquise de .... hat mir eben, da sie mir ins Gesicht sah, gesagt: Mein Herr, Sie werden mir die Augen mit ihrem fürchterlichen Blick nicht zu schließen vermögen. Sie haben Satansaugen! — Na! antwortete ihm lächelnd der Doktor, und da haben Sie sich ihr gleich an den Hals geworfen und haben sie geküßt? — Aber nein: ich war ganz erstaunt über diesen plötzlichen Ausruf. — Dann gehen

Sie nie mehr zu ihr, mein Lieber, Sie haben ihre Gunst verloren.

Man sagt gewöhnlich das Amt des Scharfrichters übertrage sich vom Vater auf den Sohn. So haben die Scharfrichter Söhne? Zweifellos, da ihnen Frauen nie fehlen. Marat hatte eine Geliebte, die ihn, den schrecklichen Aussätzigen sehr liebte; doch ließ dieser furchtbare Marat auch die ganze Welt erzittern.

Man könnte sagen, die Liebe sei, überhaupt bei der Frau, eine wahrhafte Halluzination. Beim Fehlen eines andern unsinnigen Beweggrundes entschließt sie sich oft zur Albernheit. Joconda um eines Magog betrügen, welche Schandtat! — Nun gut, wenn schon Schandtat, warum sie nicht begehen? Es muß ja so angenehm sein, von Zeit zu Zeit so eine kleine Schamlosigkeit zu begehen.

Es gibt, da wir diese transzendentale Erkenntnis der Frau zugestehen, eine andere Art, ihre Aufmerksamkeit zu erregen: sich nicht oder auf eine Art mit ihr beschäftigen, die ihre Eigenliebe kränkt, indem man sie wie ein Kind behandelt und den Gedanken weit von sich weist, ihr den Hof zu machen. Dann wechseln die Rollen: sie wird alles tun, euch zu reizen, wird euch in die Geheimnisse einweihen, die Frauen für sich behalten, wird sich vor euch an- und ausziehen und euch so ungefähr sagen: —Unter Frauen — unter alten Freunden — ich fürchte Sie nicht — Sie sind für mich kein Mann, usw. Dann beobachtet sie eure Blicke, und findet sie sie ruhig und indifferent, wird sie außer sich sein. Sie wird sich euch unter irgendeinem Vorwand nähern, wird euch mit ihren Haaren streicheln, ihren Frisiermantel halb offen lassen.... Man sah sie in solchen Umständen sogar einen Sturmangriff unternehmen, doch nicht aus Zärtlichkeit, sondern aus Neugier, Ungeduld und weil sie gereizt sind.

Ein geistvoller Magier braucht keine anderen Zaubertränke, er hat auch Schmeichelworte, magnetischen Atem, leichte, aber sinnliche Berührungen, mit einer Art von Scheinheiligkeit zur Verfügung, so als ob man nicht daran dächte. Die Tränkchengeber müssen alt, dumm, wüst und unfähig sein; und wozu ist der Zaubertrank eigentlich gut? Jeder wahre Mann hat immer Mittel, um sich lieben zu lassen, sucht er nicht gerade einen schon besetzten Platz einzunehmen. Er wäre äußerst ungeschickt, wollte er eine eben Verheiratete, in den ersten Süßigkeiten ihrer Flitterwochen oder eine schon von einem Lovelace gestärkte Clarissin erobern, die jener sehr unglücklich gemacht oder dessen Liebe sie sich bitter vorwirft.

Wir reden hier nicht von dem Schmutz der schwarzen Magie im Hinblick auf die Zaubertränke; mit den Küchen der Canidia sind wir fertig. Man kann in den *Epoden* des Horaz lesen, wie diese scheußliche Hexe Roms ihre Gifte mischte, und über Opfer und Liebeszauberei kann man die *Eglogen* Theokrits und Virgils nachlesen, in denen diese Art magischer Werke aufs genaueste beschrieben sind. Wir vermissen hier weder die Rezepte der Zauberbücher, noch die des „Kleinen Albert", die jedermann nachschlagen kann. Alle diese verschiedenen Praktiken gehören zum Magnetismus oder der giftmischerischen Magie und sind entweder naiv oder verbrecherisch.

Getränke, die den Geist schwächen und die Vernunft trüben, können die von einem schlechten Willen schon erlangte Herrschaft befestigen, wie ja die Kaiserin Cesonia auf gleiche Weise die wilde Liebe Caligulas an sich ge-

216

kettet haben soll. Die Blausäure ist das schrecklichste Mittel dieser Gedankenvergiftung. Deshalb soll man sich vor allen Destillaten mit Mandelgeschmack hüten, aus seinem Schlafzimmer Mandel und Stechapfel, Mandelseifen, Mandelmilch, im allgemeinen auch alle Parfümerien, in denen der Mandelduft vorherrscht, und überhaupt alles entfernen, wenn seine Wirkung auf das Gehirn durch jene von Ambra unterstützt wird.

Die Tätigkeit der Intelligenz herabsetzen heißt gleichzeitig die Kräfte einer unsinnigen Leidenschaft steigern. Jene Liebe, die diese Übeltäter, von denen wir hier sprechen, einflößen wollen, ist ein wirklicher Stumpfsinn und die schändlichste aller moralischen Knechtschaften. Je mehr man einen Sklaven entnervt, um so unfähiger wird er, sich zu befreien, und das ist in Wahrheit das Geheimnis der Magierin des Apuleios und der Tränke der Circe.

Der Tabak ist im Kauen oder Rauchen ein gefährliches Hilfsmittel der betäubenden Zaubertränke und der Vergiftungen der Vernunft. Das Nikotin ist bekanntlich ein nicht weniger heftiges Gift als die Blausäure und findet sich in größerer Menge im Tabak als die Säure in den Mandeln.

Das Aufsaugen eines Willens durch einen andern ändert oft ganze Schicksalsreihen, so daß wir nicht nur für uns selbst über unsere Verbindungen wachen und die reinen von den unreinen Atmosphären unterscheiden lernen müssen: denn die wirklichen, die gefährlichsten Zaubertränke sind unsichtbar; es sind die Ströme des lebendigen, strahlenden Lichtes, die, sich mischend und austauschend, Anziehungskräfte und Sympathien hervorrufen, wie die magnetischen Erfahrungen zweifellos beweisen.

217

In der Kirchengeschichte wird von einem Häretiker namens Markus erzählt, der alle Frauen in sich wahnsinnig machte, indem er über sie hinhauchte; aber seine Macht wurde von einer mutigen Christin zerstört, die als erste ihn anhauchte und dabei sprach: „Gott richte dich!"

Der Pfarrer Gaufridy, der wie ein Zauberer verbrannt wurde, gab an, alle Frauen, die sein Atem berührte, in sich verliebt zu machen.

Der berühmte Jesuitenpater Girard wurde von seinem Beichtkind Frl. Cadière angeklagt, ihr jede Urteilsfähigkeit durch seinen Atem genommen zu haben. Diese Entschuldigung gebrauchte sie wohl, um die Schande und Lächerlichkeit ihrer gegen diesen Pater erhobenen Anschuldigungen zu entkräften, dessen Schuld übrigens nie erwiesen wurde, der aber wohl oder übel in diesem erbärmlichen Mädchen eine schändliche Leidenschaft erregt hatte.

„Mlle. Ranfaing, seit 16 ... Witwe", so erzählt Dom Calmet in seinem *„Traité sur les apparitions"*, „wurde von einem Arzt namens Poirot wieder geehelicht. Da seine Bemühungen erfolglos gewesen wären, gab er ihr zuvor Zaubertränke, um sie in sich verliebt zu machen, die dann in der Gesundheit der Ranfaing seltsame Störungen hervorriefen. Bald ereigneten sich mit ihr derart ungewöhnliche Dinge, daß man sie für besessen hielt. Die Ärzte, die sich ihren Zustand in keiner Weise erklären konnten, überantworteten sie den Exorzismen der Kirche.

„Hierauf ernannte man auf Befehl des Bischofs de Procelets von Toul den Doktor der Theologie und Staatsrat des Herzogs de Lorraine Viardin, einen Jesuiten und einen Kapuziner zu Exorzisten. Aber im Verlauf dieser Exorzismen haben fast alle Geistlichen Nancys,

218

besagter Bischof, der Bischof de Tripoli, der Weihbischof von Straßburg, Herr de Sancy, ehemaliger Gesandter des christlichsten Königs in Konstantinopel und nachmaliger Priester des Oratoriums, Charles de Lorraine, der Bischof von Verdun, zwei zur Assistenz besonders befohlene Doktoren der Sorbonne, in hebräischer, griechischer und lateinischer Sprache exorziert; aber sie, die kaum lateinisch lesen konnte, antwortete ihnen immer richtig.

„Man berichtet von dem durch den in der hebräischen Sprache sehr bewanderten Nicolas de Harlay ausgestellten Zeugnis, der feststellt, die Ranfaing sei wirklich besessen, sie habe nur der Bewegung seiner Lippen geantwortet, ohne daß er nur ein Wort ausgesprochen habe, und habe ihm mehrere Beweise ihrer Besessenheit gegeben. Da ihr der Doktor der Sorbonne, Grandier, einige Befehle in hebräischer Sprache erteilte, antwortet sie ihm richtig, jedoch französisch, da ihr der Pakt, wie sie sagte, nur französisch zu sprechen erlaube. Der Dämon fügte hinzu: Ist es nicht genug, daß ich dir zeige, daß ich deine Worte verstehe? Derselbe Doktor Garnier nahm beim Griechischsprechen aus Unachtsamkeit einen falschen Fall. Die Besessene oder vielmehr der Teufel rief: *Falsch.* Darauf der Doktor in Griechisch: *Wo war der Fehler?* Und dann der Teufel: *Laß dir am Aufzeigen desselben genügen; mehr werde ich darüber nicht sagen.* Da ihm der Doktor nun auf Griechisch zu schweigen befahl, antwortete er ihm: *Du befiehlst mir zu schweigen, doch ich will nicht.*“

Dieses beachtenswerte Beispiel einer bis zur Ekstase und Dämonomanie gebrachten hysterischen Übersteigerung als Folge eines von einem Menschen, der sich für einen Zauberer hielt, beigebrachten Zaubertrankes beweist besser, als all unsere Worte es vermöchten, die Allmacht des Willens und der wechselseitig einwirkenden Einbildung wie auch die seltsame Hellsichtigkeit der Ekstatischen und Somnambulen, die ohne Kenntnis der Worte die Sprache im Lesen der Gedanken verstehen. Ich bezweifle nicht einen Augenblick die Lauterkeit der von Dom Calmet angeführten Zeugen, nur wundert mich, daß solch bedächtigen Männern die Schwierigkeit nicht auffiel, die es dem angeblichen Dämon bereitete, ihnen in einer der Kranken fremden Sprache zu antworten. Wäre der Zwischenredner, den sie hörten, ein Dämon gewesen, er hätte nicht nur Griechisch verstanden, er hätte es auch gesprochen: einem so weisen und boshaften Geist hätte das eine nicht mehr Mühe gemacht als das andere.

Dom Calmet legt dabei kein großes Gewicht auf die Geschichte dieses Fräuleins Ranfaing; er zählt eine ganze Reihe von verfänglichen Fragen und wenig ernsthafter Befehle von Seiten der Exorzisten und eine Reihe mehr oder weniger passender Antworten der armen, immer ekstatischen und somnambulen Kranken auf. Der gute Pater verfehlt nicht, ebensolch glanzvolle Schlüsse wie jener gute de Mirville zu ziehen. Aus diesen über den Verstand der Anwesenden hinausgehenden Dingen muß man auf ein Teufelswerk schließen. Ein schöner und weiser Schluß! Das Ernsthafteste dieser Geschichte ist, daß der Arzt Poirot als Magier dem Gericht übergeben und nach seinem erfolterten Geständnis verbrannt wurde. Hatte er wirklich durch irgendeinen Zaubertrank auf die Vernunft dieser Frau eingewirkt, dann verdiente er wie ein Giftmischer bestraft zu werden; das ist alles, was wir hierzu zu sagen haben.

220

Jedoch, die schrecklichsten Zaubergifte sind
die mystischen Übersteiltheiten einer falsch
verstandenen Frömmigkeit. Welche Unzüchtig-
keiten kämen je den Alpträumen eines hl. Antonius und den Martern einer hl. Therese und
einer hl. Angela von Foligny gleich? Letztere
folterte ihr rebellisches Fleisch mit rotglühen-
dem Eisen und empfand das materielle Feuer
als eine Kühlung ihrer verborgenen Begierden. Mit welcher Heftigkeit verlangt die Natur nicht, was man ihr verweigert, indem
man immer daran denkt, es zu verwünschen!
Mit dem Mystizismus haben die angeblichen
Bezauberungen einer Magdeleine Bavan, einer
de la Palud und de la Cadière begonnen. Die
übermäßige Furcht vor einer Sache macht sie
fast unvermeidlich. Verfolgt man die beiden
Kurven eines Kreises, so endet man und begegnet sich immer am selben Punkt. Nicolas Remigius, Kriminalrichter in Lorraine, der
achthundert Frauen lebendig als Hexen verbrannte, sah überall Magie: sie war seine fixe
Idee, sein Wahnsinn. Er wollte einen Kreuz-
zug gegen die Zauberer predigen, deren er
Europa voll sah. Verzweifelt darüber, daß man
seinen Versicherungen, fast die ganze Welt
sei der Magie schuldig, keinen Glauben
schenkte, endete er, indem er sich selbst als
Zauberer erklärte und nach seinen eigenen
Geständnissen verbrannt wurde.

Die erste Bedingung, sich vor schlechten Einflüssen zu bewahren, ist also, der Einbildung
jede Übersteiltheit zu verbieten. Alle Exaltier-
ten sind mehr oder minder wahnsinnig, und
einen Irren beherrscht man immer, wenn man
ihn bei seinem Wahn faßt. Erhebt euch also
über kindische Furcht und leere Wünsche,
glaubt an die höchste Weisheit und seid überzeugt, daß diese Weisheit, da sie euch die

Einsicht als einziges Mittel, sie zu erkennen, gegeben, eurem Verstand oder eurer Vernunft keine Falle stellen wollen kann. Überall um euch seht ihr den Ursachen entsprechende Wirkungen, seht die in der Herrschaft des Menschen durch die Intelligenz geleiteten und bestimmten Ursachen, seht, im Ganzen genommen, das Gute stärker und geachteter als das Schlechte: warum nehmt ihr im Unendlichen eine ungeheuerliche Unvernunft an, wenn ihr doch im Endlichen Vernunft seht? Die Wahrheit verbirgt sich niemand! Gott ist sichtbar in seinen Werken und verlangt von den Wesen nichts gegen die Gesetze ihrer Natur, deren Urheber er selbst ist. Der Glaube ist Vertrauen: habt Vertrauen, nicht in die Menschen, die schlecht von der Vernunft zu euch reden, denn sie sind Wahnsinnige oder Betrüger, sondern in die ewige Vernunft, das göttliche Wort, dieses wahrhafte, als Sonne der Intuition der ganzen menschlichen Kreatur dargebotene Licht.

Glaubt ihr an die absolute Vernunft und wünscht nichts als Wahrheit und Gerechtigkeit, so braucht ihr niemand zu fürchten und werdet nur jene lieben, die liebenswert sind. Euer natürliches Licht wird unwillkürlich jenes der Übelwollenden zurückweisen, das durch euren Willen beherrscht wird. Ja könnten euch sogar vergiftete Stoffe zugeführt werden, sie würden eurem Verstand nichts anhaben. Krank wird man euch machen können, doch wird man euch nie zum Verbrechen bringen.

Ihre weichliche und heuchlerische Erziehung trägt dazu bei, daß die Frauen hysterisch werden. Schafften sie sich mehr Bewegung, zeigte man ihnen offen und frei die Dinge der Welt, sie wären weniger launenhaft, weniger eitel, weniger leichtfertig und infolgedessen den

schlechten Verlockungen weniger zugänglich.
Die Schwäche liebäugelt immer mit dem Laster, weil das Laster eine Schwäche ist, die
sich das Ansehen einer Kraft gibt. Der Wahnsinn setzt die Vernunft in Schrecken und gefällt sich in allen Dingen in den Übertreibun-
gen der Lügen. Zuerst also heilt euern kranken Verstand. Er ist die Ursache aller Behexungen, das Gift aller Zaubertränke, die
Macht aller Zauberer.

Narkotika oder andere Gifte, die euch bei-
gebracht worden wären, gehen Medizin und
Gericht an, doch halten wir derartige Unge-
heuerlichkeiten in unserer Zeit für wenig möglich. Lovelace schläfern die Clarissinnen nicht
anders als durch ihre Galanterien ein, und Gift-
tränke, Entführungen durch maskierte Männer
und Gefangene in unterirdischen Gemächern
kommen nicht einmal mehr in unseren modernen Romanen vor. All dies muß man in das
Bekenntnis der schwarzen Büßer oder in die
Ruinen des Château d'Udolph verweisen.

XIX. KAPITEL

DAS MAGISTERIUM DER SONNE.

Nun kommen wir zu der Zahl, die im Tarot das Zeichen der Sonne trägt. Die Zehnheit des Pythagoras und die mit sich selbst vervielfachte Dreiheit stellen tatsächlich die dem Absoluten zukommende Weisheit dar. Hier haben wir also vom Absoluten zu sprechen.

Das Absolute im Unendlichen, Unbestimmbaren und im Endlichen zu finden, ist das große Werk der Weisen, das Hermes das Sonnenwerk nennt.

Die unerschütterlichen Grundlagen des wahren religiösen Glaubens, der philosophischen Wahrheit und der metallischen Transmutation zu finden, ist das ganze Geheimnis des Hermes, der philosophische Stein.

Dieser Stein ist ein- und vielfach; man zerlegt ihn durch die Analyse und setzt ihn durch die Synthese wieder zusammen. In der Analyse ist er ein Pulver, das Projektionspulver der Alchymisten, und in der Synthese ein Stein.

Der philosophische Stein, sagen die Meister, darf weder der Luft noch profanen Blicken ausgesetzt werden; im geheimsten Winkel seines Laboratoriums muß man ihn verborgen halten und sorgsam bewahren und den Schlüssel zu dem Ort, der ihn behütet, stets bei sich tragen.

Der Besitzer des großen Arkanums ist wahrhaft und mehr als ein König, denn unempfindlich ist er für alles Fürchten und leeres Hoffen. In allen körperlichen und seelischen Leiden ist ein einziges Stückchen des kostbaren

Steines, ein einziges Stäubchen des göttlichen Pulvers zur Heilung mehr als genügend. Wer Ohren hat zu hören, höre! sagte der Meister.

Salz, Schwefel und Quecksilber sind nur nebensächliche Elemente und passive Werkzeuge des großen Werkes. Wie schon gesagt, hängt alles von dem inneren *Magnes* des Paracelsus ab. Das ganze Werk liegt in der Projektion und diese wird durch die wirkliche und ausführbare Intelligenz eines einzigen Wortes vollkommen erfüllt.

In dem Werk gibt es nur eine einzige wichtige Operation: nach Geber besteht sie in nichts anderem als in der Erhöhung des trockenen Dinges mittels des Feuers mit der Adhäsion an seinem eigenen Gefäß. Wer zur Erkenntnis des großen Wortes und in den Besitz des großen Arkanums gelangen will, muß nach reiflicher Versenkung in die Grundlagen unseres Dogmas achtsam die hermetistischen Philosophen lesen, und er wird wie andere neben ihm zweifellos die Einweihung erreichen. Zum Schlüssel ihrer Allegorien muß er aber das in der *tabula smaragdina* enthaltene einzige Dogma des Hermes nehmen und muß zur Ordnung der Erkenntnisse und zur Leitung des Werkes der im kabbalistischen Alphabet des Tarot angegebenen Anordnung folgen, deren ganze und absolute Erklärung wir im letzten Kapitel dieses Werkes geben.

Unter den seltenen und kostbaren Büchern, welche die Mysterien des großen Werkes enthalten, steht an erster Stelle der „Chymische Pfad" oder das „Manual des Paracelsus", in dem sich alle Mysterien der beweiskräftigen Physik und der geheimsten Kabbala finden. Dieses kostbare Originalmanuskript liegt nur in der Bibliothek des Vatikans. Sendivogius hat davon eine Kopie gefertigt, deren sich der

225

Baron von Tschoudy zur Ausarbeitung des in seinem „Der flammende Stern" betitelten Werke enthaltenen hermetischen Katechismus bediente. Dieser Katechismus, auf den wir die gelehrten Kabbalisten fast wie auf den unschätzbaren Paracelsustraktat hinweisen, enthält die wahrhaften Grundlagen des großen Werkes in einer solch hinreichenden und klaren Weise, daß die besondere Einsicht für den Okkultismus schon absolut fehlen muß, wenn man bei Betrachtungen über ihn nicht zur absoluten Wahrheit gelangt. Wir geben davon mit einigen erklärenden Worten eine knappe Analyse.

Raimundus Lullus, einer der großen und erhabenen Meister des Wissens, hat gesagt, daß man vor dem Goldmachen Gold haben muß. Aus nichts wird nichts; man schafft nicht absolut Reichtum, man vermehrt und vervielfacht ihn. Daß doch die Anwärter des Wissens einsehen möchten, daß man vom Adepten keine Kunststückchen des Verschwindenlassens oder Wunder verlangen darf. Die hermetische Wissenschaft ist wie alle wirklichen Wissenschaften mathematisch beweisbar. Selbst ihre materiellen Ergebnisse sind ebenso genau wie das einer gut ausgeführten Gleichung.

Das hermetische Gold ist nicht nur ein wahres Dogma, eine schattenlose Sonne, eine von Lügen freie Wahrheit; es ist auch ein materielles, wirkliches, reines und das kostbarste Gold, das in den Minen der Erde gefunden werden kann.

Aber das lebendige Gold, der lebendige Schwefel oder das wahre Feuer der Philosophen muß im Hause des Merkur gesucht werden. Dieses Feuer wird genährt von der Luft; seine zusammenziehende und ausdehnende Kraft kann man nicht besser als mit

226

jener des Blitzes vergleichen, der zunächst nur eine trockene und erdene, mit dem feuchten Dampf vermischte Ausdünstung ist, der aber kraft seiner Erhitzung zur feurigen Natur gelangt, auf die ihm anhaftende Feuchtigkeit einwirkt, sie anzieht und in seine Natur verwandelt; darnach stürzt er heftig zur Erde, wo er durch eine feste, der seinen ähnliche Natur angezogen wird.

Diese ihrer Form nach rätselhaften, im Grund aber klaren Worte drücken unzweideutig das aus, was die Philosophen unter ihrem durch den Schwefel befruchteten Merkur verstehen, der zum Herrn und Erneuerer des Salzes wird: der AZOTH, die universelle *Magnesia,* das durch die tierische Kraft und die intellektuelle Energie befruchtete Licht des Lebens gleichen dem Schwefel auf Grund ihrer Verwandtschaften mit dem göttlichen Feuer. Das Salz ist die absolute Materie. Aller Stoff enthält Salz, und alles Salz kann durch die vereinte Wirkung von Schwefel und Quecksilber in reines Gold verwandelt werden, die zuweilen so rasch wirken, daß die Transmutation in einem Augenblick, in einer Stunde, ohne Ermüdung für den Handelnden und fast ohne Kosten vollendet werden kann, andernfalls und nach den entgegengesetztesten Anordnungen der atmosphärischen Umstände erfordert das Werk mehrere Tage, Monate, ja sogar mehrere Jahre.

Wie bereits dargelegt, gibt es in der Natur zwei oberste und wesentlichste Gesetze, die in ihrer gegenseitigen Ausgleichung das universelle Gleichgewicht der Dinge hervorbringen: Die Festigkeit und die Bewegung, analog in der Philosophie der Wahrheit und der Erfindung und in der absoluten Vorstellung der Notwendigkeit und der Freiheit, die das We-

227

sen Gottes ausmachen. Die hermetistischen
Philosophen bezeichnen mit *fix* all das, was
wägbar ist, alles, was seiner Natur gemäß in
zentraler Ruhe und Unbeweglichkeit verharrt,
nennen jenes *flüchtig,* was naturgemäßer und
lieber dem Gesetz der Bewegung gehorcht, und
bilden ihren Stein der Analyse, d. h. der Ver-
flüchtigung des Festen, dann der Synthese,
d. h. des Festmachens des Flüchtigen, und bringen im Behandeln des Fixen, das sie ihr Salz
nennen, den schwefligen Merkur oder das geleitete und durch eine geheime Operation allmächtig gewordene Lebenslicht hervor. So bemächtigen sie sich der ganzen Natur und finden ihren Stein überall, wo es Salz gibt, was
heißen soll, daß dem großen Werk keine Substanz fremd ist, und daß man selbst die verächtlichsten und ihrem Ansehen nach nichtig-
sten Stoffe in Gold verwandeln kann, was in
dem Sinne wahr ist, daß sie alle, wie wir
schon gesagt haben, enthalten das durch den
kubischen Stein in unseren Emblemen dargestellte prinzipielle Salz. Den Stein kann man
so in dem symbolischen und universellen Titel-
bild der Schlüssel des Basilius Valentinus
sehen.

Das reine Salz aus jedem Stoff auszuziehen
wissen, das in ihm verborgen ist, heißt das
Geheimnis des Steines besitzen. Dieser Stein
ist also ein salziger Stein, der das *Od* oder
das universelle, astrale Licht zerlegt oder wieder zusammensetzt. Er ist ein- und mehrfach,
denn er kann sich wie das gewöhnliche Salz
auflösen und sich anderen Substanzen einverleiben. Durch Analyse erhalten, könnte man
ihn das *universelle Sublimat* nennen; auf dem
Weg der Synthese wiedergefunden, ist er die
wahre *Panacee* der Alten, denn er heilt alle
Krankheiten der Seele wie des Leibes und

wurde vorzüglich die Medizin der ganzen Natur genannt. Wenn man durch die absolute Einweihung über die Kräfte des universellen Agens verfügt, findet man diesen Stein immer zu seiner Verfügung, denn die Gewinnung des Steines ist dann eine einfache und von der Projektion oder metallischen Verwirklichung sehr leicht unterschiedene Operation. In sublimiertem Zustand darf dieser Stein nicht mit der atmosphärischen Luft in Berührung gebracht werden, die ihn auflösen und seine Kraft verlieren lassen könnte. Überdies atmet man seine Ausdünstungen nicht gefahrlos ein. Der Weise bewahrt ihn lieber in seinen natürlichen Hüllen, sicher, daß er durch eine einzige Anstrengung seines Willens und eine einzige Anwendung des universellen Agens auf seine Hüllen auszuziehen ist, welche die Kabbalisten die Schalen nennen. Um dieses Gesetz der Klugheit hieroglyphisch auszudrücken, gaben sie ihrem in Ägypten durch Hermanubis personifizierten Merkur einen Hundekopf und ihrem durch den Baphomet des Tempels oder den Fürsten des Sabbat dargestellten Schwefel jenen Bockskopf, der die okkulten Verbindungen des Mittelalters so sehr in Verruf gebracht hat. (Der zweiten Auflage dieses Werkes fügt Eliphas Levi folgende bemerkenswerte Anmerkung bei:) Die prima materia ist für das mineralische Werk ausschließlich mineralisch, jedoch kein Metall, sondern ein metallisches Salz. Sie wird pflanzenhaft genannt, weil sie einer Frucht gleicht, und tierisch, weil sie eine Art Milch und Blut gibt. Sie allein enthält das Feuer, welches sie auflösen muß.

XX. KAPITEL

DIE WUNDERTÄTIGKEIT.

Wir haben die Wunder als natürliche Wirkungen außergewöhnlicher Ursachen erklärt.

Die unmittelbare Wirkung des menschlichen Willens auf die Körper oder zumindest diese ohne ein sichtbares Mittel geübte Wirkung schafft ein Wunder in physischer Hinsicht.

Der auf die Willen oder Intelligenzen plötzlich oder zu einer gegebenen Zeit ausgeübte Einfluß ist fähig, die Gedanken zu bezwingen, die bestgehüteten Entschlüsse zu ändern, die heftigsten Leidenschaften zu paralysieren, und schafft ein Wunder in der moralischen Ordnung.

Der bezüglich der Wunder gewöhnliche Irrtum ist der, sie als Wirkungen ohne Ursachen zu betrachten, als Widersprüche der Natur, als plötzliche Fiktionen der göttlichen Einbildung; und man bedenkt dabei nicht, daß ein einziges solches Wunder die universelle Harmonie zertrümmern und das Universum in das Chaos zurückwerfen würde.

Bei Gott selbst gibt es unmögliche Wunder, die absurden Wunder. Könnte Gott nur einen Augenblick absurd sein, weder er noch die Welt würden im nächsten Augenblick noch existieren. Von göttlicher Willkür eine Wirkung erwarten, deren Ursache man nicht mehr kennt oder deren Ursache überhaupt nicht vorhanden ist, hieße Gott versuchen, hieße sich in die Leere stürzen.

Gott handelt durch seine Werke: im Himmel durch die Engel und auf Erden durch die

Menschen. Also, im Wirkungsbereich der Engel vermögen die Engel alles, was Gott möglich ist, und im menschlichen Wirkungskreis verfügen die Menschen über die göttliche Allmacht.

Im Himmel der menschlichen Vorstellungen ist es die Menschheit, die Gott erschafft, und die Menschen denken, daß Gott sie nach seinem Ebenbilde geschaffen hat, weil sie ihn nach dem ihren bilden.

Das Herrschaftsgebiet des Menschen ist die ganze körperliche und sichtbare Natur auf Erden; und kann er weder die großen Gestirne noch die Sterne lenken, so kann er zumindest ihre Bewegung berechnen, ihre Entfernung messen und seinen Willen ihrem Einfluß einordnen. Er kann die Atmosphäre ändern, bis zu einem gewissen Punkt auf die Jahreszeiten einwirken, seine Mitmenschen heilen und krank machen, das Leben erhalten und den Tod bringen. Und durch die Erhaltung des Lebens erwarten wir selbst, wie schon erwähnt, in gewissen Fällen die Wiedererweckung.

Das Absolute in Vernunft und Willen ist die größte Macht, die dem Menschen zu erreichen gegeben ist; und mit dieser Macht bewirkt e r das, was die Menge unter dem Namen Wunder bestaunt.

Die vollkommene Gedankenreinheit ist dem Wundertäter unerläßlich, da sie ihm einen günstigen Stromkreis und unbegrenztes Vertrauen schafft.

Der Mensch, der dahin gelangt ist, nichts zu begehren und nichts zu fürchten, ist Meister über alles. Das ist durch jene schöne Allegorie des Evangeliums ausgedrückt, in der man den Sohn Gottes dreimal über den unreinen Geist siegreich und in der Wüste von

231

Engeln bedient sieht. Nichts widersteht auf Erden einem vernünftigen und freien Willen. Wenn der Weise sagt: Ich will, so ist es Gott selbst, der will, und alles, was er befiehlt, erfüllt sich.

Wissen und Vertrauen des Arztes ergeben die Kraft der Mittel, und es gibt keine andere wirksame und wirkliche Medizin als die Wundertätigkeit. Auch ist die okkulte Therapeutik verschieden von jeder gewöhnlichen Arzneiung. Sie gebraucht hauptsächlich Worte und Einblasungen, und teilt den einfachsten Substanzen: Wasser, Öl, Wein, Kampfer, Salz durch den Willen eine verschiedene Kraft mit. Das Wasser der Homöopathen ist ein wahrhaft magnetisches und verzaubertes Wasser, das durch den Glauben wirkt. Die wirksamen Substanzen, die man ihm in sozusagen unendlich kleinen Quantitäten zusetzt, sind Weihen und gleichsam Zeichen des ärztlichen Willens.

Was man gemeinhin Charlatanismus nennt, ist in der Medizin ein großes Mittel wirklichen Erfolgs, wenn dieser Charlatanismus geschickt genug ist, ein großes Vertrauen einzuflößen und einen Glaubensring zu bilden. Es ist in der Medizin überhaupt der Glaube, der heilt.

Kaum ein Dorf, das nicht seine okkulten Gesundmacher oder -macherinnen hätte, und der Erfolg dieser Leute ist fast immer und überall unvergleichlich größer als jener der durch die Fakultät approbierten Ärzte. Die von ihnen verschriebenen Mittel sind oft lächerlich und bizarr und wirken nur deshalb besser, weil sie einen stärkeren Glauben von Seiten des Behandelten wie des Handelnden ausüben und verwirklichen.

Einer unserer Freunde, ein früherer Großkaufmann, ein Mensch von bizarrem Charak-

232

ter und sehr übersteigertem religiösen Empfinden, übte, nachdem er sich vom Geschäft
zurückgezogen hatte, unentgeltlich und aus
christlicher Nächstenliebe die okkulte Medizin
in einem Departement Frankreichs aus. Für
alle Spezifika gebrauchte er nur Öl, Einreibungen und Gebete. Ein Prozeß, den man gegen
ihn wegen unrechtmäßiger Ausübung der Medizin anstrengte, veranlaßte die Öffentlichkeit
selbst festzustellen, daß man ihm in einem
Zeitraum von ungefähr fünf Jahren zehntau-
send Heilungen zuschrieb, und daß die Zahl
der Gläubigen unausgesetzt in solchem Umfang zunahm, daß sie ernsthaft die Ärzte des
Landes beunruhigte.

Wir sahen in Mans eine arme Nonne, die
man ein wenig für verrückt hielt, die alle
Kranken ihrer ländlichen Nachbarschaft mit
einem selbsterfundenen Elixier und Pflaster
heilte. Das Elixier wurde innerlich, das Pflaster äußerlich angewendet, und so entkam diesem Universalheilmittel nichts. Das Pflaster
heftete nur an Hautstellen, wo es notwendig
war, überall sonst rollte es sich zusammen
und fiel ab, wenigstens wurde das von der
guten Schwester behauptet und von den Kranken versichert. Auch diese Wundertäterin
hatte Konkurrenzprozesse, denn sie schwächte
die Kundschaft aller Ärzte des Landes. Sie
wurde streng im Kloster gehalten, doch bald
mußte man sie wenigstens einmal wöchent-
lich dem Drängen und dem Glauben der Be-
völkerung zurückgeben. Am Empfangstag der
Schwester Jeanne-Françoise sahen wir die
Landleute schon des Nachts kommen und vor
der Klosterpforte schlafen, um dann auf das
Elixier und das Pflaster der guten Schwester
zu warten.

Da das Mittel für alle Krankheiten dasselbe

233

war, schien es die Schwester gar nicht nötig zu haben, die Leiden ihrer Kranken zu kennen. Sie hörte sie aber immer mit großer Aufmerksamkeit an und vertraute ihnen ihr Spezifikum nur nach Kenntnis der Ursache an. Das war das magische Geheimnis. Die Zweckleitung gab dem Mittel seine bestimmte Kraft. Das Mittel an sich war bedeutungslos. Das Elixier war aromatischer und mit bitteren Kräutersäften durchsetzter Weingeist. Das Pflaster war eine nach Farbe und Geruch dem Theriak sehr ähnliche Mischung, vielleicht war es opiumhaltiges Burgunderpech. Wie dem auch sei, das Spezifikum tat Wunder, und man wäre bei den Landleuten auf heftigsten Widerspruch gestoßen, hätte man die Wunder der guten Schwester angezweifelt.

Bei Paris kannten wir einen alten wundertätigen Gärtner, der wunderbare Kuren ausführte und in seine Phiolen den Saft aller Johanniskräuter gab. Er hatte einen spitzfindigen Bruder, der sich über den Zauberer lustig machte. Der durch die Sarkasmen dieses Ungläubigen arme, irregewordene Gärtner begann an sich selbst zu zweifeln, die Wunder hörten auf, die Kranken verloren ihr Vertrauen, und der verfallene und verzweifelte Wundertäter starb wahnsinnig.

Der Abbé Thiers, Pfarrer von Vibraie, erzählt in seinem merkwürdigen *„Traité des superstitions"*, daß eine dem Anschein nach von einem hoffnungslosen Augenleiden befallene und plötzlich und wunderbarerweise geheilte Frau einem Priester beichtete, sie habe zur Magie ihre Zuflucht genommen. Sie hatte lange einen Geistlichen, den sie für einen Magier hielt, belästigt, um von ihm ein Zeichen zu erhalten, das sie bei sich tragen könnte. Der Geistliche hatte ihr dann ein zusammengeroll-

234

tes Pergament gegeben und ihr befohlen, sich dreimal täglich mit frischem Wasser zu waschen. Der Priester ließ sich das Pergament, geben und fand darauf die Worte: *Eruat diabolus oculos tuos et repleat stercoribus loca vacantia.* Er übersetzte diese Worte der Frau, die wohl überrascht, doch nicht weniger geheilt war.

Das Anblasen ist eine der wichtigsten Praktiken der okkulten Medizin, weil sie ein vollkommenes Zeichen der Lebensübertragung ist. Wirklich über jemanden oder eine Sache hin atmen, d. h. mit seinem Atem anblasen; und wir wissen schon nach dem einzigen Dogma des Hermes, daß die Kraft der Dinge die Worte geschaffen hat, und daß es ein bestimmtes Verhältnis zwischen Ideen und Worten gibt, welche die ersten Formen und wörtlichen Verwirklichungen der Ideen sind.

Je nachdem der Atem kalt oder warm ist, ist er abstoßend oder anziehend. Der warme Atem entspricht der positiven, der kalte der negativen Elektrizität. Auch elektrisch empfindliche und nervöse Tiere fürchten den kalten Atem, wie man an einer Katze erfahren kann, deren Vertraulichkeiten einem lästig sind, wenn man über sie atmet. Blickt man einen Löwen oder Tiger starr an und haucht ihm ins Gesicht, so wird man ihn auf der Stelle derart überraschen, daß er sich von uns zurückzieht.

Der warme und andauernde Hauch erneuert die Blutzirkulation, heilt rheumatische und gichtische Schmerzen, stellt das Gleichgewicht in den Säften her und zerstreut die Müdigkeit. Von seiten einer sympathischen und guten Person ist er ein universales Heilmittel. Der kalte Hauch lindert Schmerzen, deren Ursachen Kongestionen und fluidische Ansammlungen sind. Man muß also mit diesen beiden Atmungen abwechseln, indem man die Polarität des menschlichen Organismus beobachtet und auf die Pole in entgegengesetzter Weise einwirkt und sie nacheinander einem entgegengesetzten Magnetismus unterwirft. So muß man zur Heilung eines entzündeten Auges das gesunde Auge warm und mild anhauchen, dann mit kalten Atmungen in Abständen und im genauen Verhältnis mit den warmen Atmungen auf das kranke Auge einwirken. Die magnetischen Striche wirken wie der Atem: sie sind durch Ausdünstung und Strahlung innerer, von vitalem Licht ganz phosphoreszierender Luft wirklicher Atem. Die langsamen Striche gleichen einem warmen Atem, der die Geister wieder sammelt und anreizt. Die schnellen Striche kommen dem kalten Atem gleich, der die Kräfte zerteilt und die Neigungen zur Kongestion neutralisiert. Der warme Hauch muß transversal oder von unten nach oben geführt werden, der kalte ist kräftiger und wird von oben nach unten geführt.

Wir atmen nicht nur durch Nase und Mund: die allgemeine Porosität unseres Körpers ist ein wirklicher, zwar ungenügender, doch für Leben und Gesundheit äußerst wichtiger Atmungsapparat. Die Fingerspitzen, bei denen alle Nerven auslaufen, strahlen das astrale Licht aus oder ziehen es nach unserem Willen an. Die berührungslosen magnetischen Striche gleichen einem einfachen und leichten Atem; die Berührung fügt diesem den sympathischen, gleichmäßigen Eindruck hinzu. Die Berührung ist gut und selbst notwendig, um beim Beginn des Somnambulismus den Halluzinationen vorzubeugen. Sie ist eine Gemeinschaft physischer Wirklichkeit, die das Gehirn warnt und die irregeleitete Einbildung zurückruft; aber man darf sie nicht sehr ausdehnen, wenn man nur magnetisieren will. Ist die absolute und anhaltende Berührung in gewisser Hinsicht auch nützlich, so wird die Wirkung auf das Subjekt eher einer Inkubation oder Massage als dem eigentlichen Magnetismus ähnlich sein.

Wir haben über Inkubationsbeispiele berichtet, die wir dem unter Christen am meisten geachteten Buche entnahmen. Diese Beispiele stimmen alle in der Heilung als unheilbar angesehener Lethargien überein, da wir ja übereinkamen, Wiedererweckungen so zu nennen. Die Massage ist bei den Orientalen noch sehr im Gebrauch, sie wenden sie in den öffentlichen Bädern an und fühlen sich dabei sehr wohl. Das Ganze ist ein System von Reiben, Ziehen und Drücken, das lange und langsam auf alle Glieder und Muskeln ausgedehnt wird, und dessen Wirkung ein neues Gleichgewicht in den Kräften, ein vollkommenes Gefühl von Ruhe und Wohlsein mit einer sehr fühlbaren Neubelebung der Gelenkigkeit und Lebenskraft ist.

Die ganze Kraft der okkulten Medizin liegt in der Bewußtheit des Willens und ihre ganze Kunst besteht darin, den Glauben in ihrem Kranken zu wecken. Wenn ihr glauben könnt, sagte der Herr, ist alles möglich. Man muß den zu Behandelnden durch den Gesichtsausdruck, den Ton, die Geste beherrschen, muß ihm durch väterliches Benehmen Vertrauen einflößen und ihn durch etwas Gutes und heitere Gespräche aufmuntern. Rabelais, der mehr Magier war, als er schien, hatte als besonderes Universalmittel den Genuß. Er brachte seine Kranken zum Lachen, und alle Mittel, die sie dann gebrauchten, hatten besseren Erfolg. Er stellte zwischen ihnen und sich eine magnetische Sympathie her, mittels deren er

ihnen sein Vertrauen und seine gute Laune
mitteilte. Er schmeichelte ihnen in seinen An-
sprachen, da er sie seine berühmtesten und
kostbarsten Kranken nannte und ihnen seine
Werke widmete. So glauben wir, daß der Gar-
gantua und der Pantagruel in jener Zeit religiösen Hasses und der Bürgerkriege mehr
schwarze Flüsse, mehr Wahnsinnsanlagen und
gallsüchtige Manien heilte, als die ganze me-
dizinische Fakultät je feststellen und studieren
könnte.

Die okkulte Medizin beruht vor allem auf
Sympathie. Es muß ein wechselseitiges Verhältnis oder zum mindesten ein wirklich guter
Wille zwischen Arzt und Kranken hergestellt
werden. Sirupe und Tränkchen haben kaum
Kraft an sich selbst, sie wirken nur die gemeinsame Überzeugung von Arzt und Patienten; auch läßt sie die homöopathische Medizin
ohne große Nachteile beiseite. Mit Salz oder
Kampfer durchsetztes Oel oder ein solcher
Wein könnten zum Verbinden aller Wunden
und zu allen äußerlichen Einreibungen oder
schmerzstillenden Auflegungen genügen. Öl und
Wein sind die vorzüglichsten Medikamente der
evangelistischen Überlieferung. Denken wir an
den Balsam des Samariters, und in der *Apokalypse* bittet der Prophet bei der Beschreibung der großen Verheerungen die rächenden
Mächte, doch Öl und Wein zu schonen, d. h.
eine Hoffnung zu lassen und ein Heilmittel für
soviel Wunden. Was wir letzte Ölung nennen, war bei den ersten Christen und in der
Absicht des hl. Apostels Jakobus, der diese
Vorschrift für alle Gläubigen der ganzen Welt
in seinem Brief aufgezeichnet hat, die reine
und einfache Handhabung der überlieferten
Medizin des Herrn. „Ist jemand unter euch
krank," schreibt er, „der rufe zu sich die

238

Ältesten der Gemeine und lasse sie über sich beten und salben im Namen des Herrn." Diese göttliche Therapeutik ist allmählich verloren gegangen, und man gewöhnte sich daran, die letzte Ölung als eine notwendige religiöse Formsache vor dem Sterben zu betrachten. Die wundertätige Kraft des heiligen Öles wird jedoch durch das traditionelle Dogma nicht ganz in Vergessenheit geraten, und man erinnert sich jener Katechismusstelle, die sich auf die letzte Ölung bezieht.

Was überhaupt unter den ersten Christen heilte, war Glaube und Nächstenliebe. Die Wurzel der meisten Krankheiten liegt in moralischen Verwirrungen: man muß mit dem Heilungsprozeß bei der Seele beginnen, der Leib wird dann leicht gesunden.

XXI. KAPITEL

DAS WISSEN DER PROPHETEN.

Wir widmen dieses Kapitel der Wahrsagung.

Die Wahrsagung ist in ihrem weitesten Sinn und nach der grammatikalischen Bedeutung des Wortes, die Übung göttlicher Macht und die Verwirklichung göttlichen Wissens (divination).

Sie ist das Priestertum des Magiers.

Doch in der allgemeinen Ansicht bezieht sich die Wahrsagung mehr auf die Kenntnis verborgener Dinge.

Die geheimsten Gedanken der Menschen kennen, in die Mysterien der Vergangenheit und Zukunft eindringen, von Jahrhundert zu Jahrhundert die erbarmungslose Enthüllung der Ereignisse durch genaue Kenntnis der Ursachen heraufbeschwören, das nennt man allgemein Wahrsagung.

Von allen Mysterien der Natur ist das tiefste das des Menschenherzens, und doch erlaubt die Natur nicht, daß diese Tiefe unzugänglich sei. Trotz der tiefsten Verstellung, der geschicktesten Politik zieht sie selbst und läßt in den Formen des Körpers, im Leuchten des Blicks, in den Bewegungen, in der Stimme tausend enthüllende Zeichen beobachten.

Der vollkommen Eingeweihte bedarf selbst dieser Anzeichen nicht; er sieht die Wahrheit im Licht, empfängt einen Eindruck, der ihm den ganzen Menschen offenbart und muß sogar Nichtbeachtung heucheln, um so Furcht oder Haß der Bösen zu entwaffnen, die er nur zu gut kennt!

Der Mensch mit schlechtem Gewissen glaubt immer, daß man ihn anklagt oder beargwöhnt. Erkennt er sich im Zug einer allgemeinen Satire, er wird sie ganz auf sich beziehen und betonen, man verleumde ihn. Immer mißtrauisch, aber auch neugierig und ängstlich ist er vor dem Magier wie der Satan in der Parabel oder wie die Schriftgelehrten, die ihn immer ausfragten, um ihn zu versuchen. Immer halsstarrig und immer schwach fürchtet er über alles, seine Fehler einzugestehen. Die Vergangenheit beunruhigt, die Zukunft schreckt ihn. Er möchte sich mit sich selbst abfinden und sich für einen Menschen mit leichten Eigenschaften halten. Sein Leben ist ein fortwährendes Ringen zwischen guten Einfällen und schlechten Gewohnheiten. Er hält sich für einen Philosophen nach der Art des Aristipp oder Horaz, indem er die ganze Verderbtheit seiner Zeit wie eine Notwendigkeit hinnimmt, die man ertragen muß, zerstreut sich mit einigen philosophischen Spielereien und lächelt gerne das Protektorenlächeln des Mäzen, um sich zu überzeugen, daß er in seiner Verbindung mit Verres und seinem Gefallen an Trimalcion nicht einfach ein Ausbeuter des Hungers sei.

Solche Menschen sind immer, selbst in ihren guten Werken, Ausbeuter. Weisen sie der öffentlichen Armenpflege ein Almosen zu, so verschleppen sie ihre Wohltat, um ihren Diskont zurückzuhalten. Dieser Typ, über den ich mich hier verbreite, ist nicht der eines Einzelnen: es ist der einer ganzen Menschenklasse, denen der Magier zumal in unserer Zeit oft ausgesetzt ist. Er muß sich in das Mißtrauen hüllen, dessen Beispiel sie selbst ihm geben, denn in ihnen findet er immer seine kompromittierendsten Freunde und seine gefährlichsten Feinde.

Die öffentliche Ausübung der Wahrsagung kommt in unserer Zeit keinem wahren Eingeweihten zu, denn er wäre oft genötigt, seine Zuflucht zu Kunststückchen und Adressenwechsel zu nehmen, um seine Kundschaft zu behalten und sein Publikum in Erstaunen zu setzen. Die anerkannten Wahrsager und Wahrsagerinnen haben immer eine geheime Polizei, die sie über das intime Leben oder die Gewohnheiten ihrer Ratsuchenden unterrichtet. Eine Zeichentelegraphie ist zwischen Vor- und Sprechzimmer eingerichtet. Dem unbekannten oder zum ersten Male kommenden Klienten gibt man eine Nummer, gibt ihm einen Tag an und läßt ihn verfolgen, läßt Pförtnerinnen, Nachbarn und Dienerschaft plaudern und kommt so zu jenen Details, die den Geist der Einfältigen außer Fassung setzen und ihnen die Achtung für einen Charlatan geben, die man nur für die ernste Wissenschaft und die gewissenhafte Wahrsagung haben sollte.

Die Voraussagung künftiger Ereignisse ist nur für jene möglich, deren Verwirklichung bis zu einem gewissen Grade in ihrer Ursache enthalten ist. Die Seele kann, wenn sie durch den ganzen Nervenapparat in den Kreis des Astrallichts hineinsieht, das einen Menschen beeinflußt und einen Eindruck von ihm aufnimmt, so behaupten wir, in einem Augenblick alles überblicken, was dieser Mensch an Liebens- und Hassenswertem um sich aufgebaut hat, kann seine Absichten in seinem Denken lesen, die Hindernisse auf seinem Weg voraussehen, den gewaltsamen Tod vielleicht, der ihn erwartet; doch kann sie seine geheimen, freiwilligen, eigensinnigen Entschließungen auch des ersten der Beratung folgenden Augenblicks nur soweit voraussehen, als die List des Wahrsagers den Ablauf der Prophetie selbst vorbereitete. Beispiel: Ihr sagt einer Frau, die heiraten möchte: Sie werden heute oder morgen Abend zu irgend einem Vergnügen gehen und werden dort einen Mann sehen, der Ihnen gefallen wird. Dieser Mann wird nicht weggehen, ohne sie bemerkt zu haben, und durch eine seltsame Verkettung von Umständen wird daraus später eine Heirat zustande kommen. Ihr könnt sicher sein, so endet die Geschichte, die Frau wird zu dem bezeichneten Vergnügen gehen, wird dort einen Mann sehen, von dem sie sich beachtet glaubt, und wird auf eine baldige Heirat hoffen. Kommt die Heirat nicht zustande, so wird sie sich bei euch nicht beklagen, denn sie will die Hoffnung einer neuen Illusion nicht verlieren und wird im Gegenteil immer wiederkommen, um euch zu befragen.

Wir haben gesagt, daß das Astrallicht das große Buch der Wahrsagung ist. Wer die Fähigkeit hat, darin zu lesen, muß es natürlich haben oder erwerben. Es gibt also zwei Arten von Sehern, solche von Veranlagung und eingeweihte. Kinder, Ungebildete, Hirten, selbst Idioten haben mehr Anlagen zur natürlichen Wahrsagung als Gelehrte und Denker. David, der einfache Hirte, war Prophet wie keiner seit Salomo, dem König der Kabbalisten und Magier. Die Wahrnehmungen des Instinkts sind oft sicherer als jene des Wissens; die im Astrallicht weniger Hellsehenden sind die größeren Grübler.

Der Somnambulismus ist ein Zustand reiner Triebmäßigkeit: auch brauchen die Somnambulen einen Seher des Wissens zu ihrer Leitung; Skeptiker und Klügler können sie nur verwirren.

Die divinatorische Vision tritt nur im Zustand der Ekstase ein, und um diesen Zustand zu erreichen, muß man durch Festlegung oder Einschläferung des Gedankens Zweifel und Illusion unmöglich machen.

Die Werkzeuge der Wahrsagung sind also nur Mittel, sich selbst zu magnetisieren und sich dem äußeren Licht zu verschließen, um sich ganz dem inneren Licht hinzugeben. Deshalb hüllte sich Apollonios ganz in einen wollenen Mantel und starrte in der Dunkelheit auf seinen Nabel. Der magische Spiegel Du Potet's ist ein dem des Appollonios entsprechendes Mittel. Die Hydromantik und das Sehen im schwarz gefärbten Daumennagel sind Abwandlungen des magischen Spiegels. Räucherungen und Anrufungen schläfern das Denken ein, Wasser und die schwarze Farbe absorbieren die Gesichtsstrahlungen: es tritt dann eine Blendung, ein Schwindel ein, dem eine Hellsichtigkeit in jenen folgt, die dafür eine natürliche Anlage haben oder genügend vorbereitet sind.

Geomantik und Kartomantik sind andere Mittel zum gleichen Zweck: die Kombinationen der Symbole und Zahlen, die hierzu zufällig und notwendig sind, geben ein ziemlich wahres Bild der Glücksfälle des Schicksals, damit die Einbildung die Verwirklichung in der Lage der Symbole sehen kann. Je lebhafter das Interesse, je größer der Wunsch zu sehen, je vollkommener das Vertrauen in die Intuition, desto klarer auch die Vision. Auf gut Glück die Punkte der Geomantik werfen oder unbesonnen die Karten ziehen, heißt wie Kinder spielen, die den schönsten Buchstaben zeichnen. Die Entscheidungen sind nur dann Orakel, wenn sie durch die Intelligenz magnetisiert und von dem Glauben geleitet sind.

244

Von allen Orakeln ist der Tarot in seinen Antworten das überraschendste, weil alle möglichen Kombinationen dieses universellen Schlüssels der Kabbala als Lösungen der Orakel Wissen und Wahrheit geben. Der Tarot war das einzige Buch der alten Magier; er ist die ursprüngliche Bibel, wie wir im folgenden Kapitel beweisen werden, und die Alten befragten ihn, wie später die ersten Christen die *Geschicke der Heiligen,* d. h. die auf gut Glück gezogenen und durch das Denken einer Zahl bestimmten Bibelsprüche befragten.

Die Lenormand, die berühmteste unserer modernen Wahrsagerinnen, wußte nichts von der Wissenschaft des Tarot, den man damals nur durch Eteilla kannte, dessen Erklärungen vor das Licht geworfene Verdunkelungen sind. Weder kannte sie die hohe Magie noch die Kabbala und hatte den Kopf vollgepfropft mit einer schlecht verdauten Gelehrsamkeit; aber sie war durch Instinkt intuitiv, und dieser Instinkt täuschte sie selten. Die von ihr hinterlassenen Werke sind ein legitimistisch angehauchter Galimathias klassischer Zitate; doch hatten ihre durch die Gegenwart und den Magnetismus der sie um Rat Fragenden angeregten Orakel oft etwas Überraschendes. Sie war eine Frau, bei der Hochmut der Einbildung und die Wandelbarkeit des Geistes die Stelle der natürlichen Geschlechtsregungen einnahmen. Sie lebte und starb als Jungfrau wie die alten Druidinnen der Seineinsel.

Hätte sie die Natur mit einiger Schönheit begabt, sie hätte in früheren Zeiten bei den Galliern leicht die Rolle einer Melusine oder Velleda gespielt.

Je mehr Zeremonien man bei der Ausübung der Wahrsagung anwendet, um so mehr reizt man die Einbildung der um Rat Fragenden wie seine eigene. Die Beschwörung der Vier, das salomonische Gebet, das magische Schwert zum Zerstreuen der Phantome können dabei erfolgreich gebraucht werden, dann muß man auch den Genius des Tages und der Stunde, in der man handelt, anrufen und ihm seine Räucherung darbringen, dann setzt man sich mit der fragenden Person in magnetischen und intuitiven Rapport und fragt sie, welches Tier ihr sympathisch, welches ihr widerlich ist, welche Blume sie liebt und welche Farbe sie vorzieht. Die Blau lieben, sind Idealisten und Träumer, die Rot bevorzugen Materialisten und Zornmütige, Gelb lieben Phantasten und Eigensinnige, Grün zeigt oft Kaufleute oder Schlauköpfe, Schwarz lieben von Saturn Beeinflußte, Rosa ist der Venus Farbe usw. Die Pferde lieben, sind arbeitsame, vornehme Charactere, beweglich und empfänglich, Freunde der Hunde sind liebenswert und treu, die der Katzen unabhängig und leichtfertig. Freimütige fürchten vor allem die Spinnen, Stolze lieben die Schlangen nicht, rechtschaffene und gewissenhafte Menschen können Ratten und Mäuse nicht leiden, Wollüstige scheuen die Kröte, weil sie kalt, einsiedlerisch, häßlich und traurig ist. Die Blumen erfahren entsprechende Sympathien wie Tiere und Farben, und da die Magie das Wissen von den universellen Analogien ist, so läßt ein einziger Geschmack, eine einzige Anlage einer Person auf alle andern schließen. Das ist eine der Anatomie Cuviers analoge Anwendung auf die Phänomene der moralischen Ordnung.

Die Physiognomie von Gesicht und Körper, die Runzeln der Stirn, die Linien der Hand liefern den Magiern gleichfalls wertvolle Anzeichen. Metoposkopie und Chiromantie sind besondere Wissenschaften geworden, deren ge-

246

wagte und rein mutmaßliche Beobachtungen von Goglenius, Belot, Romphile, Indagine und Taisnier verglichen, diskutiert und schließlich in einer Lehre zusammengefaßt wurden. Das Werk des letzteren ist das bedeutendste und vollständigste, er faßt darin die Beobachtungen und Mutmaßungen aller anderen zusammen und kommentiert sie.

Ein moderner Beobachter, der Chevalier d'Arpentigny hat durch seine Bemerkungen über die Analogien, die zwischen den Characteren der Menschen und der ganzen oder Teilform ihrer Hände wirklich vorhanden sind, der Chiromantie einen neuen Grad von Zuverlässigkeit gegeben. Diese neue Wissenschaft ist seither von einem Künstler, der gleichzeitig ein origineller und feiner Literat ist, ausgebaut und näher bestimmt worden. Der Schüler hat den Lehrer übertroffen, und man zitiert Desbarolles schon wie einen wirklichen Magier der Chiromantie.

Man muß den um Rat Fragenden auch über seine gewöhnlichen Träume fragen. Träume sind Spiegelungen des inneren wie des äußeren Lebens. Die alten Philosophen achteten sehr auf sie, die Patriarchen sahen in ihnen bestimmte Offenbarungen, und die meisten religiösen Offenbarungen sind im Traume geschehen. Die Ungeheuer der Hölle sind die Alpe des Christentums, und nie hätten Pinsel und Meißel solche Scheußlichkeiten hervorbringen können, wären sie nicht im Traume gesehen worden.

Man muß sich vor Menschen hüten, deren Einbildung gewöhnlich Häßliches spiegelt.

Ebenso äußert sich das Temperament in den Träumen, und da das Temperament einen anhaltenden Einfluß auf das Leben ausübt, ist seine Erkenntnis für die sichere Mutmaßung der Schicksale einer Person notwendig. Träume mit Blut, Vergnügen und Licht zeigen ein sanguinisches Temperament, solche mit Wasser, Schlamm, Regen, Tränen sind Zeichen einer mehr phlegmatischen Anlage, das nächtliche Feuer, Dunkelheit, Schrecken und Phantome entsprechen Gallsüchtigen und Melancholikern.

Synesios, einer der größten christlichen Bischöfe der ersten Jahrhunderte, der Schüler der schönen und reinen Hypathia, die nach ihrer glorreichen Lehrtätigkeit an jener schönen alexandrinischen Schule, deren Erbschaft das Christentum teilweise antreten mußte, von einigen Fanatikern ermordet wurde, Synesios, ein lyrischer Dichter wie Pindar und Kallimachos, ein Priester wie Orpheus, ein Christ wie Spiridion von Tremizont, hat einen Traktat über die Träume hinterlassen, der von Cardanus kommentiert worden ist. Man beschäftigt sich heute kaum noch mit diesen herrlichen Forschungen des Geistes, weil die ununterbrochenen Fanatismen die Welt zur Verzweiflung an dem wissenschaftlichen und religiösen Rationalismus getrieben haben. Der hl. Paulus hat Hermes Trismegistos verbrannt; Omar verbrannte die Schüler des Hermes wie des hl. Paulus. O ihr Verfolger, Brandstifter, ihr Spötter, wann endlich werdet ihr mit eurem Werk der Finsternisse und der Zerstörung zu Ende sein?

Tritheim, einer der größten Magier der christlichen Zeit, der prachtvolle Abt eines Benediktinerklosters, der weise Theologe und Lehrer des Cornelius Agrippa, hat unter seinen unzähligen und unschätzbaren Werken einen Traktat mit dem Titel: *De septem secundeis, id est intelligentiis sive spiritibus orbes post Deum moventibus* hinterlassen. Dieser Traktat ist ein Schlüssel aller alten und neuen Prophetien und ein mathematisches, historisches und einfaches Mittel, Isaias und Jeremias im Vorausschauen aller großen künftigen Ereignisse zu übertreffen. Der Verfasser zeichnet in großen Zügen die Philosophie der Geschichte und teilt das Bestehen der ganzen Welt unter die sieben Genien der Kabbala. Es ist die größte und weitestgehende Erklärung, die jemals über die sieben Engel der Apokalypse gegeben worden ist, die mit Trompeten und Kelchen nacheinander erscheinen, um das Wort und die Verwirklichung des Wortes auf Erden zu verbreiten. Die Herrschaft jedes Engels währt 354 Jahre und 4 Monate. Der erste ist Orifiel, der Engel des Saturn, der im ersten Jahre der Welt am 13. März seine Herrschaft begonnen hat (denn nach Tritheim wurde die Welt am 13. März erschaffen): sein Reich war das der Wildheit und der ursprünglichen Nacht. Dann kam das Reich Anaels, des Engels der Venus, dessen Reich im 354. Jahre der Welt am 24. Juni begann. Da wurde die Liebe der Erzieher der Menschen. Er schuf die Familie, und die Familie führte zum Zusammenschluß und dem ursprünglichen Staat. Die ersten Zivilisatoren wurden die durch Liebe inspirierten Dichter, dann schuf Übersteigerung der Poesie die Religion, den Fanatismus und die Wollust, die später zur Sintflut führten. Das dauerte bis zum 8. Monat, d. h. dem 25. Oktober des Jahres 708. Dann begann das Reich Zachariels, des Jupiterengels, unter dem die Menschen anfingen, das Eigentumsrecht an Land und Wohnsitz anzuerkennen und es sich streitig zu machen. Es war die Zeit der Städtegründungen und Abgrenzungen der Reiche, Zivilisation und Krieg waren seine Folgeerscheinungen. Die Notwendigkeit des Handels machte sich fühlbar, und so hob am 24. Februar des

Weltjahres 1063 das Reich Raphaels, des Engels des Merkur, der Wissenschaft und des Wortes, der Intelligenz und der Industrie an. Die Schrift wurde erfunden. Die erste Sprache war universell und hieroglyphisch, und das uns überkommene Denkmal ist das Buch des Henoch, des Kadmos, Thot oder Palamedes, die später von Salomo aufgenommene kabbalistische Clavicula, das mystische Buch der Theraphim, Urim und Thumim, die ursprüngliche Genesis des Sohar und des Guillaume Postel, das mystische Rad des Ezechiel, die Rota der Kabbalisten, der Tarot der Magier und Zigeuner. Dann wurden die Künste erfunden, der erste Versuch der Schiffahrt wurde gemacht, die Verbindungen erweiterten sich, die Bedürfnisse wurden größere, und bald, d. h. am 26. Juni des Weltjahres 1417, kam die Herrschaft Samaels, des Marsengels, die Zeit der Verderbnis aller Menschen und der allgemeinen Sintflut. Aus langer Ohnmacht erstarkte die Welt wieder unter Gabriel, dem Engel des Mondes, dessen Herrschaft am 28. März des Weltjahres 1771 begann: von da an vermehrte sich Noas Familie wieder und bevölkerte nach der Sprachverwirrung von Babel alle Erdteile bis zur Herrschaft Michaels, des Sonnenengels, der am 24. Februar des Weltjahres 2126 zu herrschen begann; auf diese Epoche muß man den Ursprung der ersten Herrschaften, das Reich der Nimrodkinder, die Entstehung der Wissenschaften und Religionen auf der Erde und die ersten Konflikte des Despotismus und der Freiheit zurückführen. Tritheim führt diese seltsame Studie durch die Zeitalter hindurch und zeigt in diesen Epochen die Wiederkehr der Ruinen, die durch Poesie und Liebe wiedererstarkende Zivilisation, die durch die Familie wieder aufgerichteten Reiche, die durch den Handel vermehrt, durch den Krieg zerstört, durch die universelle und fortschreitende Zivilisation wiederhergestellt, durch die großen Reiche, die Synthese der Geschichte aufgesogen wurden. Tritheims Arbeit ist in dieser Hinsicht universeller und unabhängiger als jene Bossuets und ist ein absoluter Schlüssel zur Philosophie der Geschichte. Seine klaren Berechnungen führen ihn bis zum November des Jahres 1879, einer Epoche des Michael und der Gründung eines neuen, universellen Reiches. Dieses Reich wird durch dreieinhalb Jahrhunderte der Angst und dreieinhalb Jahrhunderte der Hoffnung vorbereitet, Epochen, die genau mit dem sechzehnten, siebzehnten, achtzehnten und dem halben neunzehnten Jahrhundert als der lunaren Dämmerung und der Hoffnung, und mit dem vierzehnten, dreizehnten, zwölften und der Hälfte des elften als den Prüfungen, der Unwissenheit, der Ängste und Geißeln der ganzen Natur zusammenfallen. Nach dieser Berechnung sehen wir also, daß nach 24 Jahren, also um 1879 ein universelles Reich gegründet und der Welt der Friede gegeben wird. Es wird politisch und religiös sein, es wird allen erregenden Problemen unserer Tage eine Lösung geben und wird 354 Jahre und 4 Monate dauern. Dann wird die Herrschaft Orifiels, eine Epoche von Schweigen und Nacht wiederkommen. Das nächste universelle Reich unter der Sonnenzeit wird dem gehören, der die Schlüssel des Orients haben wird, um die sich gegenwärtig die Fürsten der vier Weltteile streiten. Aber in den oberen Reichen sind die Intelligenz und die Tätigkeit die Kräfte, die die Sonne beherrschen, und das Volk, das jetzt auf Erden die Initiative der Intelligenz und des Lebens hat, wird auch die Schlüssel

des Orients haben und das universelle Reich
gründen. Vielleicht wird es ein Kreuz und
Martyrium ähnlich dem des Mensch-Gottes
zu tragen haben; doch tot oder lebendig
unter den Völkern, sein Geist wird triumphieren, und alle Erdenvölker werden in 24 Jahren die Fahne des immer siegreichen oder wunderbarerweise wieder erstarkten Frankreichs
anerkennen und ihr folgen. Das ist die durch
all unser Vorausschauen bestätigte und alle
unsere Wünsche unterstützte Prophetie Tritheims.

DER WAGEN DES HERMES
Der siebente Schlüssel des Tarot

XXII. KAPITEL

DAS BUCH DES HERMES.

So kommen wir nun zum Schluß unserer Arbeit und wollen hier den universellen Schlüssel geben und das letzte Wort sagen.

Der universelle Schlüssel der magischen Künste ist der Schlüssel aller alten, religiösen Dogmen, der Kabbala und der Bibel und die Clavicula Salomonis.

Diese Clavicula oder den kleinen Schlüssel, den man seit Jahrhunderten verloren glaubte, haben wir wiedergefunden, konnten alle Gräber der alten Welt öffnen, die Toten sprechen lassen, in all ihrem Glanz die großen Denkmale der Vergangenheit wiedersehen, die Rätsel aller Sphinxen verstehen und in alle Heiligtümer eintreten.

Der Gebrauch dieses Schlüssels war bei den Alten nur einigen großen Priestern erlaubt, und man vertraute das Geheimnis selbst nicht dem Kern der Eingeweihten an. Und das war dieser Schlüssel:

Er war ein hieroglyphisches und Zahlenalphabet, das durch Zeichen und Zahlen eine Reihe universeller und absoluter Ideen ausdrückte, dann eine Skala von zehn mit vier Symbolen vervielfachten und durch zwölf Figuren miteinander verbundenen Zahlen, welche die zwölf Zeichen des Tierkreises und die vier Genien der Kardinalpunkte darstellte.

Die in den Mysterien von Memphis und Theben durch die vier Formen der Sphinx, Mensch, Adler, Löwe und Stier dargestellte symbolische Vierheit entsprach den vier Ele-

menten der alten Welt: das Wasser, dargestellt durch die Schale, die der Mann oder
Wassermann hält; die Luft durch den Reif
oder Strahlenkranz, der den Kopf des Him-
melsadlers umgibt; das Feuer durch das Holz,
das es unterhält, durch den von der Erd- und
Sonnenwärme fruchtbar gemachten Baum,
durch das Herrscherszepter endlich, dessen
Sinnbild der Löwe ist; die Erde durch das
Schwert des Mithras, der jedes Jahr den heiligen Stier opfert und sein Blut fließen läßt
als jene Kraft, die alle Früchte der Erde hervorbringt.

Diese vier Zeichen mit allen ihren Analogien
sind in allen Heiligtümern die Erklärung des
verborgenen eineinzigen Wortes, jenes Wortes, das die Bacchanten in ihrem Rausch zu
erraten schienen, wenn sie bei der Feier der
Jacchos-Feste bis zur Raserei für IO EVOHE
in Begeisterung gerieten! Was bezeichnet dieses geheimnisvolle Wort? Es war der Name
der vier ursprünglichen Buchstaben der Mut-
tersprache: das JOD, Symbol des Rebstocks
oder des väterlichen Szepters von Noe; das
HE„ Bild der Trankopferschale, Zeichen der
göttlichen Mütterlichkeit; das VAU, das die
beiden vorhergehenden Zeichen miteinander
verbindet und in Indien den großen und geheimnisvollen Lingam als Bild hatte. So war
in dem göttlichen Wort das dreifache Zeichen
der Dreiheit; dann erschien der mütterliche
Buchstaben ein zweites Mal, um die Fruchtbarkeit der Frau und der Natur auszudrücken,
und um das Dogma der universellen und fortschreitenden Analogien zu formulieren, das
von den Ursachen zu den Wirkungen herab
und von den Wirkungen zu den Ursachen
zurückführte. Das heilige Wort wird nicht
ausgesprochen. Es wird in vier Worten buch-

stabiert und gesprochen; diese vier Worte sind: JOD HE VAU HE.

Der gelehrte Gaffarel zweifelt nicht daran, daß die *Theraphim* der Hebräer, mit denen sie die Orakel des *Urim* und des *Thumim* befragten, die Bilder der vier Tiere der Kabbala waren, deren Symbole, wie wir bald darlegen werden, in den Sphinxen oder Cherubim der Arche zusammengefaßt waren. Doch zitiert er bezüglich der von Michas widerrechtlich angeeigneten Theraphim eine seltsame Stelle aus Philon dem Juden, die eine ganze Offenbarung über den alten und sacerdotalen Ursprung unseres Tarots ist. Gaffarel drückt sich folgendermaßen aus: „Er (Philon der Jude) sagt, da er über die verborgene Geschichte in obgemeldeten Kapitel der Richter spricht, daß Michas aus Feingold und Silber drei Figuren von jungen Knaben und jungen Kälbern, außerdem von einem Löwen, einem Adler, einem Drachen und einer Taube machte: und zwar derart, daß er, um irgend ein Geheimnis seiner Frau zu erfahren, die Taube fragte; handelte es sich um seine Kinder, ging er zu dem jungen Knaben; um Reichtum fragte er den Adler, um Stärke und Macht den Löwen, um Fruchtbarkeit den Cherub oder Stier, um Länge des Tages und der Jahre den Drachen." Diese Offenbarung des Philon ist für uns, so wenig Gebrauch auch Gaffarel von ihr macht, von größter Wichtigkeit. Unser Schlüssel der Vierheit, die Bilder der vier symbolischen Tiere also, die sich auf dem einundzwanzigsten Schlüssel des Tarot, d. h. auf der dritten Siebenheit befinden, wiederholen so drei und fassen den ganzen Symbolismus, den die drei übereinandergelegten Siebenheiten ausdrücken, zusammen, den Antagonismus der Farben durch die Taube und den Drachen, den Ring oder ROTA durch den Drachen oder die Schlange als Ausdruck der Länge der Tage, endlich die kabbalistische Wahrsagung des ganzen Tarot, wie sie später die ägyptischen Zigeuner übten, deren Geheimnisse Eteilla unvollständig erriet und wiederfand.

Man findet in der Bibel, daß die Hohenpriester den Herrn über dem goldenen Tisch der heiligen Bundeslade zwischen den Cherubim oder Sphinxen mit Stierleibern und Adlerflügeln und mit Hilfe der Theraphim durch Urim, Thumim und das Ephod befragten. Das Ephod war bekanntlich ein in Edelsteine gezogenes magisches Quadrat aus zwölf Zahlen und zwölf Worten. Das Wort *Theraphim* bezeichnet im Hebräischen Hieroglyphen oder figürliche Zeichen, Urim und Thumim war das Oben und das Unten, der Orient und der Occident, das Ja und das Nein, und diese Zeichen entsprachen den beiden Säulen des Tempels, JAKIN und BOHAS Wollte also der Hohepriester das Orakel sprechen lassen, so zog er dem Zufall nach die Theraphim oder Goldblättchen, welche die Bilder der vier geheiligten Namen trugen, und legte sie drei zu drei um das Brustschild oder Ephod, zwischen Urim und Thumim, d. h. zwischen die beiden Onyxsteine, die den Ketten des Ephod als Agraffen dienten. Der Onyx zur Rechten bezeichnete Gedulah oder Barmherzigkeit und Herrlichkeit; der Onyx zur Linken bezog sich auf Geburah und bezeichnete Gerechtigkeit und Zorn, und befand sich z. B. das Zeichen des Löwen bei dem Stein, in den der Name des Stammes Juda eingeritzt war, zur linken Seite, so las der Hohepriester das Orakel folgendermaßen: Die Geißel des Herrn ist gegen Juda erhoben. Zeigte der Theraphim den Menschen oder die Schale und befand sich gleichfalls zur Linken beim Steine Benjamins, so las der Hohepriester: Die Barmherzigkeit des Herrn ist überdrüssig der Beleidigungen Benjamins, der ihn in seiner Liebe kränkt. Deshalb wird er über ihn ausgießen die Schale seines Zorns usw. Als das souveräne Priestertum in Israel aufhörte, als alle Orakel der Welt vor dem Mensch gewordenen und aus dem Munde des volkstümlichsten und sanftesten aller Weisen sprechenden Wort schwiegen, als die Bundeslade verloren, das Allerheiligste profaniert und der Tempel zerstört war, da wurden die Mysterien des Ephod und der Teraphim, die nicht mehr in Gold und Edelsteine gezogen wurden, von einigen weisen Kabbalisten auf Elfenbein, Pergament, versilbertes und vergoldetes Leder, schließlich auf einfache Karten geschrieben oder besser nachgebildet, die der offiziellen Kirche immer verdächtig waren, als umschlössen sie einen gefährlichen Schlüssel zu ihren Mysterien. Daher sind jene Tarots gekommen, deren Alter, dem gelehrten Court de Gébelin durch dieselbe Wissenschaft der Hieroglyphen und der Zahlen offenbart, später den zweifelhaften Scharfblick und das zähe Forschen Etteilas auf eine so harte Probe stellte.

Court de Gébelin gibt im achten Band seines Werkes „*Monde primitif*" die Abbildung der einundzwanzig Schlüssel und der vier Aß des Tarot und beweist dabei die vollkommene Analogie mit allen Symbolen des höchsten Altertums; er versucht dann die Erklärung hierzu zu geben und irrt natürlich, weil er als Ausgangspunkt nicht das universelle und heilige Tetragramm, das JO EVOHE der Bacchanalien, das JOD HE VAU HE des Allerheiligsten, das יהוה der Kabbala nimmt.

Eteilla oder Aliette, ganz eingenommen von seinem Wahrsagesystem und von dem daraus zu ziehenden materiellen Gewinn, Alliette, ein alter Barbier, der weder je das Französische noch seine Orthographie lernte, behauptete, das Buch Thot wiederherzustellen und sich so anzueignen. Auf dem Tarot, den er stechen ließ und der sehr selten geworden ist, liest man auf der achtundzwanzigsten Karte (der achten der Stäbe) folgende kindische Reklame: „Eteilla, Professor der Algebra, Erneuerer der Kartomantik und Redakteur *(sic!)* der modernen *Unrichtigkeiten* dieses alten Buches des Thot, wohnt Rue de l'Oseille 48, Paris." Eteilla hätte sicher besser daran getan, die *Unrichtigkeiten,* von denen er spricht, nicht zu korrigieren: seine Arbeiten haben das alte, von Court de Gébelin wieder entdeckte Buch ins Bereich der gewöhnlichen Magie und der Kartenlegerei zurückfallen lassen. Wer zuviel beweisen will, beweist nichts, sagt ein altes Axiom der Logik; Eteilla lieferte hierfür ein Beispiel mehr, und doch hatten ihn seine Anstrengungen zu einer gewissen Kenntnis der Kabbala geführt, wie man dies aus einigen wenigen Stellen seiner unlesbaren Werke ersehen kann.

Die wahren zeitgenössischen Eingeweihten Eteillas, die Rosenkreuzer zum Beispiel und die Martinisten, besaßen den wahren Tarot, wie dies ein Buch von Saint Martin, dessen Einteilung die des Tarot ist, und folgende Stelle eines Feindes der Rosenkreuzer beweisen: „Sie behaupten, daß sie ein Buch besäßen, aus dem sie alles lernen könnten, was in anderen, vorhandenen oder überhaupt je vorhanden sein werdenden Büchern enthalten ist. Dieses Buch ist ihre Vernunft, mit der sie die Urform alles Existierenden durch die

Leichtigkeit zu analysieren, Abstraktionen zu machen, eine Art intellektueller Welt zu bilden und alle möglichen Wesen zu schaffen, finden. Seht die philosophischen, theosophistischen, mikrokosmischen Karten usw." aus dem Werk „*Conjuration contre la religion catholique et les souverains, par l'auteur du Voile levé pour les curieux. Paris, Crapard, 1792.*" Die wahren Eingeweihten, die das Geheimnis des Tarot unter ihren größten Mysterien hielten, hüteten sich wohl, gegen die Irrtümer Eteillas zu protestieren, und ließen ihn das Arkanum der wahren Salomonischen Schlüssel nicht enthüllen, sondern wieder verschleiern. Auch ist es nicht grundlos erstaunlich, daß wir diesen Schlüssel aller Dogmen und aller Philosophien der Alten Welt unversehrt und noch unbekannt wiedergefunden haben. Ein Schlüssel, sage ich, und es ist wahrhaft einer, da er den Kreis der vier Dekaden als Ring und als Stil oder Körper die Leiter der zweiundzwanzig Charaktere, als Ecken endlich die drei Grade der Dreiheit hat, wie ihn Guillaume Postel in seinem „*Clef des choses chachées*" erwähnte und abbildete, ein Schlüssel, dessen verborgenen und nur den Eingeweihten bekannten Namen er folgendermaßen angibt:

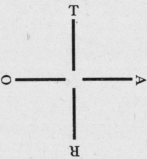

ein Wort, das ROTA gelesen werden kann, und welches das Rad des Ezechiel bezeichnet, oder TAROT, wonach es dann ein Synonym des AZOTH der hermetistischen Philosophen ist. Ein Wort, das kabbalistisch das dogmatische und natürliche Absolute ausdrückt. Es ist aus den Charakteren des Christusmonogramms der Griechen und Hebräer gebildet. Das lateinische R oder das griechische *P* befindet sich in der Mitte zwischen dem Alpha und Omega der *Apokalypse;* dann schließt das Tau, das Zeichen des Kreuzes, das ganze Wort zusammen, wie das unsere Abbildung auf Seite 78 zeigt.

Ohne den Tarot ist die Magie der Alten für uns ein verschlossenes Buch, und ohne ihn ist es unmöglich, in eines der großen Mysterien der Kabbala einzudringen. Nur der Tarot gibt die Erklärung der magischen Quadrate des Agrippa und Paracelsus, wie man sich überzeugen kann, wenn man diese magischen Quadrate mit den Schlüsseln des Tarot bildet und die Hieroglyphen liest, die sich dabei ergeben.

SATURN

2	9	4
7	5	3
6	1	8

JUPITER

4	14	15	1
9	7	6	12
5	11	10	8
16	2	3	13

261

MARS

11	24	7	20	3
4	12	25	8	16
17	5	13	21	9
10	18	1	14	22
23	6	19	2	15

SONNE

6	32	3	34	35	1
7	11	27	28	8	30
19	14	16	15	23	24
18	20	22	21	17	13
25	29	10	9	26	12
36	5	33	4	2	31

VENUS

22	47	16	41	10	35	4
5	23	48	17	42	11	29
30	6	24	49	18	36	12
13	31	7	25	43	19	37
38	14	32	1	26	44	20
21	39	8	33	2	27	45
46	15	40	9	34	3	28

MERKUR

8	58	59	5	4	62	63	1
49	15	14	52	53	11	10	56
41	23	22	44	45	19	18	48
32	34	35	29	28	38	39	25
40	26	27	37	36	30	31	33
17	47	46	20	21	43	42	24
9	55	54	12	13	51	50	16
64	2	3	61	60	6	7	57

MOND

37	78	29	70	21	62	13	54	5
6	38	79	30	71	22	63	14	46
47	7	39	80	31	72	23	55	15
16	48	8	40	81	32	64	24	56
57	17	49	9	41	73	33	65	25
26	58	18	50	1	42	74	34	66
67	27	59	10	51	2	43	75	35
36	68	19	60	11	52	3	44	76
77	28	69	20	61	12	53	4	45

Zählt jede Reihe dieser Quadrate zusammen, so erhaltet ihr unwandelbar die charakteristische Zahl des Planeten, und findet ihr die Erklärung dieser Zahl durch die Hieroglyphen des Tarot, so sucht den Sinn aller, sei es dreieckigen, quadratischen oder kreuzförmigen Figuren, die ihr von den Zahlen gebildet findet. Das Ergebnis dieser Arbeit wird eine vollständige und tiefe Kenntnis aller von den Alten unter dem Symbol jedes Planeten oder vielmehr jeder Personifikation der himmlischen wie menschlichen Einflüsse auf die Vorgänge des Lebens verborgenen Allegorien und Mysterien sein.

Wir haben gesagt, daß die 22 Schlüssel des Tarot die 22 Buchstaben des ursprünglichen kabbalistischen Alphabets sind. Hier nun eine Aufstellung der Abwandlungen dieses Alphabets nach den verschiedenen hebräischen Kabbalisten:

א *Sein, Geist, Mensch oder Gott; begreifliches Objekt; Muttereinheit der Zahlen, prima Materia.*

All diese Ideen sind hieroglyphisch durch das Bild des GAUKLERS ausgedrückt. Sein Körper und seine Arme bilden den Buchstaben א; um seinen Kopf trägt er einen Strahlenkranz in Form eines ∞, dem Symbol des Lebens und des universellen Geistes. Vor ihm liegen Schwerter, Schalen und Pantakel, zum Himmel erhebt er den Zauberstab. Er hat eine jugendliche Figur und gelockte Haare wie Apollo oder Merkur, auf den Lippen schwebt ihm das Lächeln der Gewißheit, und in seinen Augen leuchtet der Blick der Intelligenz.

ב *Das Haus Gottes und des Menschen, das Heiligtum, das Gesetz, die Gnosis, die Kabbala, die verborgene Kirche, die Zweiheit, die Frau, die Mutter.*

Als Hieroglyphe des Tarot DIE PÄPSTIN: eine Frau, die mit einer Tiara gekrönt ist, an der sich die Mond- oder Isishörner befinden, ihr Haupt ist in einen Schleier gehüllt, das Sonnenkreuz trägt sie auf der Brust, und auf ihren Knien hält sie ein Buch, das sie mit ihrem Mantel verbirgt.

Der protestantische Verfasser einer angeblichen Geschichte der Päpstin Johanna hat zwei merkwürdige alte Bilder der Päpstin oder Hohepriesterin des Tarot wiedergefunden, die er wohl oder übel für seine Behauptung verwendet. Auf beiden Bildern hat die Päpstin alle Attribute der Isis: auf dem einen hält und liebkost sie ihren Sohn Horus, auf dem andern hat sie lange, aufgelöste Haare. Sie sitzt zwischen den beiden Säulen der Zweiheit, trägt auf der Brust eine vierstrahlige Sonne, legt eine Hand auf ein Buch und macht mit der andern das Zeichen der priesterlichen Esoterik, d.h. sie öffnet nur drei Finger und hält die andern im Mysterienzeichen geschlossen. Hinter ihrem Kopf ist der Schleier und auf jeder Seite ihres Sitzes ein Meer, auf dem Lotosblüten sich dehnen. Ich bedaure den unglücklichen Gelehrten sehr, der in diesem alten Symbol nichts als ein Monumentalbild seiner angeblichen Päpstin Johanna sehen wollte.

ℷ *Das Wort, die Dreiheit, die Erfüllung, die Fruchtbarkeit, die Natur, die Zeugung in den drei Welten.*

Symbol: DIE KAISERIN eine Frau mit Flügeln und Krone hält am Ende ihres Zepters die Weltkugel; als Zeichen hat sie einen Adler, das Bild der Seele und des Lebens.

Diese Frau ist die Venus-Urania der Griechen und ist von dem hl. Johannes in seiner *Apokalypse* als eine mit der Sonne bekleidete und von zwölf Sternen gekrönte Frau, die den Mond unter ihren Füßen hält, dargestellt worden. Sie ist die mystische Quintessenz der Dreiheit, die Spiritualität, die Unsterblichkeit und Königin des Himmels.

ℸ *Die Pforte oder Herrschaft bei den Orientalen, die Einweihung, die Macht, das Tetragramm, die Vierheit, der kubische Stein oder seine Basis.*

Als Hieroglyphe DER KAISER ein Herr-

265

scher, dessen Körper ein rechtwinkliges Dreieck und dessen Unterschenkel ein Kreuz bilden, ein Bild des Athanor der Philosophen.

ה *Merkzeichen, Beweis, Lehre, Gesetz, Symbolismus, Philosophie, Religion.*

Als Hieroglyphe DER PAPST oder der große
Hierophant. In den moderneren Tarots ist dieses Zeichen durch das Bild Jupiters ersetzt.
Der zwischen den zwei Säulen des Hermes
und Salomons sitzende große Hierophant macht
das Zeichen der Esoterik und stützt sich auf
das Kreuz mit den drei in Dreieckform angeordneten Querbalken. Vor ihm knien zwei nie-
dere Ministranten, so daß er über sich die Ka-
pitele der beiden Säulen und unter sich die
beiden Köpfe der Ministranten hat. Er ist der
Mittelpunkt dieser Fünfheit und stellt das
göttliche Pentagramm dar, dessen vollkommenen Sinn er gibt. Die Säulen sind die Notwendigkeit und das Gesetz, die Köpfe die Freiheit oder Handlung. Von jeder Säule kann
man zu jedem Kopf eine Linie ziehen und
zwei Linien von jeder Säule zu jedem der
beiden Köpfe. So erhält man ein durch ein
Kreuz in vier Dreiecke zerlegtes Viereck, in
dessen Mitte der große Hierophant steht, fast
wie die Spinne der Gärten inmitten ihres
Netzes, könnten wir sagen, ließe sich ein solches Bild auf Dinge der Wahrheit, der Glorie
und des Lichts anwenden.

ו *Verkettung, Nagel, Lingam, Verwickelung, Verbindung, Umklammerung,
Kampf, Antagonismus, Kombination, Gleichgewicht.*

Als Hieroglyphe der Mensch zwischen Laster und Tugend. Über ihm erstrahlt die Sonne
der Wahrheit, und in dieser Sonne spannt die
Liebe ihren Bogen und droht dem Laster mit
ihrem Pfeil. In der Ordnung der zehn Sephi-

roth entspricht dieses Symbol dem TIPHE-
RETH, d. h. dem Idealismus und der Schönheit. Die Zahl sechs versinnbildlicht den Antagonismus der beiden Dreiheiten, d. h. der absoluten Bejahung und der absoluten Verneinung. Sie ist also die Zahl der Arbeit und der
Freiheit und bezieht sich deshalb auch auf die
moralische Schönheit und die Glorie.

ד *Waffe, Gewalttat, flammendes Schwert des Cherub, heilige Siebenheit,
Sieg, Königtum, Priestertum.*

Als Hieroglyphe ein kubischer Wagen auf
vier Säulen mit einem azurblauen und gestirn-
ten Behang. Zwischen den vier Säulen in dem
Wagen ein Sieger, der mit einem Reifen gekrönt ist, über dem drei goldene Pentagramme
strahlend sich erheben. Der Sieger hat über
seinem Panzer drei übereinandergelegte Win-
kelmaße und auf seinen Schultern den Urim
und Thumim des höchsten Opferpriesteramtes,
die durch die beiden Halbmonde als Gedulah und Geburah dargestellt werden. In der
Hand hält er ein von einem Globus, einem
Viereck und einem Dreieck überragtes Zepter;
seine Haltung ist stolz und ruhig. An die Wagen ist eine Doppelsphinx oder zwei Sphinxen gespannt, die sich durch den Unterleib
halten. Sie ziehen je eine Seite, die eine aber
wendet den Kopf, und sie blicken nach derselben Seite. Die Sphinx, die den Kopf dreht,
ist schwarz, die andere weiß. Auf der Vorder-
wand des Wagens sieht man den indischen
Lingam überragt von der fliegenden Himmels-
kugel der Ägypter. Diese Hieroglyphe, von der
wir hier eine genaue Abbildung geben, ist
vielleicht die schönste und vollkommenste
aller, die den Schlüssel des Tarot bilden.

ח *Waage, Anziehung und Abstoßung, Leben, Schrecken, Versprechen und
Drohung.*

Als Hieroglyphe DIE GERECHTIGKEIT mit Schwert und Wage.

ט *Das Gute, der Schrecken des Bösen, die Moral, die Weisheit.*

Als Hieroglyphe ein auf einen Stab gestützter und eine Lampe vor sich hertragender Weiser; er ist ganz in seinen Mantel gehüllt. Seine Überschrift ist DER EREMIT oder DER KAPUZINER, auf Grund der Kapuze an seinem orientalischen Mantel. Aber sein wahrer Name ist DIE KLUGHEIT, und so vervollständigt er die vier Haupttugenden, die Court de Gébelin und Eteilla unvollständig schienen.

י *Grundursache, Manifestation, Lob, männliche Ehre, Phallus, männliche Fruchtbarkeit, väterliches Zepter.*

Als Hieroglyphe DAS GLÜCKSRAD d. h. das kosmogonische Rad des Ezechiel mit einem rechts aufsteigenden Hermanubis und einem links untergehenden Typhon und darüber eine Sphinx im Gleichgewicht, die zwischen ihren Löwenpranken das Schwert hält. Ein wunderbares Symbol, das Eteilla verunstaltete, indem er Typhon durch einen Mann, Hermanubis durch eine Maus und die Sphinx durch einen Affen ersetzte, eine der Eteillaschen Kabbala würdige Allegorie.

כ *Die Hand im Akt des Nehmens und Haltens.*

Als Hieroglyphe DIE KRAFT eine mit lebendigem ∞ gekrönte Frau, die friedlich und ohne Anstrengung die Klaue eines wilden Löwen schließt.

ל *Beispiel, Lehre, öffentliche Lesung.*

Als Symbol ein Mensch, der an einem Fuß mit auf den Rücken gebundenen Händen derart aufgehängt ist, daß sein Körper ein mit der Spitze nach unten gerichtetes Dreieck und seine Beine ein Kreuz über dem Dreieck bilden. Der Galgen hat die Form eines hebräischen Tau. Jeder der beiden unterstützenden Bäume hat sechs beschnittene Äste. Wir haben anderwärts dieses Symbol des Opfers und des vollbrachten Werkes schon erklärt und können hier nicht darauf zurückkommen.

ט *Der Himmel von Jupiter und Mars, Herrschaft und Kraft, Wiederaufbau, Schöpfung und Zerstörung.*

Als Hieroglyphe DER TOD, der auf einer Ebene, wo man ihn Menschen stoßen sieht, gekrönte Häupter hinmäht.

י *Der Himmel der Sonne, Witterungen, Jahreszeiten, Bewegung, Wechsel des immer neuen und immer gleichen Lebens.*

Als Hieroglyphe DIE MÄSSIGKEIT, ein Engel mit dem Zeichen der Sonne auf der Stirn und dem Quadrat und dem Dreieck der Siebenheit auf der Brust, schüttet aus einer Schale in die andere die beiden Essenzen, die das Lebenselixier bilden.

כ *Der Himmel des Merkur, okkultes Wissen, Magie, Handel, Beredsamkeit, Mysterium, moralische Kraft.*

Als Hieroglyphe DER TEUFEL, der Bock von Mendes oder der Baphomet des Tempels mit all seinen pantheistischen Attributen. Diese Hieroglyphe ist die einzige, die Eteilla vollkommen verstanden und anständig wiedergegeben hat.

ל *Der Himmel des Mondes, Zerrüttungen, Umwälzungen, Wechsel, Schwächen.*

Als Hieroglyphe ein vom Blitz zerschmetterter Turm, wahrscheinlich der von Babel. Zwei Menschen, zweifellos Nimrod und sein falscher

Prophet oder sein Diener, sind von der Höhe in die Tiefe der Ruinen gestürzt; der eine bildet im Fall vollkommen den Buchstaben y Gnain.

פ Der Himmel der Seele, Ausströmen des Gedankens, moralischer Einfluß der Idee auf die Formen, Unsterblichkeit.

Als Hieroglyphe der strahlende Stern und die ewige Jugend. Wir haben anderwärts die Beschreibung dieser Figur gegeben.

צ Die Elemente, die sichtbare Welt, das gespiegelte Licht, die stofflichen Formen, der Symbolismus.

Als Hieroglyphe der Mond, der Tau, eine aus dem Wasser ans Land kriechende Krabbe, ein Hund und ein Wolf, die den Mond anbellen und an zwei Türmen angekettet sind, ein Pfad, der sich am Horizont verliert und mit Blutstropfen besät ist.

ק Die Mixturen, der Kopf, der Gipfel, der Himmelsfürst.

Als Hieroglyphe eine strahlende Sonne, zwei Kinder geben sich in einer befestigten Umzäunung die Hand. In andern Tarots ist es eine die Schicksalsfäden abwickelnde Spinnerin, wieder in andern ein nacktes Kind, das ein weißes Pferd besteigt und eine scharlachrote Fahne entfaltet.

ר Das Pflanzenhafte, die Schöpferkraft der Erde, das ewige Leben.

Als Hieroglyphe DAS GERICHT. Ein Genius bläst in die Trompete und die Toten verlassen ihre Gräber; diese lebend wiedergekehrten Toten sind ein Mann, eine Frau und ein Kind: die Dreiheit des menschlichen Lebens.

ש Das Sinnliche, das Fleisch, das ewige Leben.

Als Hieroglyphe DER NARR ein dem Zufall nachlaufender, als Narr gekleideter Mann mit einem Bettelsack auf dem Rücken, der zweifellos voll seiner Albernheiten und Laster ist; seine Kleider sind in Unordnung und lassen das unbedeckt, was sie verbergen müßten, und ein Tiger, der ihn verfolgt, beißt ihn, ohne daß er daran denkt, ihn zu vertreiben oder sich zu verteidigen.

ת *Der Mikrokosmos, die Zusammenfassung von allem.*

Als Hieroglyphe der Kether oder die kabbalistische Krone zwischen den vier geheimnisvollen Tieren; inmitten der Krone sieht man die Wahrheit in jeder Hand einen magischen Stab halten.

Das sind die zweiundzwanzig Schlüssel des Tarot, die alle Zahlen erklären. So erklärt der Zauberer oder Schlüssel der Einheiten die vier Aß mit ihrer vierfachen, fortschreitenden Bedeutung in den drei Welten und dem Urprinzip. So ist das Aß der Münzen oder Ringe die Seele der Welt, das Schwertaß die kämpfende Intelligenz, das Schalenaß die liebende Intelligenz und das Stabaß die schöpferische Intelligenz. Sie sind auch die Prinzipien der Bewegung, des Fortschritts, der Fruchtbarkeit und der Macht. Jede mit einem Schlüssel vervielfachte Zahl gibt eine andere Zahl, die, ihrerseits durch die Schlüssel erklärt, die philosophische und religiöse Offenbarung, die in jedem Zeichen enthalten ist, vervollständigt. Jede der sechsundfünfzig Karten kann nach und nach mit den zweiundzwanzig Schlüsseln vervielfacht werden, daraus ergibt sich eine Reihe von Verbindungen, die alle und die überraschendsten Resultate der Offenbarung und des Lichtes geben. Er ist eine wahrhaft philosophische Maschine, die den Geist am Abirren hindert und ihm dabei ganz seine Initiative und Freiheit läßt. Diese Karten sind die auf das Absolute angewandte Mathematik, sind die Verbindung des Positiven mit dem Idealen, eine Lotterie aller wie die Zahlen streng gerechten Gedanken, das endlich, was von allem der menschliche Genius als das Größte und Einfachste erkannt hat.

Die Kunst, die Hieroglyphen des Tarots zu lesen, besteht darin, daß man sie entweder in Vierecke oder Dreiecke anordnet, wobei man die geraden Zahlen gegeneinander legt und sie mit den Ungeraden in Übereinstimmung bringt. Vier Zeichen drücken immer das Absolute in irgend einer Ordnung aus und werden durch ein fünftes erklärt. So ist die Lösung aller magischen Fragen jene des Pentagramms, und alle Widersprüche werden durch die harmonische Einheit erklärt.

So angeordnet ist der Tarot ein wahrhaftes Orakel und antwortet allen möglichen Fragen mit größerer Genauigkeit und Unfehlbarkeit als der Androit Alberts des Großen; so daß ein Gefangener ohne Bücher allein mit dem Tarot, dessen er sich zu bedienen wüßte, in einigen Jahren sich ein universelles Wissen angeeignet hätte und über alles mit einer unvergleichlichen Gelehrsamkeit und einer unbestechlichen Beredsamkeit sprechen könnte. Dieses Rad ist tatsächlich der Schlüssel der Redekunst und der großen Kunst des Raimundus Lullus, ist das wahre Geheimnis der Verwandlung der Finsternisse in Licht, ist das erste und wichtigste von allen Arkanen des großen Werkes.

Mit diesem universellen Schlüssel des Symbolismus werden alle Allegorien Indiens, Ägyptens und Judäas klar. Die *Apokalypse* des hl. Johannes ist ein kabbalistisches Buch, dessen Sinn durch die Figuren und Zahlen des Urim und Thumim der Theraphim und des Ephod und dessen ganze Ergebnisse und Ergänzungen durch den Tarot genau bestimmt sind. Die alten Heiligtümer haben keine Geheimnisse mehr, und man versteht zum ersten Mal die Bezeichnung der Kultgegenstände der Juden. Wer sähe in dem goldenen, vom Cherubim getragenen und gekrönten Tisch, der die Bundeslade bedeckte und der Versöhnung diente, nicht die gleichen Symbole wie in den einundzwanzig Schlüsseln des Tarot? Die Arche war eine hieroglyphische Zusammenfassung des ganzen kabbalistischen Dogmas: sie enthielt das Jod oder den blühenden Stab Aarons, das He oder die Schale, den das Manna bewahrenden Gomor, die beiden Gesetzestafeln, ein dem Schwert der Gerechtigkeit entsprechendes Symbol, vier Dinge, die wunderbarerweise die Buchstaben des göttlichen Tetragramms wiedergeben.

Gaffarel hat gelehrt bewiesen, daß die Cherubim der Bundeslade Figuren von Kälbern waren; was er aber nicht gewußt hat, ist, daß es statt zwei vier solcher gab, zwei an jeder Seite, wie dies der in dieser Beziehung von den meisten Kommentatoren schlecht verstandene Text ausdrücklich sagt:

In Vers 18 und 19 des Exodus muß der hebräische Text folgendermaßen übersetzt werden:

„Du wirst zwei Kälber oder Sphinxe aus gehämmertem Gold an jede Seite des Orakels fertigen.

„Und du wirst sie, das eine zum einen und das andere zum andern gewendet aufstellen."

Die Cherubim oder Sphinxe der Bundeslade waren tatsächlich so paarweise an jeder Seite der Bundeslade angebracht, und ihre Köpfe kehrten sich den vier Ecken zu, die sie mit ihren rund gewölbten Flügeln bedeckten, wobei sie die Krone des goldenen Tisches beschatteten, den sie auf ihre Schultern trugen und wobei der eine den andern anblickte.

So hatte die Bundeslade also drei Teile oder Geschosse, die Aziluth, Jezirah und Briah, die drei Welten der Kabbala vergegenwärtigten: der Boden der Lade, an dem die vier Ringe der zwei den Säulen des Tempels JAKIN und BOHAS entsprechenden Träger angebracht waren, die eigentliche Lade, auf der die Sphinxleiber in Relief hervorragten, und der Deckel, der von den Flügeln der Sphinxe überschattet war. Der Boden versinnbildlichte das Salzreich, um in der Sprache der Adepten des Hermes zu reden, die Lade das Reich des Merkur oder Azoth und der Deckel das Reich des Schwefels oder des Feuers. Die übrigen Kultgegenstände waren nicht weniger allegorisch, zu ihrer Beschreibung bedürfte es jedoch eines Spezialwerkes.

Saint Martin hat in seinem „Natürlichen Bild der Verbindungen, die zwischen Gott, dem Menschen und der Natur bestehen", wie schon erwähnt die Einteilung des Tarot befolgt und gibt über die zweiundzwanzig Schlüssel einen sehr bemerkenswerten, mystischen

Kommentar; doch hütet er sich wohl, den Ursprung zum Plan seines Buches anzugeben und die erklärten Hieroglyphen kundzumachen. Postel bewahrt dieselbe Verschwiegenheit, und führt, nachdem er nur einmal den Tarot in der Figur seines Schlüssels der Arkane genannt hat, den Rest des Buches unter dem Namen einer *Genesis des Henoch*. Die Persönlichkeit des Henoch, des Verfassers des ersten heiligen Buches, ist tatsächlich mit der des Thot bei den Ägyptern, des Kadmos bei den Phöniziern und des Palamedes bei den Griechen identisch.

Wir haben auf sehr seltsame Weise eine Medaille des XVI. Jahrhunderts gefunden, die ein Schlüssel zum Tarot ist. Wir wissen nicht, ob wir sagen sollen, daß uns diese Medaille und ihr Aufbewahrungsort im Traum von dem göttlichen Paracelsus gezeigt wurden; doch wie immer dem auch sei, die Medaille befindet sich in unserem Besitz. Sie zeigt auf der einen Seite den Zauberer, der in der einen Hand seinen Gürtel und in der andern das Pentagramm hält, im deutschen Kostüm des XVI. Jahrhunderts. Auf seinem Tisch vor ihm liegen zwischen einem offenen Buch und einem geschlossenen Geldbeutel zehn in zwei Reihen zu je drei und einem Viereck von vier angeordnete Geldstücke oder Talismane. Die Füße des Tisches bilden zwei ה und die des Zauberers zwei auf diese Weise ⨆ umgekehrte ר. Die Rückseite der Medaille zeigt die im magischen Quadrat folgendermaßen angeordneten Buchstaben des Alphabets:

A	B	C	D	E
F	G	H	1	K
L	M	N	O	P
Q	R	S	T	V
X	V	Z	N	

Man kann beobachten, daß dieses Alphabet nur zweiundzwanzig Buchstaben hat, wobei das V und das N zweimal wiederholt sind, und daß es in vier Fünfern und einem Vierer als Schlüssel und Basis angeordnet ist. Die vier letzten Buchstaben sind zwei Verbindungen der Zweiheit und der Dreiheit und bilden, kabbalistisch gelesen das Wort AZOTH, indem man den Buchstabenbildungen ihren ursprünglichen hebräischen Wert gibt und das N als א, Z für das lateinische Z, V für das hebräische ו, das zwischen zwei Vokalen oder Buchstaben, die deren Wert haben, als O ausausgesprochen wird, und das X als das ursprüngliche Tau nimmt, das genau so gebildet war. Der ganze Tarot ist also in dieser wunderbaren, in der Tat dem Paracelsus würdigen Medaille erklärt, **die** wir für Wißbegierige zur Verfügung halten. Die in viermal fünf angeordneten Buchstaben ergeben zusammen das Wort את Z א, entsprechend dem יהוה, dem INRI und enthalten alle Mysterien der Kabbala.

Es wäre sehr wünschenswert, daß man den Tarot in Anbetracht seiner so überragenden wissenschaftlichen Bedeutung nicht mehr verfälschte. Wir haben in der Kaiserlichen Bibliothek alle Sammlungen der alten Tarots geprüft und haben dort alle Hieroglyphen gefunden, deren Beschreibung wir geben. Ein wichtiges Werk bleibt zu tun: einen Tarot ganz vollständig und sorgfältig ausgeführt zu stechen und zu veröffentlichen. Vielleicht werden wir dies bald ausführen.

Überbleibsel des Tarot findet man bei allen Völkern der Erde. Der italienische Tarot ist der am besten und getreuesten erhaltene, doch könnte man ihn noch mit wertvollen, den spanischen Spielen entnommenen Aufschlüssen vervollständigen: Die Schalen-Zwei im *Naibi*

APOKALYPTISCHER SCHLÜSSEL
Die sieben Siegel des hl. Johannes.

z. B. ist vollkommen ägyptisch, man sieht darauf zwei alte Vasen, deren Henkel, auf denen eine Kuh liegt, Ibissen nachgebildet sind. In denselben Karten findet man inmitten der Münzen-Vier ein Einhorn. Die Schalen-Drei zeigt eine Isis, die aus einer Vase steigt, und zwei ebenfalls Vasen entsteigende Ibisse, von denen der eine eine Krone für die Göttin, der andere eine Lotosblume trägt, die er ihr darzureichen scheint. Die vier Asse tragen das Bild der hieratischen und heiligen Schlange, und in gewissen Spielen findet man mitten auf der Münzen-Vier anstelle des symbolischen Einhorns das Doppeldreieck Salomos.

Die deutschen Tarots sind viel entstellter, und man findet darauf kaum mehr als die Zahlen der Schlüssel, die mit bizarren und genußsüchtigen Bildern überladen sind. Wir haben einen chinesischen Tarot in Händen, auch gibt es einige Probestücke eines ähnlichen Spiels in der kaiserlichen Bibliothek. Paul Boiteau hat in seinem beachtenswerten Werk über Spielkarten hiervon sehr gut ausgeführte Proben gegeben. Der chinesische Tarot enthält noch mehrere der ursprünglichen Embleme; sehr leicht sind die Münzen und Schwerter zu unterscheiden, doch sind die Schalen und Stäbe schwieriger wiederzufinden.

In den Zeiten der gnostischen und manichäistischen Häresien mußte der Tarot für die Kirche verloren gehen, und damit wurde gleichzeitig auch der Sinn der göttlichen *Apokalypse* verloren. Man verstand nicht mehr, daß die sieben Schlüssel des kabbalistischen Buches sieben Pentakel sind (wir bilden sie hier ab), die durch die Analogien der Zahlen, Charaktere und Bilder des Tarots erklärt werden. So war die universelle Tradition der einzigen

Religion einen Augenblick unterbrochen, die Finsternisse des Zweifels haben sich auf der ganzen Erde verbreitet, und es schien der Unwissenheit, daß der wahre Katholizismus, die universelle Offenbarung einen Augenblick verschwunden sei. Die Erklärung des Buches des hl. Johannes durch die Charaktere der Kabbala wird eine ganz neue Offenbarung sein, die schon mehrere ausgezeichnete Magier geahnt haben. Einer unter diesen, Augustin Chaho drückt sich folgendermaßen aus:

„Das Gedicht der *Apokalypse* setzt in dem jungen Evangelisten ein vollständiges System und nur ihm bekannte Traditionen voraus.

„Sie ist in Visionform geschrieben und umschließt in einem von Poesie strahlenden Rahmen die ganze Weisheit und das ganze Denken des afrikanischen Civilisators.

„Als inspirierter Sänger streift ihr Verfasser eine Reihe beherrschender Tatsachen und zeichnet in großen Zügen die Geschichte der Gesellschaft von einer Erdumwälzung zur andern und darüber hinaus.

„Die Wahrheiten, die er offenbart, sind ihm von oben gekommene Prophezeiungen, zu deren schallendem Echo er sich macht.

„Er ist die Stimme, die ruft, die Stimme, die die Harmonien der Wüste singt und die Wege für das Licht vorbereitet.

„Sein Wort erschallt mit Macht und heischt Glauben, denn er bringt den Barbaren die Orakel des *Iao* und der Anbetung künftiger Kulturen den Erstgeborenen der Sonnen.

„Die Theorie der vier Zeitalter findet sich in der *Apokalypse* wie in den Büchern des Zoroaster und der Bibel wieder.

„Die schrittweise Wiederherstellung der ursprünglichen Bündnisse und der Herrschaft Gottes unter den vom Joch der Tyrannen und

279

den Banden des Schreckens befreiten Völkern ist offensichtlich für das Ende des vierten Zeitalters vorhergesagt und die Wiederholung der Erdumwälzung zunächst in weiter Ferne zur Erfüllung der Zeit gezeigt.

„Die Beschreibung der Sintflut und ihrer Dauer, die neue, von der Flut befreite und mit all ihren Schönheiten unter dem Himmel wieder erschienene Welt, die von einem Engel für eine Zeit zu tiefst unter den Wassern gebundene, große Schlange, endlich die von dem Wort, das dem Apostel schon zu Anfang seines Werkes erschien, vorhergesagte Morgenröte dieser künftigen Zeit.

„‚Sein Haupt aber und sein Haar waren weiß, wie weiße Wolle, als der Schnee, und seine Augen wie eine Feuerflamme.

Und seine Füße gleich wie Messing, das im Ofen glühet, und seine Stimme wie großes Wasserrauschen;

Und hatte sieben Sterne in seiner rechten Hand, und aus seinem Munde ging ein scharfes, zweischneidiges Schwert, und sein Angesicht leuchtete wie die Sonne.‘

„Das ist Ormuts, Osiris, das Lamm, Christus, der Alte der Tage, der von David besungene Mensch der Zeiten und Fluten.

„Es ist der Erste und der Letzte, der war und sein wird, Alpha und Omega, Anfang und Ende.

„In seiner Hand hält er den Schlüssel zu den Mysterien, er öffnet den großen Abgrund des zentralen Feuers, wo der Tod unter dem Dach der Finsternisse ruht und die große Schlange in Erwartung des Erwachens der Zeiten schläft.“

Der Verfasser vergleicht diese Allegorie des hl. Johannes mit jener Daniels, in der die vier Formen der Sphinx auf die großen Perioden der Geschichte bezogen werden und der Sonnen-Mensch, das Licht-Wort den Seher tröstet und aufklärt.

„Der Prophet Daniel sieht ein durch die vier Himmelswinde gegensätzlich aufgewühltes Meer.

„Und untereinander stark verschiedene Tiere verlassen die Tiefen des Ozeans.

„Die Herrschaft über alles, was auf Erden ist, wurde ihnen bis zu einem, zwei und der Hälfte des vierten Zeitalters gewährt.

„Und vier stiegen heraus.

„Das erste Tier, Symbol der sonnenhaften Rasse der Seher kommt von der Seite Afrikas; es glich einem Löwen und trug Adlerflügel: ein Menschenherz wurde ihm gegeben.

„Das zweite Tier, Sinnbild der nordischen Eroberer, die während des zweiten Zeitalters mit dem Eisen herrschten, glich einem Bären.

„In seinem Rachen hatte es drei Reihen spitzer Zähne, Bilder der drei großen Erobererfamilien, und ihm wurde gesagt: Erhebe dich und sättige dich am Fleisch.

„Nach dem Erscheinen des vierten Tieres wurden Throne erhöht, und der Alte der Tage, der Christus der Seher, das Lamm des ersten Zeitalters zeigte sich sitzend.

„Sein Kleid war von blendender Weiße, sein Haupt strahlte, sein Thron, aus dem lebendige Flammen hervorbrachen, wurde auf brennenden Rädern getragen; eine sehr lebhafte Flamme strahlte aus seinem Gesicht und Myriaden von Engeln oder Sternen erglänzten um ihn.

„Das Gericht wurde gehalten; die allegorischen Bücher wurden geöffnet.

„Der neue Christus kommt auf einer strahlenden Wolke und macht vor Gott Halt. Ihm wird die Macht, die Ehre und die Herrschaft über alle Völker, alle Stämme und Sprachen übertragen.

„Daniel nähert sich einem der beiden Anwesenden und fragt ihn nach der Wahrheit der Dinge.

„Und es wird ihm geantwortet, daß die vier Tiere vier Mächte sind, die nacheinander auf der Erde regieren werden."

Chaho erklärt dann mehrere Bilder, deren Allegorien überraschend sind und die sich fast in allen heiligen Büchern finden. Seine Ausführungen sind sehr bemerkenswert.

In jedem ursprünglichen Wort entsteht die Wechselbeziehung der physischen Verhältnisse und der moralischen Beziehungen auf den gleichen Linien.

„Jedes Wort trägt seine stoffliche und geistige Erklärung in sich, und diese lebendige Sprache ist ebenso vollkommen und wahr, wie sie im schöpferischen Menschen einfach und natürlich ist.

„Wie der Seher mit demselben, leicht geänderten Wort Sonne, Tag, Licht, Wahrheit ausdrückt und ein gleiches Beiwort wie weiß bei Sonne und Schaf anwendet, so sagt er *Lamm* oder *Christus* für *Sonne* und *Sonne* anstatt *Wahrheit, Licht, Kultur* und ist dabei kaum allegorisch, sondern gebraucht wahrhafte, ausgewählte und mit Inspiration ausgedrückte Beziehungen.

„Wenn aber die Kinder der Nacht in ihrem zusammenhanglosen und barbarischen Dialekt *Sonne, Tag, Licht, Wahrheit, Lamm* sagen, so wird die durch das ursprüngliche Wort so klar ausgedrückte, weise Beziehung vernichtet und verschwindet, und durch die einfache Übertragung werden Lamm und Sonne allegorische Wesen, Symbole.

„Man beachte, daß das Wort *Allegorie* in der keltischen Definition *Wechsel der Rede-weise, Übertragung* heißt.

„Die hier von uns gemachte Beobachtung bezieht sich ebenso auf die ganze kosmogonische Ausdrucksweise der Barbaren.

„Die Seher bedienten sich zur Bezeichnung von Nahrung und Lehre desselben inspirierten Wurzelwortes. Und ist nicht das Wissen um die Wahrheit die Nahrung der Seele!

„So sind die Papyrus- oder Biblos-Rolle des Propheten Ezechiel, das kleine Buch, das ein Engel dem Verfasser der *Apokalypse* zu essen gab, die wunderbare Vermehrung der sieben kleinen Brote, die von den Evangelisten des Nazareners erzählt wird, das lebendige Brot, das Jesus-Sonne seine Jünger mit den Worten essen läßt: *Dies ist mein Leib,* und eine Menge anderer, ähnlicher Züge eine Wiederholung derselben Allegorie: das Leben der Seelen, die sich von der Wahrheit nähren, die Wahrheit, die sich vervielfacht, ohne je geringer zu werden, ja die im Gegenteil in dem Maße wächst, als man sie genießt.

„Überreizt durch ein edles Nationalitätsgefühl, geblendet von der Idee einer ungeheuerlichen Revolution, erhebt sich ein Enthüller verborgener Dinge und sucht die Entdeckungen der alten Wissenschaft bei den dummen, unwissenden, auch der einfachsten Vorstellungen baren Menschen zu verbreiten.

„Er sagt zum Beispiel: Die Erde dreht sich, die Erde ist rund wie ein Ei.

„Was kann der hörende Barbar damit anfangen, wenn es nicht zu *glauben* ist? Ist es nicht offensichtlich, daß jeder derartige Lehrsatz für ihn zu einem Dogma von oben, einem *Glaubensartikel* wird?

„Und genügt nicht der Schleier einer weisen Allegorie, um eine *Mythe* aus ihr zu machen?

„In den Schulen der Seher war die Erdkugel durch ein Ei aus Pappe oder bemaltem Holz dargestellt, und wenn man die kleinen Kinder fragte: Was ist dieses Ei? so antworteten sie: Das ist die Erde.

„Als die großen Kinder, die Barbaren, dies hörten, redeten sie den kleinen Kindern der Seher nach: Die Welt ist ein Ei.

„Aber sie verstanden darunter die physische, stoffliche Welt, während die Seher die geographische, ideelle, bildhafte, vom Geist und Wort erschaffene Welt meinten.

„Die Priester Ägyptens stellten den Geist, die Intelligenz, Kneph mit einem auf die Lippen gelegten Ei dar, um damit besser auszudrücken, daß das Ei nur ein Vergleich, ein Bild, eine Sprachform war.

„Shumuntu, der Philosoph des Ezur-Vedam, erklärt auf dieselbe Weise dem fanatischen Biach, was er unter dem goldenen Ei Brahmas zu verstehen habe."

Man muß an einer Zeit, die sich noch mit diesen ernsten und vernünftigen Forschungen abgibt, nicht ganz verzweifeln; auch geschieht diese Anführung der Seiten Chahos mit einer großen Erleichterung und tiefen Sympathie. Hier ist schon nicht mehr diese negative und verzweifelte Kritik eines Dupuis und Volney. Es ist ein Streben nach einem einzigen Glauben, einem einzigen Kult, der alles Zukünftige mit allem Vergangenen verbinden muß, ist eine Ehrenrettung aller großen Männer, die fälschlich des Aberglaubens und der Gotteslästerung angeklagt waren, ist endlich die Beweisführung Gottes selbst, dieser Sonne der Geister, die für aufrechte Seelen und reine Herzen niemals verschleiert ist.

„Er ist groß, der Seher, Eingeweihte und von der Natur und der erhabensten Vernunft Auserwählte", ruft der eben von uns angeführte Autor zusammenfassend noch aus.

„Ihm allein kommt das Recht der Nachahmung zu, die das Prinzip seiner Vervollkommnung ist, und deren wie der Blitz rasche Inspirationen seine Schöpfungen und Offenbarungen leiten.

„Ihm allein kommt ein vollkommenes Wort über Harmonie, Eigentum, Beweglichkeit, Reichtum zu, das durch eine harmonische, stoffliche Reaktion des Denkens geschaffen wurde; des Denkens, dessen von der Sprache noch unabhängige Ansichten immer die in seinen Eindrücken genau wiedergegebene und in seinen Aussagen gut durchdachte und gut ausgedrückte Natur spiegeln.

„Ihm allein Licht, Wissen und Wahrheit, weil die auf ihre passiv untergeordnete Rolle beschränkte Einbildung die Vernunft, die natürliche Logik niemals beherrscht, die sich aus dem Vergleich der Ideen ergibt, die im selben Verhältnis wie ihre Notwendigkeiten entstehen und sich ausbreiten, und die der Kreis seiner Erkenntnisse sich stufenweise, ohne Beimischung von falschen Urteilen und Irrtümern erweitert.

„Ihm allein ein unendlich fortschreitendes Licht, weil nach den irdischen Erneuerungen die Bevölkerungszunahme rasch in wenig Jahrhunderten die neue Gesellschaft in allen denkbaren moralischen wie politischen Beziehungen ihres Schicksals zusammenstellt.

Ja, wir könnten hinzufügen, ein absolutes Licht.

„Der Mensch unserer Zeit ist in sich unveränderlich, er ändert die Natur nicht mehr, in die er eingereiht ist.

„Die sozialen Bedingungen, in die er sich gestellt sieht, bestimmen allein den Grad seiner Vervollkommnung, die die Tugend, die Heiligkeit des Menschen und seine Glückseligkeit im Gesetz als Grenzen hat."

Nach diesen Bemerkungen könnte man uns noch fragen, wozu dienen die okkulten Wissenschaften? Wird man diese lebendige Mathematik, diese Proportionen der Ideen und Zahlen, diese fortdauernde Offenbarung in der universellen Vernunft, diese Befreiung des Geistes, diese dem Glauben gegebene, unerschütterliche Grundlage, diese dem Willen geoffenbarte Allmacht, wird man sie in die Verachtung des Mystizismus und Illuminatentums hineinziehen? Ihr Kinder, die ihr Zauberei suchtet, seid ihr nun enttäuscht, weil wir euch Wunder geben! Es sagte uns eines Tages jemand: Laß den Teufel erscheinen, und ich werde glauben. Wir antworteten ihm: Du verlangst wenig; wir wollen den Teufel nicht erscheinen, sondern von der Welt gänzlich verschwinden lassen, wollen ihn aus euern Träumen jagen! Der Teufel ist die Dummheit, die Finsternis, die Zusammenhanglosigkeit der Gedanken, ist die Häßlichkeit! Wache doch endlich auf, Schläfer des Mittelalters! Siehst du nicht, daß es tagt? Siehst du nicht das Licht Gottes, das die ganze Natur erfüllt? Wo also wagt sich jetzt der abgesetzte Höllenfürst zu zeigen?

Nun bleibt uns nur noch, die Schlußfolgerungen zu geben und das Ziel und die Tragweite dieses Werkes in religiöser, philosophischer und der Hinsicht der materiellen und positiven Verwirklichungen zu bestimmen.

In religiöser Hinsicht haben wir zunächst bewiesen, daß die Praktiken der Kulte nicht indifferent seien, daß die Magie der Religio-

nen in ihren Riten liege, daß ihre moralische
Kraft in der dreifachen Hierarchie beruht, und
daß die Hierarchie als Grundlage, Ursache und
Synthese die Einheit hat.

Wir haben die universelle Einheit und Orthodoxie des Dogmas bewiesen, das aufeinanderfolgend mit mehreren allegorischen Schlei-
ern umhüllt wurde, und wir haben die von
Moses aus den Profanationen Ägyptens geret-
tete, in der Kabbala der Propheten aufbe-
wahrte, von der christlichen Schule aus der
Knechtschaft der Pharisäer befreite, die alle
dichterischen und edlen Bemühungen der griechischen und römischen Kultur auf sich zie-
hende, gegen ein neues Pharisäertum mit den
großen Heiligen des Mittelalters und den
strengen Denkern der Renaissance protestie-
rende Wahrheit verfolgt. Wir haben diese
immer universelle, immer einzige, immer lebendige Wahrheit gezeigt, die allein die Vernunft
und den Glauben in Übereinstimmung bringt,
die durch das Sein bewiesene Wahrheit des
Seins, die durch die Harmonie bewiesene
Wahrheit der Harmonie, die durch die Vernunft manifestierte Wahrheit der Vernunft.

Da wir der Welt zum erstenmal die Mysterien der Magie offenbaren, wollten wir die
unter den Ruinen der alten Kulturen begrabe-
nen Praktiken nicht neu beleben, doch wollen
wir der Menschheit unserer Tage sagen, daß
sie ebenso dazu berufen ist, sich unsterblich
und durch ihre Werke allmächtig zu machen.
Die Freiheit wird nicht gegeben, sie wird genommen, hat ein moderner Schriftsteller gesagt. Genau so ist es mit dem Wissen. Deshalb ist die Verbreitung der absoluten Wahrheit der Allgemeinheit nie von Nutzen. Doch
in einer Zeit, in der das Heiligtum verwüstet
worden und in Trümmer zerfallen ist, weil

man den Schlüssel ohne Nutzen für irgendjemand weggeworfen hat, glaubte ich, den Schlüssel wieder aufheben zu müssen und biete ihn dem an, der ihn nimmt; denn er wird seinerseits ein Arzt der Völker und ein Befreier der Welt werden. Es muß und wird für die Kinder immer Fabeln und Gängelbänder geben müssen; doch dürfen diejenigen, die die Gängelbänder halten, nicht auch Kinder und Fabelhörer sein.

Daß doch das absoluteste Wissen, die höchste Vernunft wieder die Volksführer zieren würden, daß doch die priesterliche und königliche Kunst das Doppelzepter der alten Einweihungen wiederergreifen und die Welt noch einmal das Chaos verlassen möchte!

Verbrennen wir doch nicht mehr die Bilder, zerstören wir doch die Tempel nicht mehr; die Menschen müssen Bilder und Tempel haben; doch jagen wir die Händler aus dem Haus der Gebete, lassen wir die Blinden nicht mehr Blindenführer sein, stellen wir doch die Hierarchie der Intelligenz und Heiligkeit wieder her, erkennen wir doch nur jene als Doktoren an, die wissen, was sie glauben.

Unser Buch ist katholisch; und wenn die Offenbarungen, die es enthält, ihrer Natur nach das Gewissen der Einfältigen beunruhigen sollten, so liegt unser Trost in dem Gedanken, daß sie es nicht lesen. Wir schreiben für vorurteilslose Menschen und wollen der Irreligion ebensowenig schmeicheln wie dem Fanatismus.

Doch wenn es auf der Welt eine dem Wesen nach freie und unantastbare Sache gibt, so ist es der Glaube. Durch Wissen und Überzeugung muß man die verirrten Einbildungen vom Widersinnigen abbringen, doch würde es ihren Irrtümern die ganze Würde und Wahrhaftigkeit des Martyriums geben, würde man ihnen drohen oder sie zwingen.

Der Glaube ist nur ein Aberglaube und Wahnsinn, fehlt ihm als Grundlage die Vernunft, und man kann das, was man nicht weiß, nur durch Analogie mit dem, was man weiß, voraussetzen. Definieren, was man nicht weiß, ist eine vermessene Dummheit; was man nicht weiß, positiv behaupten, ist eine Lüge.

Der Glaube ist auch eine Hoffnung und Wunsch. So sei es, ich wünsche, daß es so sei, ist das letzte Wort aller Glaubensbekenntnisse. Glaube, Hoffnung und Nächstenliebe sind drei derart unzertrennliche Schwestern, daß man die eine an Stelle der andern nehmen kann.

So ist in der Religion die universelle und hierarchische Orthodoxie, der Wiederaufbau der Tempel in all ihrem Glanz, die Wiedereinsetzung aller Zeremonien in ihrem ursprünglichen Gepränge, die hierarchische Lehre des Symbols, die Mysterien, Wunder, die Legenden für Kinder, das Licht für die Menschen, die sich wohl hüten, den Kleinen in der Einfalt ihres Glaubens Ärgernis zu geben. Unsere ganze Utopie in der Religion ist auch der Wunsch und die Pflicht der Menschheit.

Kommen wir zur Philosophie!

Die unsere ist jene des Realismus und des Positivismus.

Das Sein ist in der Vernunft des Seins, was niemand bezweifelt. Alles existiert für uns durch das Wissen. Wissen heißt sein. Das Wissen und sein Gegenstand identifizieren sich im intellektuellen Leben dessen, der weiß. Zweifeln heißt nicht wissen. Was wir also nicht wissen, existiert für uns noch nicht. Intellektuell leben heißt lernen.

Das Sein wird durch das Wissen entwickelt und vergrößert. Die erste Eroberung des Wissens ist das erste Ergebnis der exakten Wissenschaften, ist das Empfinden der Vernunft. Die Gesetze der Natur sind die der Algebra. Auch ist der einzig vernünftige Glaube die Zustimmung des Studierenden zu Theoremen, deren ganze Richtigkeit an sich er nicht kennt, deren Anwendungen und Ergebnisse ihm aber genügend bewiesen sind. So glaubt der wahre Philosoph an das, was ist, und läßt a posteriori nur das ganz Vernünftige gelten.

Kein Charlatanismus, kein Empirismus, kein System mehr in der Philosophie! Das Studium des Wesens und seiner vergleichenden Wirklichkeiten! eine Metaphysik der Natur! Keine Träume mehr in der Philosophie! die Philosophie ist keine Poesie, sie ist die reine Mathematik der physischen und moralischen Wirklichkeiten. Lassen wir der Religion die Freiheit ihres unendlichen Sehnens, wie sie der Wissenschaft die strengen Schlußfolgerungen des absoluten Experimentalismus lassen soll.

Der Mensch ist das Kind seiner Werke: er ist das, was er sein will; er ist das Bild Gottes, das er sich macht; er ist die Verwirklichung seines Ideals. Fehlt seinem Ideal die Grundlage, so bricht das ganze Gebäude seiner Unsterblichkeit zusammen. Die Philosophie ist nicht das Ideal, aber sie muß dem Ideal als Basis dienen. Das Bekannte ist für uns das Maß des Unbekannten. Das Sichtbare läßt uns das Unsichtbare schätzen. Die Empfindungen sind dem Denken das, was das Denken dem Sehnen ist. Das Wissen ist eine himmlische Trigonometrie: eine der Seiten des absoluten Dreiecks ist die unseren Forschungen unterworfene Natur, die andere ist unsere

Seele, die die Natur umfängt und spiegelt, die dritte ist das Absolute, in dem unsere Seele sich erhebt! Kein Atheismus ist künftighin mehr möglich; denn wir maßen uns nicht mehr an, Gott zu erklären. Gott ist für uns das vollkommenste und beste der intelligenten Wesen, und die aufsteigende Hierarchie der Wesen beweist uns seine Existenz zur Genüge. Wir fragen hierüber nicht mehr, doch wollen wir uns, um ihn besser zu begreifen, vervollkommnen und uns zu ihm erheben.

Keine Ideologie mehr! Das Sein ist das, was es ist, und vervollkommnet sich nur nach den wirklichen Gesetzen des Seins. Beobachten wir, und haben wir keine Vorurteile mehr; üben wir unsere Fähigkeiten, drängen wir sie nicht in falsche Richtung; vergrößern wir das Gebiet des Lebens im Leben; sehen wir die Wahrheit in der Wahrheit! Alles ist dem möglich, der nur das Wahre will. Bleibe in der Natur, lerne, wisse, dann wage; wage zu wollen, wage zu handeln und schweige!

Gegen niemanden mehr Haß! Jeder erntet, was er sät. Das Resultat der Werke ist schicksalhaft, und das Urteil und die Züchtigung der Schlechten steht nur der erhabensten Vernunft zu. Jeder, der einen ausganglosen Weg beschreitet, wird ihn zurückgehen oder zerschmettert werden. Warnt ihn zartfühlend, wenn er euch noch hören kann, dann laßt ihn gehen: die menschliche Freiheit braucht ihren Lauf.

Keiner ist Richter über den andern. Das Leben ist ein Schlachtfeld. Hören wir nicht auf zu kämpfen, weil wir andere fallen sehen, doch vermeiden wir, über sie hinwegzuschreiten. Dann kommt der Sieg, und die durch das Leiden und vor der Menschheit zu Brüdern gewordenen Verwundeten der beiden Parteien werden in den Lazaretten der Sieger vereint. Das sind die Folgen des philosophischen Dogmas des Hermes, das war jederzeit die Moral der wahren Adepten, das die Philosophie der häretischen Rosenkreuzer und aller alten Weisen, die geheime Lehre jener Gesellschaften, die man des Umsturzes der öffentlichen Ordnung zieh und immer der Verschwörung gegen Thron und Altar anklagte.

Der wahre Adept, weit entfernt, die öffentliche Ordnung zu stören, ist ihre stärkste Stütze. Er schätzt die Freiheit zu sehr, um die Anarchie zu wollen. Als Kind des Lichts liebt er die Harmonie und weiß, daß die Finsternis Verwirrung hervorruft. Er nimmt das an, was ist, und verneint nur, was nicht ist. Er will die wahre, praktische, universelle, gläubige, handgreifliche, im ganzen Leben verwirklichte Religion; er will sie mit einem weisen, mächtigen und von allen Tugenden und allem Ansehen des Glaubens umgebenen Priestertum. Er will die universelle Orthodoxie, den absoluten, hierarchischen, apostolischen, sakramentalen, unbestreitbaren und unbestrittenen Katholizismus. Er will eine experimentelle, wirkliche, mathematische, in ihren Schlußfolgerungen bescheidene, in ihren Forschungen unermüdliche, in ihren Fortschritten wissenschaftliche Philosophie. Wer kann nun gegen uns sein, da Gott und die Vernunft mit uns sind? Was liegt daran, wenn man uns vorschnell beurteilt und uns verleumdet? Unsere ganze Rechtfertigung sind unsere Gedanken und unsere Werke. Wir wollen nicht wie Ödipos die Sphinx des Symbolismus töten, sondern wollen sie wiedererwecken. Die Sphinx verschlingt nur die blinden Interpreten, und wer sie tötet, verstand sie nicht zu enträtseln: man muß sie bezwingen, in Ketten legen und nötigen uns zu folgen. Die Sphinx ist das Palladium der Menschheit, die Eroberung des Königs von Theben; sie wäre die Rettung des Ödipos gewesen, hätte er ihr Rätsel ganz erraten!

Was muß man aus diesem Werk in positiver und materieller Hinsicht folgern? Ist die Magie eine Kraft, welche die Wissenschaft dem Waghalsigsten und Schlechtesten überlassen kann? Ist sie eine Schurkerei und Lüge des Spitzbuben, um den Dummen und Schwachen zu betölpeln? Ist der philosophische Merkur die Ausbeutung der Leichtgläubigkeit durch die Taschenspielerei? Wer uns verstanden hat, weiß auf diese Fragen zu antworten. Die Magie kann heute nicht mehr die Kunst der Faszinationen und Zaubereien sein: man täuscht nur noch den, der getäuscht sein will. Doch die blinde und vermessene Leichtgläubigkeit des letzten Jahrhunderts erhält alle Dementis von der Natur selbst. Wir leben umgeben von Prophezeiungen und Wundern. Der Zweifel verneinte sie früher, heute erklärt sie die Wissenschaft. Nein, Graf de Mirville, es ist einem gefallenen Geist nicht gestattet, das Reich Gottes zu verwirren! Das Unbekannte wird nicht durch das Unmögliche erklärt: Es ist dem unsichtbaren Wesen keineswegs gestattet, die an sich schon so unwissenden und schwachen Menschen, die Mühe genug haben, sich gegen ihre eigenen Einbildungen zu verteidigen, zu täuschen, zu quälen, zu verführen, ja selbst lebendige Gottesgeschöpfe zu töten. Die ihnen das in ihrer Kindheit sagten, haben sie getäuscht, bester Graf, und wenn sie Kind genug waren, auf jene zu hören, so seien sie jetzt Mann genug, ihnen nicht mehr zu glauben.

Der Mensch schafft sich selbst seinen Him-

mel und seine Hölle, und es gibt keine anderen Dämonen als unsere Wahnsinnsausge-
burten. Die Geister, die die Wahrheit züch-
tigt, sind gebessert durch diese Züchtigung,
und denken nicht mehr daran, die Welt zu verwirren. Wenn Satan existiert, so kann er nur
das unglücklichste, dümmste, niedrigste und
ohnmächtigste der Wesen sein.

Die Existenz eines universellen Agens des
Lebens, eines lebendigen Feuers, eines astralen
Lichtes haben wir durch Tatsachen bewiesen.
Der Magnetismus läßt uns heute die Wunder
der alten Magie begreifen: die Tatsachen des
zweiten Gesichts, die plötzlichen Heilungen,
die Gedankenübertragungen sind heute erwie-
sene und selbst für unsere Kinder alltägliche
Dinge.

Aber man hatte die Traditionen der Alten
verloren, glaubte an neue Entdeckungen, suchte
das letzte Wort der beobachteten Phänomene,
die Köpfe erhitzten sich über bedeutungslose
Veröffentlichungen, man erlag Faszinationen,
ohne sie zu verstehen. Den Tischrückern haben
wir zu sagen: eure Wunder sind nicht neu;
ihr selbst könnt Größeres vollbringen, wenn
ihr die geheimen Gesetze der Natur studiert.
Und was wird das Ergebnis der neuen Erkenntnis dieser Mächte sein? Eine neue, der
Tatkraft und Intelligenz des Menschen eröff-
nete Möglichkeit, den Kampf des Lebens von
neuem mit vollkommeneren Waffen zu orga-
nisieren, und die Möglichkeit für auserwählte
Intelligenzen, wieder Herren über alle Geschicke zu werden, indem sie der Welt künftighin wahrhafte Priester und große Könige
geben.

ANHANG ZUM RITUAL

DAS NUCTEMERON DES APOLLO-NIOS VON THYANA.

Nach einem alten Manuskript griechisch veröffentlicht von Gilbert Gautrinus, *De vita et morte Moysis.* Buch III. Seite 206, von Laurent Moshemius in seinen heiligen und historisch-kritischen Beobachtungen, Amsterdam MDCCXXI, wiedergegeben, zum erstenmal übersetzt und erklärt von Eliphas Levi.

Nuctemeron heißt der Tag der Nacht oder die vom Tag erhellte Nacht. Es ist ein Titel ähnlich dem: *„Das Licht der Finsternis entsteigend,"* der Titel eines hinreichend bekannten hermetischen Werkes; man könnte auch übersetzen:

DAS LICHT DES OKKULTISMUS.

Dieses Denkmal der hohen Magie der Assyrer ist seltsam genug, um uns der Darstellung seiner Bedeutung zu überheben. Wir haben Apollonios nicht nur beschworen, wir sind vielleicht dahin gekommen, ihn wiederzuerwecken.

DAS NUCTEMERON.

ERSTE STUNDE.

I. Ἐν ᾗ αἰνοῦσιν δαίμονες ἀνοῦτευς (lies ὑμνοῦντες oder οἰνοῦντες) τὸν Θεόν, οὔτε ἀδίκουσιν, οὔτε κολάζουσιν.

In der Einheit lobsingen die Dämonen Gott, sie verlieren ihre Arglist und ihren Zorn.

ZWEITE STUNDE.

II. Ἐν ᾗ αἰτοῦσιν οἱ ἰχθύες τὸν Θεόν, καὶ τὸ τοῦ πυρὸς βάθος ἐν ᾗ σφείλει ὀτοιχείουσθαι ἀποτελέσματα εἰς δράκοντας καὶ πῦρ.

Durch die Zweiheit lobsingen die Fische des Zodiak Gott, die Feuerschlangen winden sich um den Merkurstab, und der Blitz wird harmonisch.

DRITTE STUNDE.

III. Ἐν ᾗ αἰνοῦσιν ὄφεις καὶ κύνες καὶ πῦρ.

Die Schlangen des Hermesstabes verschlingen sich dreimal, Cerberus öffnet seinen dreifachen Rachen und das Feuer singt in den drei Zungen des Blitzes Gottes Lob.

VIERTE STUNDE.

IV. Ἐν ᾗ διέρχονται δαίμονες ἐν τοῖς μνήμκασιν, κα ὁ ἐρχόμενος, ὁ ἐκεῖσε βλαβήσεται, καὶ φόβον καὶ φρίκην ἐκ τῆς δαιμόνων λέψεται φαντάσιος, ἐν ᾗ ὀφείλει ἐνεργεῖν ἐπὶ μαγίκου καὶ παντὸς γοητίκου πράγματος.

In der vierten Stunde kehrt die Seele zum Besuch der Gräber zurück, es ist der Augenblick, in dem die magischen Lampen in den vier Ecken der Kreise sich entzünden, es ist die Stunde der Behexungen und Zaubereien.

FÜNFTE STUNDE.

V. Ἐν ᾗ αἰνοῦσιν τὰ ἄνω ὕδατα τὸν Θεὸν τοῦ οὐράνου.

(aquae supracoelestes, tabula marmoris mundi Hebraeorum).
Die Stimme der großen Wasser singt dem Gott der himmlischen Sphären.

SECHSTE STUNDE.

VI. Ὅτε δέον ἡσυχαξεῖν καὶ ἀναπαύεσθαι, διότι ἔχει φόβον.

Der Geist bleibt standhaft, er sieht die höllischen Ungetüme gegen sich vorgehen und ist furchtlos.

SIEBENTE STUNDE.

VII. Ἐν ᾗ ἀναπάνει πάντα τὰ ζῶα καὶ ’εὰν τὶς κάθαρος
ἄνθρωπος ἀρπάσῃ καὶ βάλλῃ αὐτὸ ὁ ἱερεὺς, καὶ μιξεῖ
’Ελαίω καὶ ἀγιάσῃ αὐτὸ καὶ ἀλείψῃ ἐπὶ αὐτοῦ ἀσθένη,
πὰρ ἔνθεν, τῆς νόσου ἀπαλλαγήσεται.

*Ein Feuer, das allen beseelten Wesen Leben gibt, ist von dem Willen der
reinen Menschen geleitet. Der Eingeweihte erhebt die Hand, und die Leiden
werden gelindert.*

ACHTE STUNDE.

VIII. ’Εν ᾗ ἀποτέλεσμα στοιχείων καὶ παντοιῶ φυτῶν.

*Die Sterne besprechen sich, die Seele der Sonnen stimmt mit dem Seufzen
der Blumen überein, die Ketten der Harmonie lassen alle Wesen der Natur unter sich in Übereinstimmung sein.*

NEUNTE STUNDE.

IX. ’Εν ᾗ τέλειται οὐδὲν.

Die Zahl, die nicht geoffenbart werden darf.

ZEHNTE STUNDE.

X. ’Εν ᾗ ἀνοίγωνται αἱ πύλαι τοῦ οὐράνου καὶ ἄνθρωπος
’εν κατανύξει ἐρχόμενος εὐήχοος γενήσεται.

*Das ist der Schlüssel zum astronomischen Zyklus und der Kreisbewegung
des Lebens der Menschen.*

ELFTE STUNDE.

XI. ’Εν ᾗ πέτονται ταῖς πτέρυξιν σὺν ἠχὼ οἱ ἄγγελοι καὶ
χέρουβιμ καὶ σέραφιμ, καὶ ἔστιν χάρα ἐν οὐράνω, καὶ
γῆ ἀνατέλλει δὲ καὶ ὁ ἥλιος ἔξ Ἀδαμ (lies ’Εδεμ.)

*Die Flügel der Genien bewegen sich mit einem geheimnisvollen Lärm, sie
fliegen von einer Sphäre zur andern und tragen Gottes Botschaften von
Welt zu Welt.*

ZWÖLFTE STUNDE.

XII. ’Εν ᾗ ἀναπαύονται τὰ πύρινα τάγματα.

Hier werden die Werke des ewigen Lichts vom Feuer erfüllt.

ERKLÄRUNG.

Diese zwölf symbolischen Stunden, die den
Zeichen des magischen Tierkreises und den
allegorischen Arbeiten des Herkules analog
sind, stellen die Reihe der Werke bei der Einweihung dar.

Man muß also zunächst:

1. Die schlechten Eigenschaften bändigen und nach dem Ausspruch des weisen Hierophanten zwingen, aus sich selbst Gott zu loben.

2. Die Gleichgewichtskräfte der Natur studieren und wissen, wie aus der Analogie der Gegensätze die Harmonie zustandekommt. Das große magische Agens und die doppelte Polarität des universellen Lichtes erkennen.

3. Sich einweihen in den Symbolismus des dreifachen Ursprungs aller Theogonien und aller religiösen Symbole.

4. Alle Phantome der Einbildung zu bändigen und über alle Zaubereien zu triumphieren wissen.

5. Verstehen, wie die Harmonie im Zentrum der vier Elementarkräfte erzeugt wird.

6. Für Furcht unempfindlich werden.

7. Sich in der Leitung des magnetischen Lichtes üben.

8. Die Wirkungen durch die Gleichgewichtsberechnung der Ursachen voraussehen lernen.

9. Die Hierarchie der Lehre verstehen, die Mysterien des Dogmas ehren, vor den Profanen schweigen.

10. Die Astronomie von Grund auf studieren.

11. Durch die Analogie in die Gesetze des universellen Lebens und der universellen Intelligenz sich einweihen.

12. Die großen Werke der Natur durch das Lenken des Lichtes vollbringen.

Hier Namen und Befugnisse der Genien, die den zwölf Stunden des Nuctemeron vorstehen.

Unter diesen Genien verstanden die alten Philosophen weder Götter, noch Engel noch Dämonen, sondern moralische Kräfte oder personifizierte Tugenden.

300

GENIEN DER ERSTEN STUNDE.

PAPUS, Medizin.
SINBUCK, Richter.
RASPHULA, Nekromant.
ZAHUN, Genius des Streites.
HEIGLOT, Genius des Schnees.
MIZKUN, Genius der Amulette.
HAVEN, Genius der Würde.

ERKLÄRUNG.

Man muß *Arzt* und *Richter* seiner selbst
werden, um die Hexereien des *Nekromanten*
zu besiegen, *den Genius des Streites* bannen
und mißachten, über die Meinung triumphieren, die allen Enthusiasmus zu Eis erstarrt
und alle Dinge in dieselbe kalte Blässe versenkt wie der *Genius des Schnees,* die Kraft
der Zeichen erkennen und den *Genius der Amulette* fesseln, um zur *Würde* des Magiers zu
gelangen.

GENIEN DER ZWEITEN STUNDE.

SISERA, Genius des Wunsches.
TORVATUS, Genius der Uneinigkeit.
NITIBUS, Genius der Sterne.
HIZARBIN, Genius der Meere.
SACHLUPH, Genius der Pflanzen.
BAGLIS, Genius des Maßes und des Gleich-
        gewichts.
LABEZERIN, Genius des Erfolgs.

ERKLÄRUNG.

Man muß lernen zu wollen und den *Genius
des Wunsches* in Macht umzuwandeln, dabei
fesselt man das Hindernis des Willens, den
Genius der Uneinigkeit durch das Wissen um
die Harmonie. Die Harmonie ist der *Genius
der Sterne und der Meere.* Man muß die Kraft
der *Pflanzen* studieren, die Gesetze *des Gleich-*

gewichts und des Maßes verstehen, um zum *Erfolg* zu gelangen.

GENIEN DER DRITTEN STUNDE.

HAHABI, Genius der Furcht.
PHLOGABITUS, Genius der Ornamente.
EIRNEUS, zerstörender Genius der Idole.
MASCARUN, Genius des Todes.
ZAROBI, Genius der Abgründe.
BUTATAR Genius der Berechnungen.
CAHOR, Genius des Truges.

ERKLÄRUNG.

Wenn du durch die erstarkende Kraft des Willens den *Genius der Furcht* besiegt hast, so wirst du wissen, daß die Dogmen die heiligen *Ornamente* der der Allgemeinheit unbekannten Wahrheit sind; aber in deiner Einsicht wirst du alle *Idole* niederreißen und den *Genius des Todes* bändigen, wirst alle *Abgründe* untersuchen und selbst das Unendliche im Verhältnis deiner *Berechnungen* unterwerfen und wirst so für immer den Fallstricken des *Genius des Truges* entgehen.

GENIEN DER VIERTEN STUNDE.

PHALGUS, Genius des Urteils.
THAGRINUS, Genius der Verwirrung.
EISTIBUS, Genius der Wahrsagung.
PHARZUPH, Genius der Unzucht.
SISLAU, Genius der Gifte.
SCHIEKRON, Genius der Liebe der Tiere.
ACLAHAYR, Genius des Spiels.

ERKLÄRUNG.

Die Kraft des Magiers liegt in seinem *Urteil,* das ihn der aus dem Widerspruch und der Gegensätzlichkeit entstehenden *Verwirrung* entgehen läßt, er übt die *Wahrsagung* der Weisen, aber er verachtet die Zauberei der zaubernden Sklaven der *Unzucht,* der Giftmischer, der Diener der *Tierliebe* und siegt so über die Schicksalhaftigkeit, den *Genius des Spiels.*

GENIEN DER FÜNFTEN STUNDE.

ZEIRNA, Genius der Schwächen.

TABLIBIK, Genius der Fascination.

TACRITAU, Genius der Goetie.

SUPHLATUS, Genius des Staubes.

SAIR, Genius des Antimons der Weisen.

BARCUS, Genius der Quintessenz.

CAMAYSAR, Genius der Verbindung der Gegensätze.

ERKLÄRUNG.

Obsiegt der Magier über die menschlichen *Schwächen,* so ist er nicht mehr das Spielzeug der *Faszination,* die leeren und gefährlichen Praktiken der *Goetie* tritt er dann mit Füßen, und ihre ganze Kraft liegt dann im *Staub,* den der Wind zerstreut; aber er besitzt das *Antimon der Weisen,* er bewaffnet sich dann mit allen schöpferischen Kräften der *Quintessenz* und bringt nach seinem Gefallen die Harmonie hervor, die aus der Analogie und der *Verbindung der Gegensätze* hervorbricht.

GENIEN DER SECHSTEN STUNDE.

TABRIS, Genius des freien Willens.

SUSABO, Genius der Reisen.

EIRNILUS, Genius der Früchte.

NITIKA, Genius der Edelsteine.

HAATAN, Genius der verborgenen Schätze.

HATIPHAS, Genius des Geschmeides.

ZAREN, Genius der Rache.

ERKLÄRUNG.

Der Magier ist frei, er ist der verborgene König der Erde und durchmißt sie als sein

Reich. Auf seinen *Reisen* lernt er die Säfte und *Früchte* der Pflanzen, die Kräfte der *Edelsteine* kennen, er zwingt den *Genius der verborgenen Schätze* der Natur ihm all seine Geheimnisse preiszugeben, so dringt er in die Mysterien der Form ein, versteht das *Geschmeide* der Erde und der Rede, und wenn er verkannt wird, wenn die Völker ihm ungastlich begegnen, wenn er für seine Wohltaten nur Hohn erntet, so wird er immer vom *Genius der Rache* verfolgt..

GENIEN DER SIEBENTEN STUNDE.

SIALUL, Genius des Gedeihens.
SABRUS, Genius der Unterstützung.
LIBRABIS, Genius des verborgenen Goldes.
MIZGITARI, Genius der Adler.
CAUSUB, Genius des Schlangenzaubers.
SALILUS, Genius, der die Tore öffnet.
JAZER, Genius, der liebenswert macht.

ERKLÄRUNG.

Die Siebenheit zeigt den Sieg des Magiers, er gibt den Menschen und Völkern das *Gedeihen* und *unterstützt* sie durch seine erhabenen Lehren; er schwebt wie der *Adler,* leitet die durch die *Schlangen* dargestellten Ströme des astralen Feuers, alle Tore des Heiligtums sind für ihn offen, und alle Seelen, die sich nach der Wahrheit sehnen, schenken ihm ihr Vertrauen; er ist schön in seiner moralischen Größe und trägt überall den Genius mit sich, durch dessen Macht man geliebt wird.

GENIEN DER ACHTEN STUNDE.

NANTUR, Genius der Schrift.
TOGLAS, Genius der Schätze.
ZALBURIS, Genius der Therapeutik.
ALPHUN, Genius der Tauben.

304

TUKIPHAT, **Genius des Schamir.**
ZIZUPH, **Genius der Mysterien.**
CUNIALI, **Genius der Vereinigung.**

ERKLÄRUNG.

Das sind die Genien, die dem wahren Magier gehorchen, die *Tauben* stellen die religiösen Ideen dar, der *Schamir* ist ein allegorischer Diamant, der in den magischen Überlieferungen den Stein der Weisen oder jene auf der Wahrheit beruhende Kraft, der nichts widersteht, darstellt. Die Arabar behaupten noch, daß der Schamir ursprünglich Adam gegeben und von ihm nach seinem Fall verloren worden sei, Hennoch habe ihn dann wiedergefunden und Zoroaster habe ihn besessen, dann habe ihn Salomo von einem Engel erhalten, als er von Gott die Weisheit erbeten hatte. Mit diesem magischen Diamanten teilt Salomo mühelos und ohne Hammer, nur durch Berührung mit dem *Schamir* alle Steine des Tempels.

GENIEN DER NEUNTEN STUNDE.

RISNUCH, **Genius des Ackerbaues.**
SUCLAGUS, **Genius des Feuers.**
KIRTABUS, **Genius der Sprachen.**
SABLIL, **Genius der Entdeckung der Diebe.**
SCHACHLIL, **Genius der Sonnenpferde.**
COLOPATIRON, **Genius der Gefangenenbefreiung.**
ZEFFAR, **Genius der unwiderruflichen Wahl.**

ERKLÄRUNG.

Diese Zahl muß schweigend übergangen werden, sagt Apollonios, weil sie die großen Geheimnisse des Eingeweihten umschließt, die Kraft, *welche die Erde fruchtbar macht,* die Mysterien des *verborgenen Feuers,* den uni-

305

versellen Schlüssel *der Sprachen,* das zweite
Gesicht, vor dem die *Übeltäter* nicht verborgen
bleiben können, die großen, in der Kabbala
durch die vier symbolischen Tiere und in der
Mythologie der Griechen durch die vier Sonnenpferde dargestellten Gesetze des Gleichgewichts und der leuchtenden Bewegung, der
Schlüssel zur Befreiung der Leiber und der
Seelen, der *alle Gefängnisse* öffnet, und jene
Kraft der ewigen Wahl, welche die Schöpfung
des Menschen vollendet und ihn in der Unsterblichkeit hält.

GENIEN DER ZEHNTEN STUNDE.

SEZARBIL, Teufel oder feindlicher Genius.
AZEUPH, Kindermörder.
ARMILUS, Genius der Begierde.
KATARIS, Genius der Hunde oder Profanen.
RAZANIL, Genius des Onyx.
BUCHAPHI, Genius der Strygen.
MASTHO, Genius der nichtigen Erscheinun-
gen.

ERKLÄRUNG.

Die Zahlen enden mit der Neun und das
trennende Zeichen der Zehn ist die wertlose
Null, die lediglich der Eins hinzugefügt ist.
Die Genien der zehnten Stunde stellen also all
das dar, was aus sich selbst nichts ist, das
aber eine große Kraft der Meinung erhält und
infolgedessen die Allmacht des Weisen erdulden kann. Wir gehen hier auf brennendem
Boden und man wird uns nicht erlauben, den
Profanen weder den *Teufel,* der ihr Meister,
noch den *Kindermörder,* der ihr Liebhaber,
noch die *Begierde,* die ihr Gott ist, noch *die
Hunde,* mit denen wir sie nicht vergleichen
wollen, noch den *Onyx,* der ihnen entgeht,
noch die *Strygen,* die ihre *Kurtisanen* sind,

noch die *falschen Erscheinungen* zu erklären, die sie für Wahrheit halten.

GENIEN DER ELFTEN STUNDE.

AEGLUN, **Genius des Blitzes.**
ZUPHLAS, **Genius der Wälder.**
PHALDOR, **Genius der Orakel.**
ROSABIS, **Genius der Metalle.**
ADJUCHAS, **Genius der Felsen.**
ZOPHAS, **Genius der Pantakel.**
HALACHO, **Genius der Sympathien.**

ERKLÄRUNG.

Der Blitz gehorcht dem Menschen, er wird zum Fahrzeug seines Willens, zum Instrument seiner Kraft, zum Licht seiner Leuchten, die Eichen der *heiligen Wälder* geben *Orakel,* die *Metalle* ändern ihre Form und verwandeln sich in Gold oder werden Talismane, die *Felsen* reißen sich von ihrem Grund und verwandeln sich, hingerissen von der Lyra des großen Hierophanten und von dem geheimnisvollen Schamir berührt, in Tempel und Paläste, die durch die Pantakel dargestellten Symbole werden wirksam, die Geister sind durch mächtige *Sympathien* gebunden und folgen den Gesetzen der Familie und der Freundschaft.

GENIEN DER ZWÖLFTEN STUNDE.

TARAB, **Genius der Veruntreuung.**
MISRAN, **Genius der Verfolgung.**
LABUS, **Genius der Inquisition.**
KALAB, **Genius der heiligen Gefäße.**
HAHAB, **Genius der königlichen Tafeln.**
MARNES, **Genius der Unterscheidung der Geister.**
SELLEN, **Genius der Gunst der Großen.**

ERKLÄRUNG.

Hier nun, welches Los die Magier erwartet und wie ihr Opfer vollbracht wird; denn nach der Eroberung des Lebens muß man sich zu opfern wissen, um unsterblich wiedergeboren zu werden. Sie werden die *Veruntreuung* erleiden, man wird Gold, Vergnügungen, Racheerfüllungen von ihnen verlangen, und geben sie den Begierden der Menge kein Genüge, so werden sie der *Verfolgung,* der *Inquisition* ausgesetzt sein; doch man entweiht die heiligen Gefäße nicht, sie sind für *königliche Tafeln,* d. h. für die Gastmähler der Intelligenz gemacht. Durch die *Unterscheidung der Geister* werden sie sich vor der Gunst der Großen hüten und werden in ihrer Kraft und ihrer Freiheit unbesiegbar bleiben.

DAS NUCTEMERON

NACH DEN HEBRÄERN.

(Auszug aus dem alten, von den Juden *die Mischna* genannten Talmud.)

Das von Apollonios der Theurgie der Griechen entnommene und durch die assyrische Hierarchie der Genien vervollständigte und erklärte Nuctemeron entspricht so vollkommen der Philosophie der Zahlen, daß wir sie auf den merkwürdigsten Seiten des alten Talmud dargestellt finden.

So ragen die pythagoräischen Überlieferungen über Pythagoras hinaus, so ist die Genesis eine herrliche Allegorie, die in der Form einer Erzählung die Geheimnisse nicht allein einer früher abgeschlossenen, sondern der fortwährenden und universellen Schöpfung, der ewigen Erschaffung der Wesen verbirgt. So liest man im Talmud:

„Gott hat ausgespannt den Himmel wie ein Tabernakel, er hat aufgerichtet die Welt wie eine reich bediente Tafel, und er hat den Menschen erschaffen, als lüde er ihn zu Gast."

So spricht der König Schlomoh:

„Die göttliche Chocmah, die Weisheit, Gottes Gemahlin, hat sich ein Haus gebaut, sie hat sieben Säulen behauen.

„Sie hat ihre Opfer geopfert.

„Sie hat ihren Wein gemischt, sie hat die Tafel errichtet, sie hat ihre Dienerinnen ausgesandt."

Diese Weisheit, die ihr Haus nach einer regelmäßigen und zahlenmäßigen Architektur baut, ist die exakte Wissenschaft, die bei den Werken Gottes vorwaltet.

Sie ist sein Kompaß und sein Winkelmaß. Die sieben Säulen sind die sieben typischen und uranfänglichen Tage.

Die Opfer sind die natürlichen Kräfte, die sich in einer Art Tod befruchten.

Der gemischte Wein ist das universelle Fluidum, der Tisch ist die Welt mit den fischreichen Meeren.

Chocmahs Dienerinnen sind die Seelen von Adam und Eva.

Die Erde, aus der Adam geformt wurde, ist von der ganzen Weltmasse genommen worden.

Sein Kopf ist Israel, sein Leib das Reich Babylon und seine Glieder die übrigen Nationen der Erde.

(Hier werden die Hoffnungen der Eingeweihten des Moses auf Errichtung eines universalen, orientalischen Reiches offenbar.)

Zwölf Stunden hat der Tag, an dem die Erschaffung des Menschen sich erfüllt.

ERSTE STUNDE.

Gott vereinigt die zerstreuten Bruchstücke der Erde, er knetet sie zusammen und bildet daraus eine einzige Masse, die er beseelen will.

ERKLÄRUNG.

Der Mensch ist die Synthese der erschaffenen Welt, in ihm beginnt die schöpferische Einheit von neuem, er ist nach dem Bild und Ebenbild Gottes gemacht.

ZWEITE STUNDE.

Gott entwirft die Form des Körpers, er teilt sie, damit die Organe doppelt seien, denn jede Kraft und alles Leben ergibt sich aus zwei, und deshalb haben die Elohim alle Dinge so gemacht.

310

ERKLÄRUNG.

Alles lebt durch die Bewegung, alles wird durch das Gleichgewicht erhalten, und die Harmonie entsteht aus der Analogie der Gegensätze; dieses Gesetz ist die Form der Formen, ist die erste Manifestation der Tatkraft und Fruchtbarkeit Gottes.

DRITTE STUNDE.

Da die Glieder des Menschen dem Gesetz des Lebens gehorchen, werden sie aus sich selbst hervorgebracht und werden durch das Zeugungsorgan vervollständigt, welches aus einem und zweien zusammengesetzt ist, ein Bild der Dreizahl.

ERKLÄRUNG.

Die Dreiheit geht von selbst aus der Zweiheit hervor; die Bewegung, die die Zwei erzeugt, bringt auch die Drei hervor. Die Drei ist der Schlüssel der Zahlen, denn sie ist die erste zahlenmäßige Synthese, in der Geometrie ist das Dreieck die erste vollständige und geschlossene Figur, die Schöpferin einer Unendlichkeit von verschiedenen und ähnlichen Dreiecken.

VIERTE STUNDE.

Gott haucht auf das Gesicht des Menschen und gibt ihm eine Seele.

ERKLÄRUNG.

Die Vier, die in der Geometrie das Kreuz und das Quadrat ergibt, ist die vollkommene Zahl, in der Vollendung der Form ist sie die Manifestation der intelligenten Seele; nach dieser Offenbarung der Mischna würde das Kind im Mutterschoße erst nach der vollkommenen Entwickelung all seiner Glieder beseelt.

311

FÜNFTE STUNDE.

Der Mensch hält sich auf seinen Beinen, er hebt sich von der Erde, er geht, geht, wohin er will.

ERKLÄRUNG.

Die Zahl fünf ist die der durch die Quintessenz, die sich aus dem Gleichgewicht der vier Elemente ergibt, dargestellten Seele. Im Tarot ist diese Zahl durch den Hohepriester oder den geistigen Selbstherrscher, das Bild des menschlichen Willens, ausgedrückt, jenen Hohepriester, der allein über unsere ewigen Geschicke beschließt.

SECHSTE STUNDE.

Die Tiere kommen zu Adam, und er gibt jedem von ihnen den Namen, der ihm zukommt.

ERKLÄRUNG.

Der Mensch unterwirft sich die Erde durch Arbeit und bezähmt die Tiere, und da er seine Freiheit kundgibt, erschafft er sein Wort oder seine Sprache, und die Schöpfung gehorcht ihm, hier wird die uranfängliche Schöpfung vollendet. Gott hat den Menschen am sechsten Tag erschaffen, aber in der sechsten Stunde dieses Tages beendet der Mensch das Werk Gottes und schafft sich selbst von neuem, und zwar derart, daß er sich zum König der Natur macht, indem er sie seiner Sprache unterwirft.

SIEBENTE STUNDE.

Gott gibt Adam eine Gefährtin, die aus der Substanz des Mannes selbst genommen ist.

ERKLÄRUNG.

Nachdem Gott den Menschen nach seinem Bild erschaffen hatte, ruhte er am siebenten

Tag, denn er hatte sich eine fruchtbare Gattin gegeben, die ohn' Unterlaß für ihn arbeitet; die Natur ist die Gemahlin Gottes, und Gott ruht auf ihr. Der seinerseits durch das Wort zum Schöpfer gewordene Mensch gibt sich eine ihm ähnliche Gefährtin und kann nun auf ihrer Liebe ausruhen. Die Frau ist das Werk des Mannes; er macht sie durch seine Liebe schön, macht sie zur Mutter. Die Frau ist die wahrhaft menschliche Natur, Tochter und Mutter des Mannes, Gottes Enkelin.

ACHTE STUNDE.

Adam und Eva gehen ins Ehebett, sie sind zwei, wenn sie sich niederlegen, vier, wenn sie aufstehen.

ERKLÄRUNG.

Die mit der Vier verbundene Vier stellt die Form, die die Form ins Gleichgewicht bringt, die aus der Schöpfung hervorgehende Schöpfung, die ewige Lebenswage dar. Sieben ist die Zahl der Ruhe Gottes, die darauffolgende Eins stellt den Menschen dar, der arbeitet und mit der Natur zum Werk der Schöpfung beiträgt.

NEUNTE STUNDE.

Gott gibt dem Menschen sein Gesetz.

ERKLÄRUNG.

Neun ist die Zahl der Einweihung, weil sie, aus drei mal drei gebildet, die göttliche Idee und die absolute Philosophie der Zahlen darstellt, weshalb Apollonios sagt, daß die Mysterien der Zahl neun nicht offenbart werden dürfen.

ZEHNTE STUNDE.

In der zehnten Stunde fällt Adam in Sünde.

ERKLÄRUNG.

Nach den Kabbalisten ist zehn die Zahl der Materie, deren besonderes Zeichen die Null ist, am Baume der zehn Sephirot ist die Zehn Malchut oder die äußere und stoffliche Substanz. Die Sünde Adams ist also der Materialismus, und die Frucht, die er vom Baum nimmt, stellt das vom Geist getrennte Fleisch dar, die von der Eins getrennte Null, die Spaltung der Zahl zehn, die auf der einen Seite die bloßgelegte Einheit, auf der anderen die Verneinung oder den Tod gibt.

ELFTE STUNDE.

Zur elften Stunde ist der Schuldige zur Arbeit verurteilt und muß die Sünde sühnen, indem er die Qual erleidet.

ERKLÄRUNG.

Die Elf stellt im Tarot die Kraft dar, und die Kraft kommt in den Prüfungen. Gott gibt dem Menschen das Leiden als Heilmittel, er muß also kämpfen und dulden, um die Intelligenz und das Leben zu erobern.

ZWÖLFTE STUNDE.

Mann und Frau ertragen ihre Pein, die Sühne beginnt, und der Erlöser ist versprochen.

ERKLÄRUNG.

Das ist die Vervollständigung der moralischen Geburt, der Mensch ist fertig, denn er ist dem Opfer geweiht, das ihn erneuert; Adams Verbannung ist der des Ödipos ähnlich, wie Ödipos ist auch Adam Vater zweier Feinde. Ödipos hat die fromme und jungfräuliche Antigone zur Tochter, aus Adams Wurzel geht Maria hervor.

Diese geheimnisvollen und erhabenen Offenbarungen der religiösen Einheit in den alten Mysterien befinden sich, wie schon erwähnt, im Talmud, aber ohne Zuhilfenahme dieses umfangreichen Sammelwerkes kann man sie auch in dem Kommentar des Paul Ricius über die Talmudisten in seinem *Epidome de talmudica Doctrina* auf Seite 280 des I. Bandes der Sammlung der Kabbalisten von Pistorius finden.

ÜBER DIE MAGIE DER BAUERN
UND DIE ZAUBEREI DER HIRTEN.

In der Einsamkeit, im ewig sprießenden Wachstum gedeihen die triebhaften und magnetischen Kräfte des Menschen und übersteilen sich. Die starken Ausdünstungen des Saftes, der Duft des Heues, die Düfte gewisser Blüten erfüllen die Luft mit Taumel und Rausch. Dann fallen empfängliche Personen leicht in eine Art Ekstase, die sie in ganz wachem Zustand träumen läßt. Dann erscheinen die nächtlichen Waschfrauen, die Werwölfe, die Kobolde, welche die Reiter aus dem Sattel heben und auf die Pferde steigen, indem sie mit ihrem langen Schwanz auf sie einschlagen. Diese Visionen wacher Menschen sind wirklich und schrecklich, und man sollte über unsere alten bretonischen Bauern nicht lachen, wenn sie ihre Visionen erzählen.

Wenn diese vorübergehenden Rauschzustände sich häufen und ausdehnen, übertragen sie auf den Nervenapparat eine besondere Eindrucksfähigkeit und Empfindlichkeit. Man wird zum wachen Somnambulen, die Sinne erlangen zuweilen eine wunderbare, selbst unglaubliche Feinheit des Gefühls, über ungewöhnliche Entfernungen hin hört man warnende Schreie, der Menschen Denken sieht man auf ihrem Gesicht, man ist plötzlich vom Vorgefühl drohenden Unglücks befallen.

Nervöse Kinder, Schwachsinnige, alte und hauptsächlich freiwillig oder gezwungen unverheiratet lebende Frauen sind für diese Art Magnetismus am geeignetsten. So werden die

krankhaften Phänomene, die man für die Mysterien der Kraft der Medien hält, hervorgebracht und entstellt. Um diese außergewöhnlichen Magneten bilden sich magnetische Wirbel und geschehen Wunder, die jenen der Elektrizität analog sind: Anziehung und Abstoßung ruhender Gegenstände, atmosphärische
Ströme, stark ausgeprägte sympathische und
antipathische Einflüsse. Der menschliche Magnet wirkt auf große Entfernungen und durch
alle Körper hindurch, mit Ausnahme der Holzkohle, die das terrestrische Astrallicht in all
seinen Umwandlungen absorbiert und neutralisiert.

Verbindet sich mit diesen natürlichen Eigenschaften ein perverser Wille, so kann der
Kranke seiner Umgebung sehr gefährlich werden, vor allem wenn sein Organismus ausschließlich aufsaugende Eigenschaften besitzt.
So werden die Behexungen und Zaubereien erklärt, und so wird dieser fremdartige Zustand
eine Angelegenheit der ärztlichen Diagnose.
Die Römer nannten ihn den bösen Blick, und
in Neapel ist er noch unter dem Namen Jettatura gefürchtet.

In unserem *„Schlüssel zu den großen Myste-*
rien" haben wir erklärt, warum die Hirten
besser als andere für die magnetischen Un-
regelmäßigkeiten geeignet sind. Als Herden-
führer magnetisieren sie ihre Herden mit ihrem
guten oder bösen Willen und erdulden den
Einfluß der unter ihrer Leitung vereinigten tierischen Seelen, die zu Fortsätzen der ihrigen
werden. Ihre moralischen Schwächen bringen
bei ihren Schafen physische Krankheiten hervor, und sie erleiden umgekehrt die Wirkung
der Unbändigkeit ihrer Böcke und der Launen
ihrer Schafe. Hat der Hirte eine aufsaugende
Natur, so wird auch die Herde aufsaugend und

317

zieht bisweilen verhängnisvoll die ganze Kraft und Gesundheit einer Nachbarherde an. So fällt dann die Sterblichkeit in die Ställe, ohne daß man wüßte warum, und ohne daß Vorsichtsmaßnahmen und Hilfsmittel etwas nützten.

Diese ansteckende Krankheit der Herden ist mitunter durch die Feindschaft eines rivalisierenden Hirten hervorgerufen, der verstohlen in der Nacht einen Pakt unter der Stallschwelle vergrub. Nun flackert bei den Ungläubigen ein Lächeln auf; doch hier handelt es sich nicht mehr um Leichtgläubigkeit. Was der Aberglaube früher blind glaubte, bestätigt und erklärt jetzt die Wissenschaft.

Es ist sicher und durch zahlreiche Erfahrungen bewiesen, daß:

1. Der durch seinen Willen gelenkte magnetische Einfluß des Menschen sich an irgendwelche erwählten und durch diesen Willen beeinflußte Gegenstände heftet;

2. Der menschliche Magnetismus über Entfernungen hin wirkt und sich mit Kraft auf die magnetisierten Gegenstände zentralisiert;

3. Der Wille des Magnetiseurs um so mehr Kraft aufnimmt, als er die diesen Willen ausdrückenden Handlungen vervielfacht;

4. Wenn die Handlungen ihrer Natur gemäß die Einbildung stark beeindrucken, und wenn zu ihrer Erfüllung große äußere Hindernisse und große innere Widerstände zu überwinden sind, der Wille wie bei Wahnsinnigen fest, hartnäckig und unbezwingbar wird;

5. Allein die Menschen kraft ihres freien Willens dem menschlichen Willen widerstehen können, während die Tiere demselben nicht lange zu begegnen vermögen.

Sehen wir nun, wie die ländlichen Zauberer ihre Mittelchen zusammensetzen, diese wahr-

haften Pakte mit dem Geist der Ruchlosig-
keit, die bei ihrem bösen Willen die unselige
Weihe vertreten.

Sie bereiten ein Gemisch von Substanzen,
die man ohne Verbrechen nicht beschaffen und
ohne Heiligtumsschändung nicht mischen kann.
Über diese schrecklichen Gemengsel, die sie
bisweilen mit ihrem eigenen Blut besprengen,
sprechen sie Fluchformeln und vergraben diese
unwiderruflich magnetisierten Zeichen eines
höllischen Hasses im Feld ihres Feindes oder
unter der Türschwelle seines Stalles.

Die Wirkung ist unfehlbar; von diesem
Augenblick an beginnen die Herden hinzusiechen, und der ganze Stall wird bald leer
sein, wenn anders nicht der Besitzer der Herde
dem Magnetismus des Feindes einen energi-
schen und erfolgsicheren Widerstand entgegensetzt.

Dieser Widerstand gelingt leicht, wenn man
ihn durch Kreise und Ströme, d. h. durch Vereinigung von Willen und Kräften bewerkstelligt. Die Wirkung trifft jene Landwirte kaum,
die sich bei ihren Nachbarn beliebt zu machen
verstehen. Ihre Güter sind dann durch das
Interesse aller geschützt, und die verbündeten
guten Willen obsiegen bald über eine verein-
zelte böswillige Gesinnung.

Wenn der Zauber abgewendet ist, wendet er
sich gegen seinen Urheber. Der böswillige Magnetiseur erleidet dann solch unerträgliche
Martern, die ihn bald zwingen, sein schlechtes
Werk zu zerstören und seinen Pakt selbst aus-
zugraben.

Im Mittelalter nahm man auch zu Beschwörungen und Gebeten seine Zuflucht. Man ließ
Ställe und Tiere einsegnen, man ließ Messen
lesen, um durch die Vereinigung christlicher

319

Willen in Glaube und Gebet die Gottlosigkeit des Zauberers zurückzuweisen.

Man lüftete die Ställe, gebrauchte Räucherungen und mischte unter die Nahrung der Tiere durch besondere Exorzismen magnetisiertes Salz.

Am Schluß unseres *„Schlüssels zu den großen Mysterien"* haben wir einige dieser Exorzismen wiedergegeben, deren ursprünglichen Text wir mit großer Sorgfalt wiederhergestellt haben.

Diese Formeln sind, von unkundigen Händen abgeschrieben und wieder abgeschrieben, dem gesunden Menschenverstand zum Trotz von den Ausbeutern ländlicher Leichtgläubigkeit gedruckt, nicht ohne seltsame Verstümmelungen bis auf uns erhalten geblieben.

Im Grunde entspringen diese Formeln einem glühenden und kindlichen Glauben: Im Namen des kleinen, in einem Stall geborenen Kindes, der Hirten, die es anzubeten kamen, des hl. Wüstenmannes Johannes, des Täufers, der immer von einem makellosen Lamm begleitet war, beschworen die alten christlichen Hirten die Zaubereien ihrer Feinde. Diese Gebete oder vielmehr Glaubensakte, über das Salz gesprochen, waren durch sich selbst heilsam und unerläßlich für die Gesundheit der Herden. Unsere falschen Gelehrten können jetzt über diese ländlichen Zauberer lachen; aber sie wußten sehr wohl, was sie taten, und ihr Instinkt, durch die Erfahrung gelenkt, führte sie viel sicherer, als dies die ärmliche Wissenschaft jener Zeit vermocht hätte.

Jetzt, da der Glaube auf dem Lande wie überall erlahmt, haben diese kindlichen Gebete kaum noch irgend eine Kraft. Man kann sie höchstens wie seltsame Denkmale des Glaubens unserer Ahnen erforschen. Man findet sie in den Zaubermanuskripten und im *Enchiridion* Leos III., einem kleinen, im Mittelalter sehr berühmten Buch, dessen mehr oder minder fehlerhafte Ausgaben sich bis in unsere Zeit vermehrten. Wir geben hier die Beschwörungen, die als die wirksamsten galten.

Hier beginnen die geheimnisvollen Gebete des Papstes Leo.

Gebete gegen alle Art Zaubermittel, Hexerei, Zauber, Charactere, Visionen, Trugbilder, Besessenheit, Quälereien, die Heirat hindernde Zauber, und alles, was durch die Hexerei der Zauberer oder durch das Eingreifen von Teufeln angerichtet werden kann; auch sehr vorteilhaft gegen alle Arten Unglück, das den Pferden, Füllen, Ochsen, Kühen, Lämmern und anderen Tierarten zustoßen kann. Gebet: *Qui Verbum caro factum ect, etc.*

Das Wort, das Fleisch geworden und ans Kreuz geschlagen worden ist und nun sitzet zur Rechten des Vaters, um die Gebete jener zu erhören, die an Ihn glauben, an Ihn, der durch seinen heiligen Namen jedes Knie beugt; und durch die Verdienste der allerseligsten Jungfrau Maria und durch die Fürbitten aller heiligen Männer und Frauen Gottes: Würdige dein Geschöpf N. N., es vor allem Schaden zu bewahren und vor allen Anfechtungen der Dämonen, der Du lebst und regierst in der vollkommenen Einheit. Denn siehe hier † das Kreuz unseres Herren Jesus Christus, in dem unser Heil, unser Leben und unsere Auferstehung und die Vernichtung unserer Widersacher und der bösen Geister ist. Flieht, ihr Widersacher, denn ich beschwöre euch, höllische Dämonen, und euch, üble Geister, weß Art ihr immer auch seid, gegenwärtige und abwesende, auf welche Art, unter welchem Vorwand ihr auch immer, gerufen oder berufen, gutwillig oder geschickt kommt, sei es durch Zauber oder die Kunst böser Männer oder

Frauen, getrieben zu verweilen oder zu belästigen. Bis ihr euren teuflischen Trug aufgebt, hebt euch sofort hinweg durch den † lebendigen, † wahrhaftigen, † heiligen † Gott-Vater † Sohn, † und Hl. Geist. Besonders durch ihn †, der † als Lamm geschlachtet und getötet, der † als Mensch ist gekreuzigt worden, durch dessen Blut wir gesiegt haben, da der hl. Michael an unserer Seite gekämpft, den Sieg errungen und euch eben soweit zu weichen gezwungen, als ihr vordringen wolltet, was euch doch unter keinerlei Vorwand, weder zur Kränkung noch zur Verkümmerung dieses Geschöpfes, weder durch Vision noch durch Schrecken, im Schlaf noch im Wachen, im Essen noch Beten, noch bei Verrichtung natürlicher oder geistiger Dinge gelang: wo nicht, so werde ich alle Verwünschungen, Bannstrahlen und Marterqualen durch die Hände eurer Feinde, auf Befehl der hl. Dreifaltigkeit, durch den hl. Erzengel Michael, der alles vollstreckt, über euch ausgießen. Solltest du auch vorher irgend ein Band der Anbetung, irgendeine Räucherung oder irgendeine böse Absicht welcher Art immer angewendet haben, sei es mit Kräutern, Worten, Steinen oder Elementen, und seien diese natürlich, einfach, gemischt, vergänglich, geistig, sakramental, im Namen des großen Gottes und der Engel, oder in den Stunden-, Minuten-, Tages-, Jahres-, Monatscharacteren, und hättest du sie mit ausgesprochenem oder stillschweigendem Pakt übertrieben genau beobachtet, ja selbst durch Schwur bekräftigt; alle diese Dinge zerschlage ich, erkläre sie für nichtig und vernichte sie durch die Macht des Vaters, der die ganze Welt erschaffen hat †, durch die Weisheit des Sohnes, des Erlösers †, durch die Güte des Heiligen Geistes †, durch ihn, der das ganze

Gesetz † erfüllt hat, das ist †, war †, und sein wird †: allmächtig, heilig †, unvergänglich †, erlösend †, aus vier Buchstaben zusammengesetzt †, Jehova †, Alpha und Omega †, Anfang und Ende. Vernichtet sei nun die ganze höllische Kraft in diesem Geschöpf und sei verjagt durch die Kraft des allerheiligsten Kreuzes, durch die Anrufung der Engel, Erzengel, Patriarchen, Propheten, Apostel, Märtyrer, Bekenner, Jungfrauen und auch der allerseligsten Jungfrau und aller, die mit dem Lamm seit Beginn der Welt im Himmel regieren, und derer, die selig leben in der heiligen Kirche Gottes. So hebt euch von hinnen, und wie der Rauch der Leber des verbrannten Fisches nach dem Rat Raphaels den Geist in die Flucht trieb, von dem Sarah gequält wurde, so sollen euch diese Lobpreisungen verjagen, auf daß ihr euch dieser Person nicht zu nahen wagt. Bezeichnet mit dem Zeichen des heiligen Kreuzes im Umkreis von hunderttausend Schritten, nicht weil es mein Befehl ist, sondern dessen, der, vom Herzen des Vaters zur Zerstörung eurer Werke, die er am Kreuzesstamm vernichtet hat, geschickt, und eine solche Macht zum Ruhm und Nutzen der Gläubigen gegeben hat, euch zu befehlen, wie wir euch gebieten und befehlen, durch Unseren Herrn Jesus Christus † wagt euch nicht zu nahen; seht das Kreuz des Herrn, flieht, Widersacher; gesiegt hat der Löwe aus dem Stamme Juda. Wurzel Davids, Halleluia, Amen, Amen, so sei es, so sei es.

Hier die sieben geheimnisvollen Gebete, die man während der Woche sprechen muß.

Für den Sonntag: *Libera me, Domine, etc.*
Vater unser, usw.

Befreie mich, ich Dein Diener N. N. bitte
Dich, Herr, von allen vergangenen, gegenwär-
tigen und zukünftigen Fehlern an Seel und
Leib, und gib mir auf die Fürbitten der allerseligsten Jungfrau und Gottesmutter Maria,
Deiner hl. Apostel Petrus, Paulus und An-
dreas und all Deiner Heiligen, gib mir, Deinem
Diener N. N., gnädig den Frieden und die Gesundheit in allen Tagen meines Lebens, auf
daß ich durch Deine Barmherzigkeit immer
von der Sklaverei der Sünde und aller Furcht
der Unruhe befreit sei. Durch Jesus Christus,
Deinen Sohn, Unsern Herrn, der als gleicher
Gott mit Dir lebt und regiert in der Einheit
des Heiligen Geistes von Ewigkeit zu Ewigkeit. Amen. Der Friede des Herrn sei immer
mit mir. Amen. Dein himmlischer Friede, den
Du Deinen Jüngern zurückgelassen, wohne immerdar fest in meinem Herzen und sei immer
zwischen mir und meinen sichtbaren wie unsichtbaren Feinden. Amen. Der Friede Unseres
Herrn Jesus Christus, sein Antlitz, sein Leib
und sein Blut seien meine Hilfe und dienen
mir zum gnädigen Schutz und zur Verteidi-
gung, mir Sünder N. N. und meiner Seele und
meinem Leib zum Trost. Amen. Lamm Gottes,
das Du wolltest geboren werden von Maria,
der Jungfrau, und tragen am Stamm des Kreuzes die Sünden der ganzen Welt, hab Mitleid
mit meinem Körper und meiner Seele. Lamm
Gottes, durch das alle Gläubigen sind gerettet
worden, gib mir jetzt und in Ewigkeit den ewigen Frieden. Amen.

Für Montag: *O Adonai, per quem, etc.*

O Adonai, o Erlöser, durch den alle Dinge
befreit wurden, erlöse mich von allem Übel!
O Adonai! O Erlöser, durch den alles Beistand
erhielt, sei mir Hilfe in all meinen Nöten,

Ängsten, Anfällen und Gefahren und erlöse
mich von den Anfechtungen meiner sichtbaren
und unsichtbaren Feinde † im Namen des Vaters, der die ganze Welt erschaffen, des Sohnes, der † die ganze Welt erlöst, des Heiligen
Geistes †, der das ganze Gesetz erfüllt hat,
ich empfehle mich Dir ganz und gar. Amen.
Der Segen Gottes des Vaters, des Allmächtigen, der mit einem Wort alle Dinge erschaffen hat, sei immer mit mir. Amen †. Der Segen Unseres Herrn Jesus Christus, des Sohnes des lebendigen Gottes, sei immer mit mir.
Amen †. Der Segen des Heiligen Geistes mit
seinen sieben Gaben sei immer mit mir. Amen
†. Der Segen der allerseligsten Jungfrau Maria mit ihrem Sohne sei immer mit mir. Amen.
Der Segen und die Konsekration des Brotes
und Weines, die Unser Herr Jesus Christus
eingesetzt, da er sie seinen Jüngern mit den
Worten gereicht:

Für Dienstag: *Accipite et comedite, etc.*

Nehmet hin und esset; denn dies ist mein
Leib, der für euch wird dahingegeben, zu meinem Andenken. Amen. Der Segen der Engel
und Erzengel, der Kräfte, Fürsten, Throne und
Herrschaften, der Cherubim und Seraphim sei
immer mit mir. Amen. Der Segen der Patriarchen, Propheten, Apostel, Märtyrer, Bekenner, Jungfrauen, aller heiligen Männer und
Frauen Gottes sei immer mit mir. Amen. Die
Segnungen aller Himmel Gottes seien immerdar mit mir. Amen †. Die anbetungswürdige
Majestät beschütze mich, seine ewige Güte
lenke mich, seine unauslöschliche Liebe ent-
zünde mich, seine unendliche Güte erhalte
mich, die Macht des Vaters bewahre mich, die
Weisheit des Sohnes belebe mich, die Kraft
des Heiligen Geistes sei immer zwischen mir

und meinen sichtbaren und unsichtbaren Feinden. Amen. Macht des Vaters stärke mich, Weisheit des Sohnes erlöse mich, Trost des Heiligen Geistes tröste mich. Der Vater ist Friede, der Sohn das Leben, der Heilige Geist das Heilmittel des Trostes und der Rettung. Amen. Die Göttlichkeit Gottes segne mich, seine Menschlichkeit stärke mich. Amen. Sein Erbarmen erwärme mich, seine Liebe erhalte mich: O Jesus Christus, Sohn des lebendigen Gottes, sei mir barmherzig.

Für Mittwoch: *O Emmanuel, ab hoste, etc.*

O Emmanuel! verteidige mich vor dem bösen Feind, vor allen meinen sichtbaren und unsichtbaren Feinden und vor allem Bösen. Christus, der König ist im Frieden gekommen. Gott ist Mensch geworden und hat mit Milde für uns gelitten. Jesus Christus, der friedliche König, sei immerdar zwischen mir und meinen Feinden. Amen †. Christus ist der Sieger, Christus regiert, Christus befiehlt †. Christus schütze mich immerdar vor allem Übel. Amen. Jesus Christus würdige mich, siegreich zu sein über alle meine Widersacher. Amen. Seht das Kreuz Unseres Herrn † Jesus Christus, flieht, ihr Widersacher! Der Löwe aus dem Stamme Juda hat gesiegt, Wurzel Davids, Halleluia, Halleluia, Halleluia. Erlöser der Welt, hilf und errette mich, Du, der durch Sein Kreuz und Sein kostbares Blut mich erlöst, hilf mir, ich bitte Dich, o Gott, o Agios, o Theos †, Agios ischyros †, Agios athanatos †, eleison hümas, heiliger Gott, starker Gott, barmherziger und unsterblicher Gott, erbarme Dich Deines Dieners N. N. Herr, sei mein Schirm, verlasse mich nicht, nicht wende Dich ab von mir, Gott, Du mein Heil; immerdar sei mein Schutz, Gott, mein Erlöser.

Für Donnerstag: *Illumina oculos meos, etc.*

Erleuchte meine Augen, o Herr, damit ich niemals schlafend in den Tod eingehe, daß mein Feind nicht sagen kann, er sei stärker gewesen als ich. Herr, sei mein Schutz, und nichts mehr fürchte ich von den Menschen. Mein liebster Jesus Christus, behüte mich, sei meine Hilfe, erlöse mich: im Namen Jesu beugen sich alle Kniee im Himmel, auf Erden und in der Hölle, und jede Zunge bekennt, daß Unser Herr Jesus Christus ist in der Glorie Gottes, des Vaters. Amen. Ich weiß wahrhaft, o Jesus, daß, wann immer ich Dich anrufe, ich werde gerettet sein. O mildester Herr Jesus Christus, Sohn des lebendigen Gottes, der Du uns in Deinem kostbarsten Namen, durch dessen Kraft Du so viele Wunder vollbracht hast, ein so überreiches Heilmittel gegeben, dessen wir so sehr bedürfen; durch die Kraft Deines Namens ergriffen die Dämonen die Flucht, die Blinden wurden sehend, die Tauben hörten, die Lahmen gingen, Stumme redeten, Aussätzige wurden geheilt, Kranke erhielten ihre Gesundheit und Tote standen wieder auf. Denn wenn man ausspricht den Namen Deines süßesten Sohnes Jesus, hört man im Ohr eine liebliche Melodie, süß wird einem der Geschmack des Mundes, der Dämon ist in die Flucht gejagt, jedes Knie beugt sich, die himmlischen Geister erfreuen sich, die schlechten Anschläge sind entwurzelt, alle Gebrechen sind geheilt, man erlangt mehrere Ablässe, die Streitigkeiten der Welt, das Fleisch und der Teufel sind tot und viel andere Wohltaten folgen. Ja, wenn irgend jemand den Namen Gottes anruft, wird er erlöst sein, diesen Namen, der schon vor seiner Empfängnis von dem Engel ausgesprochen wurde.

Für Freitag: *O nomen dulce, etc.*

O süßer Name, der Du stärkst das Herz des Menschen, Name des Lebens, des Glücks und der Freude, Du kostbarer, freudiger, glorreicher und lieblicher Name, der Du die Sünder belebst, Du Name, der uns erlöst und das ganze Universum leitet und lenkt! O mögest Du doch, o süßester Jesus! möchtest Du doch durch dieselbe Kraft Deines kostbarsten Namens die Dämonen von mir vertreiben. Erleuchte mich Blinden, mach hören mich Tauben, meine Schritte lenke, denn siehe, ich bin lahm, gib, daß ich spreche, da ich stumm bin, o heile meinen Aussatz, Gesundheit gib mir Gebrechlichem, vom Tod erwecke mich und erfülle mich ganz und gar, innen wie außen, auf daß ich, endlich vereint mit Deinem heiligsten Namen, könnte in Dir ewig leben, Dich lobend und ehrend, Dich, der Du der Lobpreisungen würdig bist, weil Du bist der glorreichste, ewige Herr, der ewige Sohn Gottes, in dem und durch den alle Dinge sich erfreuen und gelenkt werden. Dir gebührt das Lob, die Ehre und die Glorie in allen Zeiten. Amen. Jesus, sei immer in meinem Herzen. Er sei immer in meinem Mund und in meinem ganzen Innern. Amen. Gott, mein Herr Jesus Christus sei in mir, um mir die Gesundheit zurückzugeben. Er sei um mich, um mich zu führen, Er sei hinter mir, mich zu bewahren, vor mir, mich zu schützen, über mir, mich zu segnen, in mir, mich zu beleben, um mich, mich zu beherrschen, über mir, mich zu stärken, Er sei immer mit mir, um von mir zu nehmen die Qual des ewigen Todes, Er, der mit dem Vater und dem Heiligen Geist lebt und regiert von Ewigkeit zu Ewigkeit. Amen.

Für Samstag: *Jesus Mariae filius, etc.*

Jesus, Sohn Mariä, Herr und Erlöser der Welt, sei mir milde und gnädig, gib uns einen unverdorbenen und gehorsamen Geist, Gott zur Ehre, befreie uns von unseren Übeln: niemand hat Hand an Ihn gelegt, weil Seine Stunde noch nicht gekommen war, Er, der ist, war und sein wird Alpha und Omega, Gott und Mensch, Anfang und Ende. Daß mir doch diese Anrufung zum ewigen Heile gereiche, Name Jesus von Nazareth, König der Juden, Zeichen des Triumphes, Sohn der Jungfrau Maria, erbarme Dich mein, nach Deiner Milde, auf dem Wege des ewigen Heiles. Amen. Doch, da Jesus alles wußte, was ihn erwartete, trat er ihnen entgegen und fragte: „Wen sucht ihr? Sie antworteten ihm: Jesus von Nazareth. Und Jesus sagte zu ihnen: Der bin ich. Und Judas, der ihn verraten, war mit ihnen. Als nun Jesus ihnen sagte: der bin ich, wurden sie alle zurückgeschleudert und fielen zur Erde. Er fragte sie noch einmal: Wen suchet ihr? Sie sagten ihm: Jesus von Nazareth. Jesus antwortete ihnen: Ich habe euch schon gesagt, daß ich es bin; wenn ihr also mich suchet, so lasset diese da gehen." Jesus, für mich zum Opfer geworden, der Du für mich durch Dein Kreuz mein Verbrechen gesühnt, blicke wohlgefällig auf mich herab, damit meine vom Leib befreite, gereinigte Seele mit Dir regiere in Deinen Himmeln. Amen. Jesus ist der Weg †, Jesus ist das Leben †, Jesus ist die Wahrheit †, Jesus hat gelitten †, Jesus ist gekreuzigt worden †, Jesus Christus, Sohn des lebendigen Gottes, erbarme Dich meiner. Aber Jesus ging aufrecht mitten durch sie hindurch, und niemand erhob die Hand gegen ihn, weil seine Stunde noch nicht gekommen war.

Oremus, Dulcissime Domine, etc.

Süßester Herr Jesus Christus, Sohn des lebendigen Gottes, der Du den Juden, die Dich ergreifen wollten, geantwortet: Der bin ich, wenn ihr also mich suchet, so lasset diese da gehen; darauf prallten die Juden zurück und fielen zur Erde. So konnten sie Dir in dieser Stunde nicht schaden, wie es wahr ist, und ich es auch wahrhaft glaube und bekenne. So, mein gütigster Erlöser Jesus Christus, schütze mich jetzt und immer vor allen meinen Feinden, die mir zu schaden suchen, und schlage sie zurück, damit sie mir nicht irgendein Leid antun können, sondern daß ich mich aus ihren Händen in Sicherheit bringe auf dem Wege des Friedens und der Ruhe zur Lobpreisung und zum Ruhme Deines Namens, der gesegnet ist von Ewigkeit zu Ewigkeit. Amen.

Diese Gebete sind, wie man sieht, nur sehr fromm und sehr christlich, und können auch heute noch der Ausdruck des Glaubens und rechten Willens eines der Kirche gehorsamen Kindes sein.

Ein gemeinsames und von der Mehrzahl mit glühendem Glauben verrichtetes Gebet bringt wahrhaft einen magnetischen Strom und den von uns erwähnten, *in Zirkeln* geübten Magnetismus zustande.

Die Zaubereien sind nur für Einzelindividuen furchtbar. Es ist also empfehlenswert, und das vor allem für die Landleute, in Familien zu leben, Friede in seinem Hausstand zu haben und sich zahlreiche Freunde zu schaffen.

Die Ställe müssen zur Gesundheit der Herden gut angelegt und gut gelüftet, ihr Boden gut gereinigt werden. Diesen könnte man mit Holzkohlenpflaster versehen. Ungesunde Was-

330

ser muß man mit einem Kohlefilter reinigen, den Tieren nicht mehr exorzisiertes, sondern von dem Besitzer magnetisiertes Salz geben, ferner muß man den Herden eines Feindes oder Neiders möglichst ausweichen, kranke Tiere reibt man mit einer Mischung von fein zerstoßener Holzkohle und Schwefel ein, erneuert oft ihre Lagerstreu und gibt ihnen gute Kräuter.

Sorgsam muß man auch die Verbindung mit Personen meiden, die mit schwarzen oder chronischen Krankheiten behaftet sind. Nie darf man sich an die Dorfzauberer wenden, denn da man diese Leute um Rat fragt, gibt man sich gewissermaßen in ihre Hand; in Gott allein soll man sein Vertrauen setzen und die Natur walten lassen.

Die Priester gelten auf dem Lande oft als Zauberer, und hauptsächlich sie hält man für fähig, einen schlechten Einfluß auszuüben, was für die schlechten Priester unglückseligerweise auch zutrifft; aber der gute Priester, weit davon entfernt, jemandem Unglück zu bringen, ist der Segen der Familien und des Landes.

Es gibt auch gefährliche Wahnsinnige, die an den Einfluß des Höllengeistes glauben und die sich nicht fürchten, ihn anzurufen, um ihn zum Diener ihrer schlechten Wünsche zu machen. Auf diese muß man unsere Ausführungen über die teuflischen Beschwörungen anwenden und sich sehr hüten, ihnen zu glauben oder sie nachzuahmen.

Um den Elementarkräften zu befehlen, bedarf es einer großen Moral und einer großen Gerechtigkeit. Der Mensch, der seine Intelligenz und seine Freiheit würdig und vornehm anwendet, ist wahrhaft der König der Natur, doch jene Wesen in Menschengestalt, die sich durch tierische Instinkte beherrschen lassen,

sind nicht wert, Tiere zu leiten. Die Wüsten-
väter wurden von Löwen und Bären bedient.

Daniel wurde in der Löwengrube nicht einmal von einem dieser ausgehungerten Tiere an-
gefallen, und die Meister in der großen Kunst
der Kabbala sagen, die wilden Tiere achteten
von Natur aus den Menschen und würfen sich
nur auf ihn, wenn sie ihn für ein anderes,
feindliches und unter ihnen stehendes Tier
hielten. Die Tiere stehen durch ihre physische
Seele mit dem universellen Astrallicht in Verbindung und sind mit einer besonderen Intuition begabt, das plastische Medium der Menschen unter der Form zu sehen, die ihm der
gewöhnliche Gebrauch des freien Willens gegeben hat.

Der wirklich Gerechte allein erscheint ihnen
im Glanz der menschlichen Form, und sie sind
gezwungen, seinem Blick und seiner Stimme
zu gehorchen, die andern ziehen sie wie eine
Beute an oder schrecken sie wie eine Gefahr.
Deshalb sagt auch der Prophet Isaias: Wenn
die Gerechtigkeit auf Erden herrschen wird,
und die Menschen ihre Familie in wahrhafter
Unschuld erziehen werden, kann ein Kind Tiger und Löwen führen und kann ungefährdet
in ihrer Mitte spielen.

Gedeihen und Freude sollen das Erbteil der
Gerechten sein, für sie wandelt sich selbst das
Unglück in Segen, und die Prüfung des Lei-
des ist wie die Aufforderung des göttlichen
Hirten, immer rüstiger auszuschreiten auf den
Wegen der Vollendung. Die Sonne grüßt sie
am Morgen, und durch die Nacht lächelt ihnen
der Mond. Ihnen vergeht der Schlaf ohne
Ängste und die Träume ohne Schrecken, ihr
Dasein segnet die Erde und bringt den Le-
benden Glück. Glücklich, die ihnen gleichen!
Glücklich, die sie zu Freunden haben!

Das physische Übel ist oft eine Folge des moralischen Übels, die Unordnung folgt notwendigerweise der Unvernunft. Unvernunft im Handeln ist Ungerechtigkeit. Das arbeitsame Leben der Landbewohner macht sie nur zu oft hart und habgierig. Hieraus entsteht eine Menge Verirrungen im Urteil und als Folge eine Unregelmäßigkeit im Handeln, der sich die Natur in Gegenwirkungen widersetzen muß. Hier liegt das Geheimnis jener bösen Geschicke, die sich bisweilen an eine Familie oder ein Haus zu heften scheinen. Die Alten sagten dann: man muß die beleidigten Götter versöhnen, und wir sagen noch: unrecht Gut gedeiht nicht, man muß das begangene Schlechte wieder gutmachen; man muß der Gerechtigkeit genügen oder die Gerechtigkeit rächt sich verhängnisvoll.

Um das Verhängnis zu besiegen, ist uns eine unbezwingbare Macht gegeben worden, wenn wir sie wollen: unsere moralische Freiheit. Mit Hilfe dieser Macht können wir unser Los verbessern und die Zukunft umgestalten. Deshalb will die Religion nicht, daß wir die Wahrsager über unsere Zukunft um Rat fragen; sie will nur, daß wir von unseren Seelsorgern lernen, was wir tun sollen. Was kann uns an Hindernissen liegen? Ein Tapferer darf vor der Schlacht seine Feinde nicht zählen. Das Übel voraussehen, heißt es irgendwie heraufbeschwören. Wir werden das erfahren, was wir wollten: das ist die universelle Prophetie.

Die Natur beobachten, ihren Gesetzen in unserer Arbeit folgen, immer und überall der Vernunft gehorchen, sein eigenes Interesse der Gerechtigkeit opfern, wenn es sein muß: das ist die wahre Magie, die denen Glück bringt, die danach handeln und weder die Arglist der Zauberer noch die Zauberei der Hirten fürchten.

333

ANTWORT
AUF EINIGE FRAGEN UND KRITIKEN.

ERSTE FRAGE.

Frage: — Hoffen Sie, daß ernste Katholiken ihre kabbalistischen Anschauungen, ihre philosophischen Darlegungen des Dogmas und ihre Definition des Katholizismus, d. h. der Universalität in religiöser Hinsicht annehmen werden?

Antwort: — Wenn Sie unter ernsten Katholiken solche verstehen, die Kultur und Fortschritt verneinen, so hoffe ich das bestimmt nicht.

Frage: — Dann sind Sie Protestant?

Antwort: — Ja, wenn man deshalb Protestant ist, daß man an Kultur und Fortschritt glaubt.

Frage: — Warum nennen Sie sich dann römisch-katholisch?

Antwort: — Weil ich nicht glaube, daß man die Römer aus der universellen Verbindung ausschließen kann.

Frage: — Was hoffen Sie dann, wenn Sie, der Sie sich doch ganz katholisch nennen, nicht hoffen, die Katholiken zu bekehren?

Antwort: — Zur hierarchischen Einheit, zur Unverletzlichkeit des Dogmas und zur Wirksamkeit des Kultes wollte ich die abgespaltenen christlichen Gemeinschaften zurückführen, und das ist für die durch die Reform befreiten Vereinigungen möglich, weil sie die Kultur und den Fortschritt zugeben.

ZWEITE FRAGE.

Frage: — Tun Sie Wunder oder lehren sie
das Mittel, sie zu vollbringen?

Antwort: — Wenn Sie unter Wunder Werke
gegen die Natur oder durch ihre Ursachen nicht
gerechtfertigte Wirkungen verstehen, nein,
weder tue ich noch lehre ich solche Wunder.
Selbst Gott könnte das nicht.

DRITTE FRAGE.

Frage: — Was antworten Sie jenen, die Sie
der Leichtgläubigkeit, des Aberglaubens oder
des Charlatanismus zeihen?

Antwort: — Ich antworte, daß sie meine
Werke nicht gelesen haben, oder wenn doch,
daß sie sie nicht verstanden haben. So scheut
sich ein Herr Tavernier nicht in einer angeblichen Kritik über den *„Schlüssel zu den großen Mysterien"* zu schreiben, ich würde den
Archeus, Azoth und *Hyle* beschwören, ganz
bekannte Teufel, wie er sagt. So weiß er also
nicht, daß die Alten unter dem Archeus die
Universalseele, unter Azoth die vermittelnde
Substanz und unter Hyle die passive Materie
verstanden?

VIERTE FRAGE.

Frage: — Was antworten Sie jenen, die
wie Gougenot, Desmousseaux ihre Schriften
scheußliche Bücher nennen?

Antwort: — Ich hüte mich wohl auf ihre
Beleidigungen mit andern Beleidigungen zu
antworten und bedaure, daß sie zu Anschauungen gezwungen sind, die sich mit voreiligem
Urteil und Beleidigung übersetzen lassen.

ELIPHAS LEVI.

335

EINTEILUNG UND ERKLÄRUNG
DER BILDER DES 2. BANDES (RITUAL).

1. *Bock des Sabbat.* — *Baphomet und Mendes*

Pantheistisches und magisches Bild. des Absoluten. Die Fackel zwischen den beiden Hörnern stellt die gleichrichtende Intelligenz der Dreiheit dar; der Kopf des Bockes ist ein synthetischer Kopf und vereinigt Eigenschaften des Hundes, Stieres und Esels und bedeutet die Verantwortlichkeit der Materie allein, und in den Körpern die Sühne für körperliche Sünden. Die Hände sind menschlich, um die Heiligkeit der Arbeit zu zeigen. Sie machen nach oben wie nach unten das Zeichen der Esoterik, um die Eingeweihten auf Geheimhaltung hinzuweisen, und zeigen zwei Mondsicheln, oben eine weiße, unten eine schwarze, um die Beziehungen des Guten zum Bösen und der Barmherzigkeit zur Gerechtigkeit zu erklären. Der untere Teil des Körpers ist verschleiert, ein Bild des Mysteriums der universellen Zeugung, welche nur durch das Symbol des Hermesstabes angedeutet ist. Der Bauch des Bockes ist schuppig und muß grün gedacht werden; der oben befindliche Halbkreis muß blau sein; die Federn, die bis zur Brust reichen, sind verschieden gefärbt. Der Bock hat weibliche Brüste und trägt also von der Menschheit nur die Zeichen der Mutterschaft und Arbeit, d. h. die Zeichen der Erlösung. Auf seiner Stirn zwischen den Hörnern und unter der Fackel, sieht man das Zeichen des Makrokosmos oder das Pentagramm mit der Spitze nach oben als Symbol der menschlichen Intelligenz, das durch seine Stellung unter der Fackel, durch deren Flamme ein Bild der göttlichen Offenbarung gibt. Diese vieldeutige Figur hat als Sitz einen Würfel und als Sockel entweder eine Kugel allein oder eine

Kugel und einen Schemel. Auf unserer Zeichnung gaben wir ihr nur die Kugel, um das
Bild nicht allzu kompliziert erscheinen zu
lassen.

Dieser Dreizack, das Bild der Dreiheit,
besteht aus drei pyramidenförmigen Zähnen
über einem griechischen oder lateinischen
Tau. Auf einem der Zähne gewahrt man ein
Jod, welches einerseits einen Halbmond, an-
dererseits eine Querlinie schneidet, eine
Figur, welche hieroglyphisch an das Zodia-
kalzeichen des Krebses erinnert. Der gegen-
überstehende Zahn trägt ein gemischtes
Zeichen, das an jenes von Zwillinge und
Löwen gemahnt. Zwischen den Scheren des
Krebses gewahrt man die Sonne und neben
dem Löwen das astronomische Kreuz. Auf
dem Mittelzahn ist hieroglyphenartig das
Bild der himmlischen Schlange eingezeich-
net, deren Kopf aus dem Zeichen des Jupiter
besteht. Auf der Seite des Krebses steht das
Wort OBITO: hebe dich fort, weiche zurück;
auf der Seite des Löwen IMO: trotzdem be-
harre. In der Mitte, neben der symbolischen
Schlange liest man AP DO SEL, eine Inschrift, welche aus einer Abkürzung, einem
auf kabbalistische und hebräische Art zusammengesetzten Wort und endlich aus
einem vollständigen, volkstümlichen Wort
zusammengesetzt ist: AP, was AR gelesen
werden muß, weil es die beiden ersten Buchstaben des Wortes Archäus sind; DO, was
OD und SALZ gelesen werden muß. Dies
sind die drei ersten Bestandteile und die
okkulten Namen Archäus und OD bedeuten
dasselbe wie Schwefel und Merkur der
Philosophen. Auf dem Stiel, der als Hand-
habe dient, steht dreimal der Buchstabe
P.P.P., die Hieroglyphe des Phallus und des
Lingam; ferner die Worte VLI DOX FATO,
was man lesen muß, indem man den ersten
Buchstaben für die Zahl des Pentagramms,
römisch geschrieben, setzt und folgendermaßen fortfährt: PENTAGRAMMATICA

LIBERTATE DOXA FATO, eine Inschrift, die gleichbedeutend ist mit den drei Buchstaben Cagliostros L. P. D., liberté (Freiheit), pouvoir (Macht), devoir (Pflicht). Auf der einen Seite die absolute Freiheit, auf der anderen Seite die Notwendigkeit oder das unbezwingliche Verhängnis, in der Mitte die VERNUNFT, das kabbalistische Absolute, welches das universelle Gleichgewicht bewirkt. Diese bewunderungswürdige magische Zusammenfassung des Parazelsus kann als Schlüssel zu den unklaren Werken des Kabbalisten Wronski dienen, eines bedeutenden Gelehrten, der sich aber mehr als einmal über seine ABSOLUTE VERNUNFT hinaus reißen ließ, bewegt von dem Mystizismus seiner Nation und geldlichen Spekulationen, die eines so ausgezeichneten Denkers unwürdig waren. Wir müssen zu seiner Ehre und seinem Ruhme immerhin zugeben, daß er noch vor uns das Geheimnis über den Dreizack des Parazelsus gelüftet hat. Parazelsus stellt also das Passive durch den Krebs, das Aktive durch den Löwen, die Intelligenz oder die gleichrichtende Vernunft durch Jupiter oder den die Schlange bezwingenden Mensch-Gott dar; dann bringt er die Kräfte ins Gleichgewicht, indem er dem Passiven die Fruchtbarkeit des Aktiven unter dem Sinnbild der Sonne verleiht und das Aktive unter dem Symbol des Kreuzes den Raum und die Nacht erobern und erleuchten läßt. Er spricht zum Passiven: Gehorche dem Einfluß des Aktiven und wandle mit ihm, getragen durch das Gleichgewicht des Widerstandes. Er spricht zum Aktiven: Widerstehe der Unbeweglichkeit des Widerstandes, sei beharrlich und dringe vor. Dann erklärt er unsere wechselnden Kräfte durch die große zentrale Dreiheit. FREIHEIT, NOTWENDIGKEIT, VERNUNFT. VERNUNFT in der Mitte, FREIHEIT und NOTWENDIGKEIT als Gegengewichte. Dies ist die Kraft des Dreizacks: er ist der Handgriff und das Fundament, das allumfassende Gesetz der Natur, das Wesen des Wortes, verwirklicht und erwiesen durch die Dreiheit des menschlichen Lebens, den Archäus oder den Geist, das Od oder den plastischen

Vermittler, und das Salz oder die sichtbare Materie.

Wir haben die Erklärung dieses Bildes besonders ausführlich gestaltet, weil es von höchster Bedeutung ist und die Größe des genialsten Gelehrten der okkulten Wissenschaften anzeigt. Nach dieser Erläuterung wird man begreifen, warum wir uns im Laufe unserer Arbeit stets wieder mit der überlieferten Verehrung des wahren Adepten vor dem göttlichen Parazelsus neigen.

INHALT.

341

VORANZEIGE
FRÜHJAHR 1978

ELIPHAS LÉVI

GESCHICHTE DER MAGIE

ERSTER BAND
294 Seiten, Fr./DM 32.–
ZWEITER BAND
252 Seiten, Fr./DM 28.–

SPHINX VERLAG
BASEL